Otto Depenheuer (Hrsg.)

Reinheit des Rechts

Kategorisches Prinzip
oder regulative Idee?

VS VERLAG

Bibliografische Information der Deutschen Nationalbibliothek
Die Deutsche Nationalbibliothek verzeichnet diese Publikation in der
Deutschen Nationalbibliografie; detaillierte bibliografische Daten sind im Internet über
<http://dnb.d-nb.de> abrufbar.

1. Auflage 2010

Alle Rechte vorbehalten
© VS Verlag für Sozialwissenschaften | Springer Fachmedien Wiesbaden GmbH 2010

Lektorat: Dorothee Koch / Marianne Schultheis

Der VS Verlag für Sozialwissenschaften ist eine Marke von Springer Fachmedien.
Springer Fachmedien ist Teil der Fachverlagsgruppe Springer Science+Business Media.
www.vs-verlag.de

Das Werk einschließlich aller seiner Teile ist urheberrechtlich geschützt. Jede Verwertung außerhalb der engen Grenzen des Urheberrechtsgesetzes ist ohne Zustimmung des Verlags unzulässig und strafbar. Das gilt insbesondere für Vervielfältigungen, Übersetzungen, Mikroverfilmungen und die Einspeicherung und Verarbeitung in elektronischen Systemen.

Die Wiedergabe von Gebrauchsnamen, Handelsnamen, Warenbezeichnungen usw. in diesem Werk berechtigt auch ohne besondere Kennzeichnung nicht zu der Annahme, dass solche Namen im Sinne der Warenzeichen- und Markenschutz-Gesetzgebung als frei zu betrachten wären und daher von jedermann benutzt werden dürften.

Umschlaggestaltung: KünkelLopka Medienentwicklung, Heidelberg
Gedruckt auf säurefreiem und chlorfrei gebleichtem Papier

ISBN 978-3-531-17564-5

Inhaltsverzeichnis

Otto Depenheuer
Reinheit und Recht. Einführung 7

Andreas Funke
„Uns bleibt ein Erdenrest/zu tragen peinlich"?
Normativität in der Reinen Rechtslehre 21

Ulrich Vosgerau
Das Recht der Wirklichkeit –
Wirklichkeit als Gegenstand und Herausforderung des Rechts 55

Hans-Peter Haferkamp
Die sogenannte Begriffsjurisprudenz im 19. Jahrhundert –
„reines" Recht? 79

Christian Fischer
Der Schein der reinen Auslegung –
Topoi verdeckter Rechtsfortbildungen im Zivilrecht 101

Günter Krings
Von „unreiner" Gesetzgebung und guten Gesetzen –
Impressionen aus der parlamentarischen Wurstküche 127

Alexander Demandt
Reinheit als Ideal 151

Verzeichnis der Autoren 171

Reinheit und Recht. Einführung

Otto Depenheuer, Köln

Gliederung:
I. Reinheit als Ideal
II. Der Reinheitsgedanke in der Rechtswissenschaft
  1. Reinheitspostulat als Ausdifferenzierungskompensation
  2. Reinheit der Rechtserkenntnis
  3. Die „Reine Rechtslehre" Hans Kelsens als Paradigma
  4. Recht als System
III. Der Preis der Reinheit: Distanz zum Leben
IV. Gefahren der Reinheitsidee
  1. Tribunalisierung der Wirklichkeit
  2. Fundamentalismusnähe
  3. Rechtsautismus und Doppelmoral
V. Lob der Unreinheit
  1. „Wohltemperierte Reinheit"
  2. Reinheit des Rechts als regulative Idee
  3. Reinheit der Wissenschaft als unbedingte Verpflichtung

I. Reinheit als Ideal

„Reinheit" bedarf des Abstands zum Empirischen. Die „reine Vernunft" kennzeichnet nach *Immanuel Kant* das Vermögen der Erkenntnis aus Prinzipien a priori und steht derart im Gegensatz zu jeder Erfahrung.[1] Reine Anschauung bedeutet entsprechend die von Empfindung leere, formale Anschauung: „Es heißt aber jede Erkenntnis rein, die mit nichts Fremdartigem vermischt ist. Besonders aber wird eine Erkenntnis schlechthin rein genannt, in die sich überhaupt keine Erfahrung oder Empfindung einmischt, welche mithin völlig a priori möglich

---

[1] „Wir werden also im Verfolg unter Erkenntnissen a priori nicht solche verstehen, die von dieser oder jener, sondern die *schlechterdings* von aller Erfahrung unabhängig stattfinden. Ihnen sind empirische Erkenntnisse, oder solche, die nur a posteriori, d.i. durch Erfahrung, möglich sind, entgegengesetzt. Von den Erkenntnissen a priori heißen aber diejenigen rein, denen gar nichts Empirisches beigemischt ist. So ist z.B. der Satz: eine jede Veränderung hat ihre Ursache, ein Satz a priori, allein nicht rein, weil Veränderung ein Begriff ist, der nur aus der Erfahrung gezogen werden kann. (*Kant*, Kritik der reinen Vernunft [1781], Einl. I., Theorie-Werkausgabe, Bd. III, 1968, S. 46).

ist."[2] *Kant* steht hier repräsentativ und zugleich als ein Höhepunkt für die Faszination, die der Gedanke der Reinheit kultur- und epochenübergreifend auslöst. Reinheit gilt als erstrebenswertes und zu bewahrendes Ideal.[3] Fast alles kann als „rein" von Fremdartigem gedacht werden: physisch und chemisch ist „rein", was frei von Schmutz, hygienisch, was frei von gesundheitsschädlichen Verunreinigungen, theoretisch „rein", was ohne Rücksicht auf praktische Erfahrung, moralisch „rein", was frei ist von eigennützigen Absichten, juristisch „rein", was frei ist von politischen Erwägungen und ökonomischen Interessen ist.

Das Streben nach Reinheit verdankt sich der elementaren Sehnsucht nach Ordnung und Eindeutigkeit, Heiligkeit und Aufrichtigkeit, Sauberkeit und Gesundheit. Reinheit bildet die Chiffre für das Erreichen dieser Ziele. So galt die Korrelation des Guten, Schönen und Wahren – die Kalokagathie[4] – schon *Platon* als schlechthinniges Ideal. In ihrer Ordnung herstellenden und wahrenden Funktion gilt Reinheit als Steigerungs- und Vollendungsform der empirischen Wirklichkeit. So sucht der – reine – „Idealtypus"[5] im Sinne *Max Webers* die konkrete Wirklichkeit zu übersteigen, indem er von den akzidentiellen Zufälligkeiten und Widrigkeiten der Wirklichkeit mit dem Ziel abstrahiert, die immanente Logik einer empirischen und kontingenten Wirklichkeit erkennen zu können. Auf diese Weise konvergiert das Reine mit dem Absoluten, steht für Makellosigkeit und Klarheit, Wahrheit und Vollendung, das Eigentliche und Authentische, das Ursprüngliche und Echte, für Ordnung und Gesundheit.

In der empirischen Wirklichkeit indes ist natürliche Reinheit selten und kultivierte Reinheit stets bedroht: durch Verunreinigung und Befleckung, Unordnung, Krankheit und Sünde. In normativer Wendung entbindet das Reinheitsideal entsprechende Gebote der Reinigung und Verbote der Verunreinigung. So trägt und legitimiert das Gegensatzpaar „rein" und „unrein" in vielen Lebensbereichen die korrespondierende Unterscheidung von „erlaubt" und „verboten". Gleichfalls bietet die Grenze zwischen Reinheit und Unreinheit die Möglichkeiten unbewußter oder provozierend-bewußter Überschreitungen. Das Streben nach Reinheit ist derart ein nie endendes Unterfangen, ein „ewiger" Kampf. Korrespondierend tritt dem Verbot der Verunreinigung das Gebot der Reinigung

---

[2] Kritik der reinen Vernunft, Einl. (S. 62); vgl. auch § 1 (S. 70): „Ich nenne alle Vorstellungen rein (im transzendentalen Verstande), in denen nichts, was zur Empfindung gehört, angetroffen wird".
[3] Überblick in diesem Band: *Alexander Demandt*, Reinheit als Argument. Ein kulturgeschichtlicher Überblick, unten S. 151 ff.
[4] Vgl. zur Kalokagathie *Christoph Horn*, Kalokagathie, in: Otto Depenheuer (Hg.), Staat und Schönheit, 2005, S. 23 ff.
[5] *Max Weber*, Die „Objektivität" sozialwissenschaftlicher und sozialpolitischer Erkenntnis [1904], in: ders., Gesammelte Aufsätze zur Wissenschaftslehre, 4. Aufl., 1973, S. 146 ff.

nach erfolgter Befleckung an die Seite: Fasten und Askese, Beichten und Buße, Haftung und Entschuldigung zielen – zuweilen als Rituale praktiziert – auf reinigende Läuterung, auf Wiederherstellung verlorener Reinheit.

Das Ziel der Reinheit als das Einfache und Authentische, das Eigentliche und Unberührte steht nicht notwendig der Komplexität der modernen, ausdifferenzierten und fragmentierten Gesellschaft entgegen.[6] Reinheit zielt nicht notwendig und allein auf Reduktion von Komplexität, auf Entdifferenzierung und auf ein „Zurück zu den Wurzeln", sondern im Gegenteil auf deren Aufhebung und Überwindung in und durch Reinheit. In diesem Sinne begründet das Streben nach Reinheit die Hoffnung, mit ihr eine Wirklichkeit zu schaffen, in der die Widersprüche und Verunreinigungen endgültig aufgehoben sind. Das Reine gilt dann als die Summe und Synthese alles Relativen, aller Widersprüchlichkeiten und Bedingtheiten des Lebens. Das damit grundierte Utopiepotential der Reinheitsidee ist es, was ihr stete Attraktivität und Zuspruch sichert.

II. Der Reinheitsgedanke in der Rechtswissenschaft

1. Reinheitspostulat als Ausdifferenzierungskompensation

Ob sich die Idee der Reinheit gesellschaftlicher Komplexität entgegenstellt oder sie dialektisch aufzuheben sucht, stets korreliert der Reinheitsgedanke dem Faktum und dem Bewußtsein von Komplexität: Reinheit kann nur gedacht werden in Ansehung von Gefährdungen, d.h. komplexitätssteigernder Ausdifferenzierung. Mit der Ausdifferenzierung der neuzeitlichen Gesellschaft mußte daher die Idee der Reinheit korrespondierend folgen. Indem die Unterscheidung und das Auseinandertreten von Religion, Politik, Wirtschaft und Recht das Recht auf sich selbst stellte, mußte es sich abgrenzen von verunreinigenden Einflüssen der Politik, der Religion und des Geldes. Der Ausdifferenzierung des Rechts folgte das Postulat des Selbstands des Rechts, d.h. der Abwehr religiöser, politischer oder finanzieller Instrumentalisierungsversuche. Recht ist seither nur Recht und insoweit spezifische, d.h. rechtliche Deutung und Konstruktion der Welt. Die Frage nach dem Spezifikum des Rechts führte unvermeidlich zur Idee des reinen Rechts, das sich abgrenzte von den anderen gesellschaftlichen Systemen und die Welt, um als Recht „rein" zu bleiben, nur nach rechtlichen Maßstäben vermaß.

---

[6] Zur Ausdifferenzierung der modernen Gesellschaft: *Niklas Luhmann*, Die Gesellschaft der Gesellschaft, 1997, S. 707 ff. passim.

Von den ersten Zeugnissen positiver Rechtsetzung über die großen Kodifikationen bis hin zur allumfassenden Verrechtlichung aller Lebenserscheinungen in der modernen Gesellschaft gewinnt das Recht als selbstreferentielles System Selbstand und operative Geschlossenheit. Damit erhöht das nunmehr auf sich gestellte Recht seine interne Komplexität und Problemverarbeitungskapzität. Die Flut der Normen, die sich über das gesamte Leben „von der Wiege bis zur Bahre" legen, sind das Signum unserer Zeit. Juristen und Gerichte suchen dieses in ein widerspruchsfreies Ganzes zu fügen und die juristische Reinheit der Welt zu sichern. Rechtsinterne Widersprüche werden über den ausdifferenzierten Stufenbau der Rechtsordnung sowie über eine hochgradig ausdifferenzierte Gerichtsbarkeit systemimmanent und institutionell stabilisiert: so reinigt das Bundesverfassungsgericht als „Krone des Rechtsstaats" Gesetze und andere Akte der öffentlichen Gewalt von verunreinigender Verfassungswidrigkeit. Die operative Geschlossenheit des Rechts sucht sich zudem durch spezifische und begrenzte Methoden der Rechtsgewinnung gegen Verunreinigungen moralischer, politischer oder sonstiger Provenienz zu behaupten.

2. Reinheit der Rechtserkenntnis?

Die Reinheit des Rechtssystems verdankt sich seiner Selbstreferentialität: Recht bezieht sich auf Recht. Außerrechtliche Bezugnahmen sind nicht unmittelbar, sondern nur nach Maßgabe des Rechts möglich. Insbesondere mittels methodischer Sicherungen wird gegen Anfechtungen hermeneutischer und sprachphilosophischer Provenienz immer wieder versucht, das Recht rein von nichtrechtlichen Implikationen zu halten. Daher suchen die Methoden der Rechtsauslegung das, was der Gesetzgeber – objektiv oder subjektiv – gewollt hat, mit den Bedürfnissen der Zeit zu vermitteln, ohne die Autorität des Gesetzes, d.h. die interpretatorische Bindung an den legitimationsvermittelnden Wortlaut zu verletzen.[7] In diesem Sinne spiegelt sich im unendlichen und unentschiedenen Methodenstreit der Rechtswissenschaften der immerwährende Kampf um die Reinheit des Rechts wieder.[8]

---

[7] Vgl. zum Problem: *Otto Depenheuer*, Der Wortlaut als Grenze, 1988.
[8] Vgl. nur *Christian Hillgruber*, Theorie der Verfassungsinterpretation, in: Depenheuer/Grabenwarter (Hg.), Verfassungstheorie, § 16 Rn. 2 ff. [erscheint 2010] sowie in diesem Band *Hans-Peter Haferkamp*, Die Begriffsjurisprudenz – Zwischen Immunisierung des Rechts und Rezeption der Realität (unten S. 79) aus historischer und *Christian Fischer,* Der Schein der reinen Auslegung - Topoi verdeckter Rechtsfortbildungen im Zivilrecht (unten S. 101 ff.) aus normativer Perspektive.

Doch dieser Streit führt in ein unlösbares Dilemma: selbst wenn das Recht selbst dem Interpreten durch Auslegungsregeln verbindliche Vorgaben machen sollte, so bedürften diese ihrerseits wieder der Interpretation. Das Interpretationsdilemma würde nicht gelöst, sondern nur auf eine andere Ebene verschoben.[9] Das auf den Begriff des hermeneutischen Zirkels gebrachte Interpretationsdilemma bleibt also unentrinnbar. Gleichwohl kann das Recht bei sich, d.h. „rein" bleiben: denn es bleibt das Postulat des Gesetzesbindung, das auf den Ethos des Interpreten verweist, Diener des Rechts zu sein und nicht Herr über das Gesetz sein zu wollen.[10]

3. Die „Reine Rechtslehre" Hans Kelsens als Paradigma

Den wohl ambitioniertesten Versuch einer systematisch durchgeführten reinen Rechtslehre hat *Hans Kelsen* vorgelegt. Sein Reinigungsprojekt mittels der „Reinen Rechtslehre" orientiert sich strikt am Ideal der Reinheit: „Wenn sie [sc. die Reine Rechtslehre] sich als eine ‚reine' Lehre vom Recht bezeichnete, so darum, weil sie nur eine auf das Recht gerichtete Erkenntnis sicherstellen und weil sie aus dieser Erkenntnis alles ausscheiden möchte, was nicht zu dem exakt als Recht bestimmten Gegenstand gehört. Das heißt: sie will die Rechtswissenschaft von allen ihr fremden Elementen befreien. [...] In völlig kritikloser Weise hat sich die Jurisprudenz [sc. so wie sie sich im Laufe des 19. und 20. Jahrhunderts entzwickelt hat] mit Psychologie und Soziologie, mit Ethik und politischer Theorie vermengt. Diese Vermengung mag sich daraus erklären, daß diese Wissenschaften sich auf Gegenstände beziehen, die zweifellos mit dem Recht in engem Zusammenhang stehen. Wenn die Reine Rechtslehre die Erkenntnis des Rechts gegen diese Disziplinen abzugrenzen unternimmt, so [...] darum, weil sie einen Methodensynkretismus zu vermeiden sucht, der das Wesen der Rechtswissenschaft verdunkelt und die Schranken verwischt, die ihr durch ihre Natur ihres Gegenstandes gezogen sind."[11]

Recht aber könne, wolle es „rein" bleiben, inhaltlich nicht steuern. So vertrat *Kelsen* die interpretationsskeptische These, daß alle Interpretationsmethoden „stets nur zu einem möglichen, niemals zu einem einzig richtigen Resultat" ge-

---

[9] *Matthias Jestaedt*, Wie das Recht, so die Auslegung, ZÖR 55 (2000), S. 133 ff., 145.
[10] *Christian Hillgruber* (N 8), Rn. 10 ff.
[11] *Hans Kelsen*, Reine Rechtslehre [1934], Studienausgabe, 2008, S. 1. – Vgl. *Matthias Jestaedt*, Eine Einführung, in: ebda. S. XXV ff.; ferner in diesem Band *Andreas Funke*, „Uns bleibt ein Erdenrest/zu tragen peinlich"? – Normativität in der Reinen Rechtslehre, unten S. 21 ff.

führt hätten.[12] Die Rechtswissenschaft solle daher „auf das sorgfältigste die Fiktion" vermeiden, „daß eine Rechtsnorm stets nur eine, die ‚richtige' Auslegung zuläßt".[13] In Ansehung dieser Interpretationsskepsis verbunden mit dem Reinheitsgebot verzichtet Kelsen gänzlich auf inhaltliche Direktiven für den Normadressaten, sondern überführt das Recht in eine Zuordnung von Entscheidungskompetenzen. Der Interpret kann sich für den Inhalt seiner Entscheidungen nicht länger hinter der Norm verstecken, sondern muß offen und aufrichtig die Verantwortung für die Wahrnehmung der ihm übertragenen Entscheidungskompetenz übernehmen. Damit schützt sich für *Kelsen* das Recht gegen die beliebige und klammheimliche – religiöse wie politische – Funktionalisierung des Gesetzesrechts. Der Rückzug des Rechts auf die Zuordnung von Kompetenzen wahrt die Gewaltenteilung im Bereich der Rechtsanwendung, freilich unter Verzicht auf jede inhaltliche Determinierung.[14]

4. Recht als System

Aus soziologischer Perspektive hat *Niklas Luhmann* mit seiner autopoietischen Theorie des Rechts den konsequentesten Versuch vorgelegt, die Autonomie des Rechts theoretisch nachzuzeichnen. Das moderne Rechtssystem gehorcht danach in seiner Funktionslogik allein seinen eigenen rechtlichen Vorgaben. Recht wird nur durch Recht (re-)produziert, ist selbstreferentiell und operativ geschlossen: es bleibt immer „bei sich".[15] *Luhmanns* Beschreibung des Rechtssystems spiegelt in soziologischer Perspektive die normativen Bemühungen um die Reinheit des Rechts und erklären sie als Motor wie Kompensation gesellschaftlicher Ausdifferenzierung.

III. Der Preis der Reinheit: Distanz zum Leben

Die Idee der Reinheit birgt ein Paradox: Reinheit will in der Welt Wirklichkeit werden, droht aber durch eben diese Wirklichkeit verunreinigt zu werden. Reinheit ist nur um den Preis des Empirischen zu haben: um real werden und bleiben zu können, bedarf die Reinheit einer prinzipiellen Distanz zum realen Dasein.

---

[12] *Hans Kelsen* (N 11), S. 96.
[13] *Hans Kelsen* (N 11), S. 353.
[14] *Kelsen* (N 11), S. 64 ff., 90 ff.
[15] *Niklas Luhmann*, Das Recht der Gesellschaft, 1993; *Eckard Bolsinger*, Autonomie des Rechts? Niklas Luhmanns soziologischer Rechtspositivismus, PVS 2001, S. 3 ff; Dazu jüngst *Matthias Jestaedt*, Das mag in der Theorie richtig sein ..., 2006, S. 27 ff.

Reinheit ist – die Wirklichkeit kontrastierend und kontrapunktierend – in der Regel ein künstliches Produkt des unterscheidenden, typisierenden, reinigenden Geistes. Nur durch theoretische oder technische Trennverfahren kann Reinheit entstehen und zur Leitschnur des Lebens erhoben werden. Stets aber trennt die Idee der Reinheit von der Wirklichkeit des Lebens, dem vitalen Wollen wie etwa das Streben nach Anerkennung, Reichtum und Erfolg. So wie das Streben nach der „Reinheit des Herzens" in der mittelalterlichen Theologie zur Quelle christlicher Mystik und weltabgewandter Askese wird,[16] so in der Philosophie zur Freude der rein intellektuellen Genüsse, die dem „bei weitem größten Teil der Menschen nicht zugänglich sind; der Freude, die im reinen Erkennen liegt, sind sie fast ganz unfähig: Sie sind gänzlich auf das Wollen verwiesen."[17]

Auch in und für die juristische Praxis ist der Preis, den das Recht um seiner Reinheit willen zu zahlen bereit ist, hoch: indem sie um seiner Reinheit willen auf den Versuch verzichtet, die Gesellschaft durch Recht inhaltlich zu steuern, beschränkt sie das reine Recht auf formale Ableitungen. Inhaltlich bleibt das Recht um seiner Reinheit willen bewußt und gewollt blind, beliebig, ohne Inhalt. Die kelsenianische Unterscheidung etwa des soziologischen und des juristischen Staatsbegriffs thematisiert die bewußte Begrenztheit juristischer Begriffsbildung. So war es mehr als nur Polemik, wenn die Reine Rechtslehre *Kelsens* als „Reine Rechtsleere"[18], seine Staatslehre als eine solche „ohne Staat"[19] denunziert wurde. Von aller sinnlichen Konkretion befreit reduziert sie das Recht zur juristischen Logik und als solche ist sie „die Wissenschaft der reinen Idee".[20]

IV. Gefahren der Reinheitsidee

1. Tribunalisierung der Wirklichkeit

Die Idee der Reinheit mit ihrer schroffen Isolierung reiner Vernunft von der realen Erfahrung, wie sie sich exemplarisch bei *Immanuel Kant* und *Hans Kelsen* findet, wird man nicht als glückliche Wendung in der Geschichte der (Rechts-)

---

[16] Vgl. *Josef Römelt*, in: Reinheit, in: Lexikon für Theologie und Kirche, 3. Aufl., Bd. VIII (1999), Sp. 1010 (1014).
[17] *Arthur Schopenhauer*, Die Welt als Wille und Vorstellung [1818], in: Sämtliche Werke, Bd. 2, 1923, § 57, S. 370.
[18] *Hermann Klenner*, Rechtsleere. Verurteilung der Reinen Rechtslehre, Berlin (Ost), S. 1972.
[19] *Hermann Heller*, Die Krisis der Staatslehre, in: Archiv für Sozialwissenschaft und Sozialpolitik 55 (1926), S. 289 (309).
[20] *G.W.F. Hegel*, Enzyklopädie der philosophischen Wissenschaften, § 19.

Philosophie bezeichnen können. Die bewußte Trennung von Theorie und Praxis hat nämlich wenig erfreuliche Konsequenzen: einerseits sieht man aus der Perspektive theoretischer Reinheit zwar mehr, weil man frei ist von den Zumutungen der Praxis, andererseits riskiert man praktische Irrelevanz. Die Trennung des Erfahrungswissens von dem Vernunftwissen führt zu einer künstlichen Aufspaltung einheitlicher Lebensvorgänge. Das ist zwar ein theoretisch legitimes Vorgehen. Praxistauglich aber wäre es nur, wenn diese Aufspaltung wieder lebenstauglich zusammengeführt würde. Aber die reine Vernunft will der Wirklichkeit bewußt nicht kompatibel sein. Indem sie zur einseitigen Überschätzung der reinen Erkenntnis führt, läuft sie Gefahr, die Wirklichkeit entweder zu tribunalisieren oder sie kritiklos zu begleiten: „Das mag in der Theorie richtig sein, taugt aber nichts für die Praxis".[21] Die systematische Abkopplung des reinen Rechts vom wirklichen Leben zeitigt zahlreiche problematische Folgen:

Ein Leben in völliger Reinheit ist allenfalls das Vergnügen weltabgewandter Gelehrten oder das reale Schicksal in und an der Welt Gescheiterter. Tatsächlich aber ist es unerträglich oder macht lebensunfähig. Mehr noch: vollendete Reinheit ist nicht mehr steigerungsfähig, wird steril, leer und evoziert gar Todesnähe. So schwächt jede reine Rechtslehre, indem sie sich auf die Wirklichkeit nicht einlassen will, im Ergebnis die normative Kraft des Rechts: indem sie alles rechtfertigt, läuft sie normativ leer, wird zur „reinen Rechtsleere". Wenn die Idee der Reinheit aber nicht „bei sich" – und daher politisch harmlos und juristisch leerlaufend – bleiben will, sondern den praktischen Anspruch auf die Gestaltung menschlichen Lebens in der Welt erhebt, dann wird es politisch gefährlich. Die Postulate der reinen Vernunft laufen dann nämlich Gefahr, „das krumme Holz des Menschen" in das Prokrustesbett des reinen Ideals zu pressen. Es ist daher kein Zufall, daß die Idee der Reinheit eine Nähe zu fundamentalistischen Denken eignet (2.). In moderater Form überfordert die Idee der Reinheit des Rechts die Wirklichkeit, wird autistisch und fordert, was der praktischen Vernunft zuwiderläuft: „Vernunft wird Unsinn, Wohltat Plage". Wird die Kluft zwischen reinem normativem Anspruch und den Notwendigkeiten des Lebens zu groß, flüchtet sie sich zuweilen in unerträgliche und scheinheilige Doppelmoral (3.).

---

[21] *Immanuel Kant*, Über den Gemeinspruch: Das mag in der Theorie richtig sein, taugt aber nichts für die Praxis [1793], in: Theorie-Werkausgabe XI, S. 125 ff. Dazu jüngst *Matthias Jestaedt* (N 15).

2. Fundamentalismusnähe

Die Reinheitsidee tritt häufig als Idylle auf, erscheint als naive, wirklichkeitsfremde Verklärung eines konfliktfreien Lebens. Die Sehnsucht nach Reinheit sucht eine perfekte Gemeinschaft ohne Konflikte abzubilden: die unschuldige Reinheit des Paradieses stellt sich als finaler Endzustand dar, über den hinauszugehen oder ihn weiterzuentwickeln sich verbietet. Indem es um das reine Leben und nicht um den Prozeß, d.h. den Weg zu einem angestrebten Ziel geht, symbolisiert Reinheit daher einen tendenziell politikfreien Raum. Die Idee der Reinheit suggeriert, daß sich die Menschen ein für alle Mal der Aufgabe entledigen, sich der steten Auseinandersetzung mit einer immer irrationalen und abgründigen, widersprüchlichen und unberechenbaren Umwelt entziehen könnten. Just in dieser utopischen Perspektive liegt eine totalitäre Gefahr: das Denken in der Kategorie der Reinheit widersetzt sich in der Tendenz dem pragmatischen Ausgleich, dem lebensdienlichen Kompromiß.

Tatsächlich entbindet die Reinheitsidee ein manichäisches Denken: das Unreine muß gereinigt, das Reine bewahrt werden. Einmal in die Welt gesetzt, kann sich die Idee der Reinheit nämlich mit Verunreinigungen nicht mehr abfinden. Er will Wirklichkeit werden in einer unreinen Welt. Überall sucht und findet das Ideal der Reinheit Verschmutzungen, die gereinigt werden müssen. Nicht zufällig findet sich daher der Gedanke der Reinheit im Zentrum von – religiösen wie säkularen – Glaubensvorstellungen. Bezüge auf den reinen Ursprung und die Bedrohung durch Verfälschung haben einen festen Platz und sind fester Bestandteil fundamentalistischen Denkens. Wird die Reinheit der Lehre, die Linientreue der Gläubigen, die Einheitlichkeit und Unwandelbarkeit des reinen Bekenntnisses zum Selbstzweck, dann verbindet sich die Reinheitsidee sehr schnell mit totalitaristischem Denken. Dann zeigt sich das lebensfeindliche, zerstörerische Potential der Reinheitsidee. Indem das Ideal der Reinheit mit dem Streben nach Eindeutigkeit, Endgültigkeit und Ausschließlichkeit verbunden ist, entbindet es das Bedürfnis nach größtmöglicher Kontrolle über alle möglichen Quellen der Verunreinigung: Inquisitionstribunale, Umerziehungslager bis hin zur Vernichtung des Unreinen sind politische Purifikationen im Dienste der Reinheit einer Idee.[22] Die Reinheitsidee, indem sie sich absolut setzt, widersetzt sich jeder Form lebensdienlicher Gewaltenteilung: „fiat puritas pereat mundi". So wächst der Reinheitsidee eine fürchterliche politische Dimension zu: denn Kontrolle bedeutet Machtausübung, nicht zuletzt die Definitionsmacht darüber, was rein und was unrein ist. Die Rassenlehre des Nationalsozialismus war ein

---

[22] Vgl. – am Beispiel Kelsens – die gleichgerichtete Kritik von *Johann Braun*, Einführung in die Rechtsphilosophie, 2006, S. 240 ff., 248 ff.

Reinheitsideal in der größtmöglicher Konsequenz und Perversion: der Terror der – rassischen – Reinheit stand Pate für den Holocoust.[23] Und dem Reinheitswahn der kommunistischen Lehre fielen kaum weniger zum Opfer.

3. Rechtsautismus und Doppelmoral

Die Logik des Umschlagens der Reinheitsidee in lebensfeindliche Tyrannei hat *Luhmann* umschrieben: „Eine Ideologie kann sich um ihrer Reinheit willen eng einkapseln und sich auf außerideologische Machtstützen verlassen. Das ist jedoch nur möglich, wenn diese Ordnungsgarantien sozial gesichert sind, nicht in Frage gezogen werden und keiner Rechtfertigung bedürfen. Sind diese Voraussetzungen nicht gegeben, muß die Ideologie sich um eine umfassende Gesamtkonstruktion des Handelns in ihrem Bereich bemühen und Formeln für alle Gelegenheiten bereithalten. Das geht nur auf Kosten der inneren Einheit".[24] Verrechtlichung und Normenflut sind Antworten auf diesen Wegfall fragloser sozialer Ordnungsgarantien und verstärken diesen Prozeß: indem die Reinheitswahrung zu Inzucht, Immunsierung gegen Außeneinflüsse und Selbstreferentialität führt, schwächt sie die Lebenskräfte im allgemeinen, im Rechtssystem die normative Kraft und praktische Urteilsfähigkeit. Das Reinheitsideal verzichtet um seiner Reinheit willen auf die verantwortliche Gestaltung der Realität: indem es auf die Zuständigkeit anderer Fakultäten verweist, läuft es auf eine Verweigerung des Rechts im konkreten Fall hinaus. Um ihrer Reinheit willen verweigert sich die Wahrheit der Reinheit des pragmatischen Kompromisses, gibt dem Rechtssuchenden Auskunft über Kompetenzen und nicht über sein Recht, gibt ihm Steine statt Brot.

Beispiele für diese zunehmende Tendenz gibt es zahlreiche: die Hypertrophie des Gesetzesvorbehalts führt zu einer verwaltungsmäßig nicht mehr umsetzbaren Normenflut,[25] die konsequente Leugnung von normativen Notlagen läßt jede militärische Aktion bei der „Verteidigung unserer Freiheit am Hindukusch" zu einem Fall für den Staatsanwalt werden,[26] die Inflationierung und Überdehnung der Menschenwürdegarantie des Grundgesetzes durch das Bundesverfassungs-

---

[23] Vgl. *Zygmunt Bauman*, Moderne und Ambivalenz, 1992, S. 46 ff.; *Theodor W. Adorno/ Max Horkheimer*, Dialektik der Aufklärung. Philosophische Fragmente, 1969.
[24] *Niklas Luhmann*, Wahrheit und Ideologie, in: ders., Soziologische Aufklärung 1, 6. Aufl., 1991, S. 54, 61 f.
[25] Jüngstes Beispiel: *Manfred Schäfers*, Das Steuerrecht überfordert die Finanzämter, FAZ v. 30. Nov. 2009.
[26] Vgl. *Reinhard Müller*, Prozeß gegen Soldaten, in: FAZ 12. 12. 2008; *ders.*, Kriegsdienst für eine gute Sache, FAZ v. 7. 10. 2009, S. 1.

gericht führt zu unerträglichen Handlungsverboten trotz elementarer Handlungspflichten: so verbietet das Gericht den Abschuß einer von Terroristen als Waffe mißbrauchten Passagiermaschine als „schlechthin unerträglich" und mit der unantastbaren Menschenwürde des Art. 1 Abs. 3 GG unvereinbar, insinuiert aber gleichzeitig seine Erwartung, ein verantwortlicher Amtsträger möge die Last des Abschusses auf sich nehmen.[27] Hier entlarvt sich ein zur Sterilität verkommener Normativismus: der Preis für die Wahrung der Reinheit der unantastbaren Menschenwürde ist eine blamable Doppelmoral. Muß das Recht aber nicht auch und gerade dann seiner Verantwortung gerecht werden, wenn es um die Bewältigung der unerfreulichen Seiten des Lebens geht? Muß nicht das Recht auch tragische Entscheidungssituationen reflektieren und verantwortungsvoll lösen? Soll das Reinheitsideal nicht lebensfeindlich werden, ist es „Aufgabe der Ideologie [...], Widersprüche zu integrieren, Handlungen mit widersprechenden Wertorientierungen zu koordinieren."[28] Damit aber kommen theoretische Unreinheiten ins Spiel:

V. Lob der Unreinheit

Reinheit und Leben, Recht und Wirklichkeit dürfen weder theoretisch noch praktisch gegeneinander ausgespielt werden: daher muß Reinheit als regulatorische Idee, nicht aber als absolutes Prinzip begriffen werden. Recht, das Wirklichkeit ordnen will, muß sich auf Wirklichkeit – einschließlich ihrer Komplexität, Widersprüchlichkeit und Unreinheit – einlassen.[29] Das gute Leben bedarf der Idee der Reinheit als regulatives Prinzip, nicht aber als lebensfeindlicher Selbstzweck. Der Reinheitsgedanke vermag als Orientierungsmarke und Korrektiv handlungsanleitend wirken. Als End- und Selbstzweck indes wirkt er sozial lebensfeindlich und politisch gefährlich. Die Reinheitsidee entbindet derart ebenso Faszination wie Abwehr, wirkt als Ideal wie als Schrecken gleichermaßen. Gibt es einen vermittelnden Ausweg aus diesem Dilemma? Tatsächlich vermag die Tonkunst aus ihrer Entwicklung und Erfahrung einen abgewogenen Hinweis auf die Lösung des Problems zu bieten: danach bedarf die Idee der Reinheit der Moderierung, um lebensdienlich zu sein. Als lebenspraktisches Postulat kann Reinheit nicht Ziel einer kategorischen, sondern nur das eines „wohltemperierten" Postulats sein.

---

[27] BVerfGE 115, 118 ff. Kritik: *Otto Depenheuer*, Selbstbehauptung des Rechtsstaats, 2. Aufl., 2007.
[28] *Niklas Luhmann* (N 24), S. 62.
[29] Vgl. dazu in diesem Band *Ulrich Vosgerau*, Das Recht der Wirklichkeit. – Wirklichkeit als Gegenstand und Herausforderung des Rechts, unten S. 55 ff.

1. „Wohltemperierte Reinheit"

Das System der Tonarten, wie es sich im 17. Jahrhundert ausbildete, besteht aus zwölf Tonschritten im Rahmen einer Oktave. Eine besondere Rolle kommt dabei der reinen Quinte als dem Ausgangsintervall des pythagoreischen Systems zu. Werden diese konsequent „rein" gestimmt, ist es als Folge der starren Einteilung der zwölf Halbtonschritte harmonisch und mathematisch nicht möglich, mehr als vier Tonarten in Übereinstimmung mit reinen Quint- und Terzintervallen zu bringen. Es bleibt ein „unharmonischer Rest", das sogenannte pythagoräische Komma. Jenseits der vier „reinen" Grundtonarten klingt die „reine Stimmung" daher im Ergebnis „unrein" und „verstimmt". Der Hörgenuß wird deshalb bis zur Unerträglichkeit beeinträchtigt, weil zwölf Quinten um das pythagoräische Komma größer sind als sieben Oktaven. Das „His" der zwölften Quinte ist eben nicht mehr das C der siebten Oktave, sondern um etwa einen viertel Halbton gegenüber dem Ausgangston höher. In der Musikgeschichte der Tasteninstrumente hat es nun vielfältige Vorschläge und Lösungen gegeben, um einen Kompromiß zwischen musikalischer Notwendigkeit und harmonischer Reinheit zu finden. Mathematiker, Musiktheoretiker, Instrumentenbauer und Musiker haben über Jahrhunderte darüber gestritten und gerechnet.

Die geniale Lösung des Reinheitsproblems bestand nun darin, die Differenz des pythagoräischen Kommas innerhalb des Tonsystems so zu verteilen, daß die Oktave in der siebten und die Quinte in der zwölften Stufe identisch sind, d.h. das His wie ein C klingt. Um den Quintenzirkel derart harmonisch zu schließen, mußte man die Quinte – und alle weiteren Intervalle entsprechend – von der reinen Stimmung abweichend „unrein" stimmen, damit sie in den vorgegeben Rahmen der Oktaven und Quinten paßten. Damit wurde aus dem unendlichen System reiner Quinten das geschlossene System des Quintenzirkels. Diese bewußte und gewollte Unreinheit war also Bedingung der Möglichkeit, das Tonsystem „wohl zu ordnen", zu „temperieren". Als erfreuliche Folge dieser „Unreinheit" konnten nunmehr alle Tonarten des gesamten Quintenzirkels wohlklingend gespielt, enharmonische Verwechslungen ermöglicht und bis dahin unmögliche Transpositionen durchgeführt werden. Die Innovation der „wohltemperierten Stimmung" inspirierte das bekannte Werk „Das Wohltemperierte Klavier" von *Johann Sebastian Bach* (1685–1750), der damit demonstrieren konnte, daß nunmehr in allen Tonarten des gesamten Quintenzirkels „wohlgestimmt" komponiert und gespielt werden konnte.[30] Fazit: die unreine Stimmung aller Intervalle – außer der Oktave – ermöglicht harmonischen Wohlklang.

---

[30] Vgl. zum Ganzen *Wilhelm Dupont*, Geschichte der musikalischen Temperatur, 1986 [Reprint der 1935 erschienen Inaugural-Dissertation].

Doktrinäre Reinheit der Stimmung hingegen bietet nur in engen Rahmen „reinen" Hörgenuß, im weitaus größeren Umfang hingegen klingt die Reinheit schlechthin unerträglich. Will man nicht zu Ge- und Verboten Zuflucht nehmen, hilft nur Ausbruch aus einem doktrinären Reinheitsanspruch in maßvolle, aber lebensdienliche Unreinheit: die unreine wohltemperierte Verstimmung entbindet Harmonie und gibt der Musik unendliche Entfaltungsmöglichkeiten.

2. Reinheit des Rechts als regulative Idee

Das Beispiel der „wohltemperierten Stimmung" kann als verallgemeinerungsfähiges Vorbild dienen für das Ziel, die Idee der Reinheit mit den Bedürfnissen des praktischen Lebens zu vermitteln. Der in der wohltemperierten Stimmung liegende Kompromiß, kann und muß insbesondere auch für das Recht als pragmatische, d.h. lebensdienliche Ordnung fruchtbar gemacht werden. Was dem Leben dient, darf theoretisch auch unrein sein. Zu diesem Zweck muß das Ziel der Reinheit lebenskonform gefaßt werden: nicht als dogmatisches Prinzip, sondern als regulative Idee im Sinne *Kants*.[31] M.a.W.: Das Leben muß der Unreinheit Nischen geben, damit das Leben mit all seinen Widersprüchlichkeiten gelebt werden kann.

Das gilt auch für die Binnenwelt des Rechts: dieses ist aus der Perspektive theoretischer Reinheit im höchsten Maße „unrein": das Rechtssystem arbeitet mit Fiktionen,[32] immunisiert sich rechtstechnisch gegen die Zumutungen der Wirklichkeit, entsteht in einem politischen Prozeß, der sich einzig an seinen politischen Gesetzmäßigkeiten orientiert.[33] Gegen diese Unreinheit immunisiert sich das Rechtssystem mittels vielfältiger Strategien: dem Gesetzgeber wird attestiert, dieser schulde nur das Gesetz.[34] Die Rechtsanwendung fingiert sich ihre eigene Wirklichkeit, indem die objektive Auslegungslehre das Ziel ihres Bemühens nicht offen legt, ohne indes dadurch in der Praxis ihre Legitimation einzu-

---

[31] Zur Kategorie der regulativen Idee bei Immanuel Kant vgl. *Hans Vaihinger*, Philosophie des Als-Ob, 1911, S. 613 ff.; *Margit Ruffing*, Über den Nutzen von Illusionen. Die regulativen Ideen in Kants theoretischer Philosophie, in: Kant-Studien 99 (2008), S.393 ff.
[32] Vgl. *Vaihinger* (N 22), S. 46 ff.
[33] Aus der Binnenperspektive parlamentarischer Gesetzgebung *Günter Krings*, Die Reinheit der Gesetzgebung. Impressionen aus der Perspektive, in diesem Band unten S. 127 ff.
[34] *Klaus Schlaich*, Verfassungsgerichtsbarkeit im Gefüge der Staatsfunktionen, VVDStRL 39 (1981), S. 108 f.

büßen.³⁵ Die Kritik an ihr ist daher theoretisch ebenso berechtigt³⁶ wie ihre rechtspraktische Realität unumstößlich: auch sie ist nicht wahr, aber wirksam, eben: regulatives Prinzip.

Das hindert die rechtswissenschaftliche Dogmatik nicht bei ihren Bemühungen, das gegebene Recht mit all seinen Widersprüchlichkeiten und „Unreinheiten" in ein kohärentes System zu überführen, die hinter der positivrechtlichen Normenflut liegende hintergründige Logik aufzuspüren und auf den Begriff zu bringen. Gerade darin liegt die Aufgabe guter Theorie: den Unreinheiten des Lebens Rechnung zu tragen und trotzdem dem Rechtssystem Orientierung, Wegweisung und Perspektive zu geben – stets in dem Bewußtsein, daß die Rechtspraxis dieses Recht im Einzelfall zu gerechter, lebensadäquater Anwendung bringen muß: fiat iustitia pereat puritas.

3. Reinheit der Rechtswissenschaft als unbedingte Verpflichtung

So wie das Recht auf das wirkliche Leben bezogen bleiben muß und es nicht theoretisch überfordern darf, so muß die Wissenschaft ihre theoretische Reinheit und Wahrheit bewahren, solange sie Wissenschaft bleibt. Dies ermöglicht mir auch in Zeiten einer breiten Abkehr vom humboldt'schen Bildungs- und Universitätsideal seit vielen Jahren die Hanns-Martin-Schleyer-Stiftung (Köln) mit ihren Seminaren in der Reihe „Dialog Theorie-Praxis". Dieser Sammelband geht zurück auf ein Seminar, das unter dem Generalthema „Reinheit des Rechts" vom 16. bis 18. Januar 2009 auf der Schönburg oberhalb von Oberwesel stattgefunden hat. Der Stiftung sei an dieser Stelle für die großzügige Förderung wissenschaftlicher Basisarbeit herzlich gedankt. In diesen Seminaren kann Wissenschaft noch ganz „bei sich" bleiben und ihre theoretische Reinheit bewahren, ohne darüber die praktischen Bedürfnisse zu übergehen. Dem Verein zur Förderung der Rechtswissenschaft sei zudem einmal mehr für einen großzügigen Druckkostenzuschuß gedankt.

---

³⁵ Kritik: *Ralph Christensen*, Was heißt Gesetzesbindung?, 1989, S. 64: „Sie tun nicht, was sie sagen, und sie sagen nicht, was sie tun"; *Otto Depenheuer*, Der Wortlaut als Grenze, 1988, S. 22 ff.; Jestaedt (N 15), S. 8 ff.
³⁶ In diesem Band unten *Matthias Fischer*, 101 ff.

„Uns bleibt ein Erdenrest/zu tragen peinlich"?
Normativität in der Reinen Rechtslehre

Andreas Funke, Köln

I. Einleitung

> *„Uns bleibt ein Erdenrest*
> *Zu tragen peinlich,*
> *Und wär' er von Asbest,*
> *Er ist nicht reinlich."*[1]

So singen die Engel in der Schlußszene des zweiten Teils des *Faust*, als sie Faustens unsterbliche Überreste – seine Seele – himmelwärts tragen und damit dem Mephistopheles entziehen. Der folgende Beitrag behandelt nun nicht Goethes *Faust*, sondern Hans Kelsens Normativitätskonzeption. Daß er dennoch mit einem Vers aus Goethes *Faust* beginnt, ist nicht auf einen unbedingten Willen zu schöngeistiger Klassiker-Einkleidung zu verstehen. Der Vers paßt einfach gut. Er umreißt ganz treffend gerade jenes Problem, das im Mittelpunkt des Beitrages steht. Und deshalb ist es auch kein Zufall, daß uns der Vers in der Diskussion, die im Folgenden aufgegriffen wird, sogar begegnet.

Mit den besagten Worten beendet nämlich der Rechtsphilosoph Julius Binder seine Rezension der *Theorie der Rechtswissenschaft* von Rudolf Stammler, die ihm zu einem eigenständigen Werk mit der Länge von 316 Seiten anschwoll und die er unter dem Titel *Rechtsbegriff und Rechtsidee* im Jahre 1915 veröffentlichte. Warum hielt Binder diesen Vers Stammler entgegen? Stammler entwickelt in seinem Werk die Idee einer „reinen Rechtslehre". Diese hat die Aufgabe, „das zu geben, was sich in rechtlichen Erörterungen mit *unbedingter Allgemeingültigkeit* aufstellen läßt".[2] Ziel sind die „reinen Formen des juristischen Denkens".[3] Stammler läßt keinen Zweifel daran, daß mit der Erkenntnis dieser Formen die Wissenschaftlichkeit der Rechtswissenschaft steht und fällt. Binder hielt Stammler entgegen, daß die angestrebte Reinheit der Begriffe bzw. ihre

---

[1] *Johann Wolfgang Goethe*, Faust II, 5. Akt, Die vollendeteren Engel, Zeile 896 ff.
[2] *Rudolf Stammler*, Theorie der Rechtswissenschaft, S. 3 (Hervorhebung im Original).
[3] *Rudolf Stammler*, Theorie der Rechtswissenschaft, S. 13.

Allgemeingültigkeit nicht erreicht werden könne. Stammler gehe allein von empirischen Gegebenheiten wie etwa Bewußtseinsphänomenen aus und beschränke sich auf darauf gestützte Verallgemeinerungen. Stammlers Buch war 1911 erschienen. Im gleichen Jahr veröffentlichte Hans Kelsen unter dem etwas dunklen und durchaus anmaßenden Titel *Hauptprobleme der Staatsrechtslehre entwickelt aus der Lehre vom Rechtssatze* seine Habilitationsschrift, die schon damals als bahnbrechend wahrgenommen wurde. Damit setzte die Entwicklung einer elaborierten Rechtstheorie an, die unter der von Kelsen gewählten Bezeichnung „Reine Rechtslehre" ab den 1920er Jahren zu einer breiten wissenschaftlichen Strömung wurde. Der Ungar Felix Somló, der einen ähnlichen Weg wie Kelsen einzuschlagen im Begriff war, machte sich im Jahre 1915 ebenfalls Gedanken über Stammlers *Theorie der Rechtswissenschaft*, indem er Binders Kritik rezensierte. In den Randbemerkungen seines Rezensionsexemplars vermerkte er, daß das Recht „keine reine formale Kategorie unseres Bewußtseins" sei, sondern „ein empirischer Begriff". Deshalb gelte: „der ‚Begriff' des Rechts muß empiristisch gefunden werden. Ist er doch kein *Wert*, sondern eine bloße soziale Tatsache ..."[4] Das Faust-Zitat gefiel Somló so gut, daß er es wiederum in seine Rezension des Binder-Buches aufnahm.[5] So schließt sich der Kreis, und wir haben gewissermaßen die Figuren eines kleinen Theaterstücks vor uns: den tief im 19. Jahrhundert verwurzelten Stammler, den Vielschreiber Binder, den nüchternen und strengen Somló und schließlich den schillernden Star des Ensembles, Kelsen.

Aber genug der Personen. Diese Verweise sollen nur die ersten Stichworte meines Themas benennen und im Übrigen einige zentrale Teilnehmer derjenigen zeitgenössischen rechtstheoretischen Diskussion anführen, aus der heraus Hans Kelsen seine Vorstellung von rechtlicher Normativität – die allein Thema dieses Beitrages ist – entwickelte.[6] Die genannten Rechtstheoretiker einte das Bestreben, das Recht ihrer Zeit neu und tiefer als bisher zu durchdenken, wobei sie Anregung und Unterstützung bei den philosophischen Lehren ihrer Zeit suchten. Insbesondere zielten sie auf eine Begründung der Wissenschaftlichkeit der Jurisprudenz. Sie wollten die „juristische Methode" als solche, ihre *Eigenart*, klären. Dabei geht es nicht um Fragen der Interpretationslehre, sondern um die Bildung juristischer Begriffe, und letztlich um die *Natur des juristischen Denkens*

---

[4] Anmerkungen von Somló in seinem persönlichen Exemplar des Binder-Buches, S. 23 und 31 (Hervorhebung im Original); das Buch befindet sich in der Bibliothek des Ungarischen Parlaments in Budapest.
[5] *Felix Somló*, Rechtsbegriff und Rechtsidee, S. 67.
[6] Ein anderes wichtiges Ensemble wären die Protagonisten der staatstheoretischen und staatsrechtlichen Diskussion, also Georg Jellinek, Paul Laband etc.

schlechthin. Alle waren sie der Ansicht, daß gewisse Grundbegriffe der überkommenen Rechtswissenschaft auf methodisch verfehlte Weise zustande gekommen sind: z. B. im Zivilrecht der Begriff des subjektiven Rechts, im Strafrecht der Begriff der Schuld, im Staatsrecht der Begriff des Staatswillens, und sie führten diese methodischen Mißgriffe der Zunft auf unzutreffende Grundannahmen über den Charakter der juristischen Methode zurück. Interessanterweise hat sich dieser verzweigte Diskurs mit dem über die Natur des rechtlichen Sollens, also über die Normativität des Rechts, verwoben. Auf beides bezog sich Kelsen mit seinem Erstlingswerk. Auch wenn er über Jahrzehnte wirkte und seine Auffassung ständig weiterentwickelte, so hat er diesen Ursprungskontext und den daraus erwachsenden Problemzugriff nie aufgegeben.

Ich möchte mich meinem Thema mit einer bestimmten Fragestellung nähern, die durch das einleitende Faust-Zitat schon angedeutet wurde: Welche Vorstellungen über das Dasein des Rechts liegen Kelsens Konzeption von Normativität zugrunde? Was ist das Recht also bei Kelsen in ontologischer Hinsicht?[7] Ist es eine Idee, ein Gedanke oder ein natürliches Geschehen, ist es ein moralisches Gebot, ein mentaler Zustand oder etwas, von dem wir einfach nur glauben, daß es existiert? Mit der Antwort, daß das Recht eine Norm sei, ist es nicht getan, denn in ontologischer Hinsicht ist dann zu beantworten, was eine Norm ist. „Ontologie" meint dabei nicht voraufklärerische, metaphysische Systeme der Welt als ganzer,[8] sondern eben schlicht die Frage nach der Existenzweise des Rechts.

Freilich mag eingewendet werden, daß die Fragestellung einen systematischen Platz beanspruche, der in Bezug auf das Recht gar nicht vorhanden sei: indem sie auf ein Gegebenes abziele, wo es doch um ein Sollen gehe. Aber gerade die Annahme, daß es diesen Platz gibt, ist der Gegenstand dieser Untersuchung. Die ontologische Färbung des Themas „Normativität in der Reinen Rechtslehre" würden sodann Kelsen-Experten womöglich sofort zurückweisen wollen.

---

[7] Eine aktuelle Auseinandersetzung mit dieser Frage findet sich bei *Moore*, A Naturalist Approach to Legal Ontology. Ontologisch zugespitzte Problemzugriffe wie hier bei: *Ota Weinberger*, Zur Idee eines institutionalistischen Rechtspositivismus, S. 501; *Donald Neil MacCormick/Ota Weinberger*, Grundlagen des institutionalistischen Rechtspositivismus, S. 12, 60; *Robert Alexy*, Natur, S. 19; *Jerzy Wróblewski*, Ontology and epistemology of law; *Peter Stemmer*, Normativität. Speziell zu Kelsens Ontologie s. den präzisen Hinweis von *Jerzy Wróblewski*, The Is-Ought Dichotomy and Naturalist Fallacy, S. 510 f., der zwei ontologische Dualismen der Sein/Sollen-Unterscheidung bei Kelsen ausmacht: einmal als Unterscheidung zweier verschiedener Arten von Realität, dann als Unterscheidung von Willensakt und Bedeutung; weiter *Carsten Heidemann*, Die Norm als Tatsache, S. 57 ff.; *Rudolf Thienel*, Kritischer Rationalismus und Jurisprudenz, S. 63, 111.
[8] Metaphysische Zugänge zum vielschichtigen Problem einer Ontologie des Rechts finden sich in *Arthur Kaufmann*, Die ontologische Begründung des Rechts.

Kelsen sei bekanntlich Neukantianer gewesen und habe deshalb, so könnte der Einwand lauten, nie unmittelbar Aussagen über das Sein des Rechts, sondern nur über dessen Erkenntnis treffen wollen. Aber die neukantianischen Grundlagen der Reinen Rechtslehre sind nicht restlos geklärt,[9] und gewisse ontologische Präsuppositionen – im dargelegten Sinne – sind, wie im Einzelnen zu zeigen ist, in den Darlegungen Kelsens einfach unübersehbar.

Normativität in der Reinen Rechtslehre zum Thema zu machen bedeutet, über die Reine Rechtslehre als solche zu sprechen. Denn in ihrem Kern ist die Reine Rechtslehre nichts anderes als eine Theorie der Normativität, nämlich der Normativität des positiven Rechts. Zunächst sind deshalb einige Grundelemente der Rechts- bzw. Normativitätskonzeption Kelsens zu benennen. Dabei steht jeder Kelsen-Leser vor dem Problem, daß hier eigentlich mehrere Konzepte zur Auswahl stehen. Der späte Kelsen ist anerkanntermaßen ein anderer Kelsen als der frühe. In der Sekundärliteratur werden vier Phasen von Kelsens Denken unterschieden, wobei die genaue Phasenzuordnung umstritten ist.[10] Eine ultimative Fassung der Reinen Rechtslehre gibt es nicht. Der für unseren Zusammenhang interessante Kelsen läßt sich im Wesentlichen mit immerhin nur zwei Varianten bewältigen, nämlich einer frühen und einer späten Phase der Reinen Rechtslehre. Die frühe Phase kulminierte in der ersten Auflage der *Reinen Rechtslehre* von 1934, die sich durch besondere Klarheit des Standpunktes wie auch der Darlegung des Standpunktes auszeichnet und die im Folgenden auch zunächst als vornehmliches Referenzwerk herangezogen werden soll. Als Werke der späten Phase wird auf die zweite Auflage der *Reinen Rechtslehre* aus dem Jahre 1960 (die durchaus ein neues Werk darstellt) sowie auf die posthum erschienene, fragmentarische und umstrittene *Allgemeine Theorie der Normen* zurückgegriffen.

Kelsen entwickelt eine spezifische Konzeption des rechtlichen Sollens. Ich möchte versuchen, die wichtigsten Stufen seines Gedankenganges herauszustellen (unter II). Dies alles ist nicht neu, aber unverzichtbar, um einige problematische Punkte aufzuzeigen (unter III) sowie eine wichtige Modifikation der Konzeption vorzustellen (unter IV). Auf dieser Grundlage soll eine Verstrickung Kelsens in die Erkenntnistheorie seiner Zeit aufgezeigt werden (unter V).

---

[9] S. aus der überbordenden Literatur verschiedene Beiträge in den Sammelbänden *Robert Alexy/Lukas H. Meyer/Stanley L. Paulson/Gerhard Sprenger*, Neukantianismus und Rechtsphilosophie, und *Stanley L. Paulson/Michael Stolleis*, Hans Kelsen; des weiteren *Stanley L. Paulson*, Konstitutive und methodologische Formen; *Friederike Wapler*, Werte und das Recht, S. 181 f.
[10] S. *Carsten Heidemann*, Geltung und Sollen, S. 204 Fn. 8, m. w. N.

II. Kelsens Rechtsbegriff: eine Skizze

1. Ausgangspunkt

Die Reine Rechtslehre versteht sich, so lautet das methodische Credo Kelsens, als Explikation der Grundannahmen der existierenden Rechtswissenschaft. Es sollen also kein Rechtsbegriff, keine Rechtsidee, kein normativer methodischer Maßstab von außen an die Rechtswissenschaft herangetragen werden. Kelsen möchte die Vorstellungen vom Recht, die in der Rechtswissenschaft seiner Zeit vorhanden sind, offenlegen. Dabei hat Kelsen eine ganz bestimmte Rechtswissenschaft vor Augen, nämlich die durch die pandektistische Tradition des 19. Jahrhunderts und damit durch die Rezeption des römischen Rechts entscheidend geprägte deutsche Zivilrechtswissenschaft,[11] die von Carl Friedrich von Gerber und Paul Laband auf das öffentliche Recht übertragen wurde.[12]

> „Die Möglichkeit und Erforderlichkeit solcher Theorie [d. h. einer Reinen Rechtslehre, A. F.] ist schon durch das jahrtausendalte Faktum der Rechtswissenschaft erwiesen, die – solange es ein Recht gibt – als dogmatische Jurisprudenz den intellektuellen Bedürfnissen der mit dem Recht Befaßten dient."[13]

Kelsen ist zugleich der Auffassung, daß die Rechtswissenschaft methodisch unsauber verfährt. Er möchte die Rechtswissenschaft von allen nicht-rechtlichen Elementen reinigen. Gerade deshalb wählt er für sein Projekt die Bezeichnung „Reine Rechtslehre". Diese Zielsetzung bildet die Schnittstelle zur eingangs angerissenen zeitgenössischen Diskussion (Stammler, Binder usw.) um die Eigenart der Methode des Rechts.

Natürlich ist Kelsens Ausgangspunkt in gewisser Hinsicht paradox. Er will die theoretischen Prämissen der gegebenen Rechtswissenschaft explizit machen und zugleich die Methode der Rechtswissenschaft mit Maßstäben kritisieren, die er aus den theoretischen Prämissen ableitet. Dennoch ist dies kein größeres Problem. Es ist das Kennzeichen jeder Erkenntniskritik, daß sie aufklärend verfährt und genau das macht, was Kelsen sich vornimmt: die Wahrung selbstgesetzter wissenschaftlicher Maßstäbe zu prüfen.

---

[11] S. dazu in diesem Band den Beitrag von Hans-Peter Haferkamp.
[12] S. *Andreas Funke*, Allgemeine Rechtslehre als juristische Strukturtheorie, S. 109 ff.
[13] *Hans Kelsen*, Reine Rechtslehre, 1. Aufl., S. IV und S. 37 (zur Theorie als solcher); *ders.*, Grundlagen der Naturrechtslehre und des Rechtspositivismus, S. 300 (zur Grundnorm); *ders.*, Reine Rechtslehre, 2. Aufl., S. 209 (zur Grundnorm). Zur Verbindung zur zivilistischen Tradition des 19. Jahrhunderts sowie zu Laband und Gerber s. *Hans Kelsen*, Letter to Renato Treves, S. 170.

2. Recht als Norm und nur als Norm

Kelsen erfaßt das Recht als Norm. Alles Recht besteht aus Normen. Damit sind zwei ganz bedeutende Abgrenzungen verbunden.

Die erste Abgrenzung betrifft die Funktion der Normenkategorie. Sie soll die Abgrenzung des Rechts von natürlichen Akten gewährleisten. Diese Abgrenzung bezieht sich insbesondere auf die Entstehung von Recht. Normen sind, so Kelsen, ein *Deutungsschema* für die Entstehung neuer Normen. Menschliches Verhalten – Akte – ist für Kelsen zunächst nur ein äußerer Sachverhalt:

> „Dieser äußere Sachverhalt ist nun, weil in Zeit und Raum ablaufendes, sinnlich wahrnehmbares Geschehen, ein Stück Natur und als solches kausalgesetzlich bestimmt. [...] Den spezifisch juristischen Sinn, seine eigentümliche rechtliche Bedeutung erhält der [...] Sachverhalt durch eine Norm, die sich mit ihrem Inhalt auf ihn bezieht, die ihm die rechtliche Bedeutung verleiht, so daß der Akt nach dieser Norm gedeutet werden kann. Die Norm fungiert als Deutungsschema. Sie wird selbst durch einen Rechtsakt erzeugt, der seinerseits wieder von einer anderen Norm her seine Bedeutung erhält."[14]

Ein klassisches Beispiel ist die Situation, daß in einem Gebäude Menschen zusammenkommen und gelegentlich die Hände heben: Erst aufgrund der Vorschriften über das Gesetzgebungsverfahren und anderer Vorschriften können wir in diesem Vorgang die Verabschiedung eines Gesetzes erkennen.[15] Das Gesetz, als das wir diesen natürlichen Vorgang deuten, diese Norm, ist der Sinn der zugrunde liegenden natürlichen Akte. Die Akte sind, so heißt es, „Seinsvorgänge [...], die die Norm als Sinngehalt tragen"[16]. Die Normen sind die „geistigen Gehalte [...], die, von natürlichen Akten getragen, solchen allererst den Sinn des Rechts geben"[17].

Die zweite Abgrenzung, die Kelsen mit seinem spezifischen Normbegriff anstrebt, ist die Abgrenzung des Rechts von Moral und Gerechtigkeit. Das Sollen, das mit einer Rechtsnorm verbunden ist, versteht er nämlich nicht als Befehl bzw. Imperativ – Du sollst dies, Du sollst jenes nicht –, sondern als ein *hypothetisches Urteil*. Es geht dabei nicht mehr um die Norm als ein Deutungsschema. Der Fokus verschiebt sich ein wenig, weg von der Frage der Normsetzung hin

---

[14] *Hans Kelsen*, Reine Rechtslehre, 1. Aufl., S. 4 f.
[15] Ein Einwand, der hier nicht weiter verfolgt wird: Genaugenommen erlauben die Vorschriften, den Akt als Vorgang der Gesetz*gebung* zu deuten, nicht aber schon die Deutung als Gesetz *selbst*.
[16] *Hans Kelsen*, Reine Rechtslehre, 1. Aufl., S. 6.
[17] *Hans Kelsen*, Reine Rechtslehre, 1. Aufl., S. 37.

zur Befolgung des Rechts durch die Individuen. Die Befolgung wird von Kelsen ganz eigentümlich konstruiert. So wie in den Naturwissenschaften die Kausalität eine Wenn-Dann-Verknüpfung darstelle, sei nämlich der Rechtssatz eine spezifische Wenn-Dann-Verknüpfung der Rechtswissenschaft: „Sagt das Naturgesetz: Wenn A ist, muß B sein, so sagt das Rechtsgesetz: Wenn A ist, soll B sein [...]."[18] Das bedeutet:

> „Ist die Weise der Verknüpfung der Tatbestände in dem einen Falle die Kausalität, ist es in dem anderen die Zurechnung, die von der Reinen Rechtslehre als die besondere Gesetzlichkeit des Rechtes erkannt wird. So wie die Wirkung auf ihre Ursache, wird die Rechtsfolge auf ihre Rechtsbedingung zurückgeführt; aber diese kann von jener nicht als ursächlich bewirkt angesehen werden. [...] Die Beziehung der Strafe auf das Delikt, der Exekution auf den zivilen Unrechtstatbestand hat keine kausale, hat eine normative Bedeutung."[19]

Wenn Verhalten X, dann soll der Zwangsakt Y gesetzt werden. Kelsen nimmt hierbei unübersehbar die legistische Form der Strafrechtssätze zum Vorbild. In dieser Form sieht er aber etwas ganz anderes, nämlich die Tiefenstruktur des juristischen Denkens, gewissermaßen dessen genetischen Code. Das Sollen, von dem hier die Rede ist, ist allein an die Staatsorgane gerichtet. Diese Konstruktion ist außerordentlich radikal. Kelsen wählt sie, um eine scharfe Trennung der Rechtswissenschaft von der Moral bewirken zu können. Das Recht stellt nicht, so wie die Moral, Gebote oder Verbote auf. Das rechtliche Sollen bedeutet nur, daß die Staatsorgane bei bestimmten Verhaltensweisen Zwangsakte setzen sollen. Kelsen geht dabei von der Prämisse aus, daß Rechts- und Moralnormen nicht parallelisiert werden dürfen.

> „[...] wenn das Recht so wie die Moral als Norm angesehen und wenn der Sinn der Rechtsnorm so wie der der Moralnorm in einem ‚Sollen' ausgedrückt wird, so bleibt doch an dem Begriff der Rechtsnorm und dem rechtlichen Sollen irgend etwas von dem absoluten Wert haften, der der Moral eigen ist."[20]

Deshalb kann als spezifische Rechtsfolge letztlich immer nur ein staatlicher Zwangsakt, d. h. Strafe oder Zwangsvollstreckung, dienen. Nur das Verhalten, das sich aus der darauf gestützten Konstruktion als Tatbestand ergibt, darf überhaupt als Unrecht angesehen werden.[21] Das rechtliche Sollen ist ein Sollen, hat aber einen ganz anderen Sinn als das moralische Sollen. Rechtliche Normen ha-

---

[18] *Hans Kelsen*, Reine Rechtslehre, 1. Aufl., S. 23.
[19] *Hans Kelsen*, Reine Rechtslehre, 1. Aufl., S. 22.
[20] *Hans Kelsen*, Reine Rechtslehre, 1. Aufl., S. 21.
[21] *Hans Kelsen*, Reine Rechtslehre, 1. Aufl., S. 25 f.

ben also den Sinn eines Sollens, aber dieses Sollen hat *eine andere Struktur* als das moralische Sollen.

3. Zwei Schritte vor, einer zurück: Primär- und Sekundärebene

Kelsen sieht, daß dieser eigentümliche Rechtssatzbegriff eine ganz wesentliche Aufgabe *nicht* erfüllen kann, nämlich der Rechtsdogmatik als Arbeitsgrundlage zu dienen. Denn die Rechtsdogmatik betrachtet menschliches Verhalten keineswegs nur als Auslöser von staatlichen Zwangsakten. Insbesondere ist ihr die Wertung, ob ein Verhalten rechtmäßig ist oder nicht, unentbehrlich. Kelsen dreht hingegen die Verhältnisse um. Menschliches Verhalten gerät ihm nicht als rechtskonformes in den Blick, sondern allein, soweit es Zwangsakte auslöst und deshalb als Unrecht bezeichnet werden kann.

Um dieses Defizit zu bewältigen, führt Kelsen eine Unterscheidung von Primär- und Sekundärebene ein. Nachdem er also gewissermaßen zwei Schritte vorgegangen ist, geht er wieder einen zurück: Auf der primären Ebene gilt die eben unter Punkt 2 erläuterte radikale Konstruktion. Das Sollen verknüpft Elemente in einem hypothetischen Urteil, Unrecht ist Voraussetzung des Zwangs. Normen, die zwangsvermeidendes Verhalten statuieren (Steuern zahlen, Kaufpreise bezahlen etc.) sind ihm nur sekundäre Rechtsnormen.[22] Auf dieser sekundären Ebene erst, abgeleitet aus dem primären Rechtssatz, gibt es die Begriffe der Rechtspflicht und der Berechtigung. Bildet man nämlich das kontradiktorische Gegenteil des zwangsauslösenden Unrechts, ergibt sich, wozu das Recht verpflichtet. Aus dieser Pflicht können dann korrespondierende Berechtigungen abgeleitet werden. Hier entstehen also die Begriffe, auf die eine Rechtsdogmatik gegründet werden kann, die rechtlichen Grundbegriffe.

4. Recht als soziale Technik

Das letzte hier kurz vorzustellende Bauelement der Reinen Rechtslehre ist das Verständnis des Rechts als einer sozialen Technik. Ein erwünschter sozialer Zustand wird, so versteht Kelsen das Recht, dadurch herbeizuführen versucht, daß an bestimmte Verhaltensweisen Zwangsakte geknüpft werden.[23] Dabei handelt

---

[22] *Hans Kelsen*, Reine Rechtslehre, 1. Aufl., S. 30.
[23] *Hans Kelsen*, Reine Rechtslehre, 1. Aufl., S. 29. Beiläufig sei erwähnt, daß Kelsen gerade das Verständnis des Rechts als sozialer Technik auch in einem phänomenologischen Kontext – der im Text unter Punkt V näher gewürdigt wird – angeführt hat. In einer Kritik schreibt er, daß, wenn

es sich um diejenigen Verhaltensweisen, die wiederum das kontradiktorische Gegenteil des gewünschten sozialen Zustands darstellen.

III. Analyse und Kritik

1. Planmäßige „Unreinheiten"

Soweit in groben Umrissen die Normativitätskonzeption in ihrem Ursprung, d. h. in der Fassung der *Reinen Rechtslehre* von 1934. In gewisser Hinsicht ist diese Konzeption, bei aller angestrebten Reinheit, in einem zweifachen Sinne unrein: in einem empirischen und in einem ideologischen Sinne.

Die empirische Unreinheit besteht in drei Punkten. Es sind natürliche Akte, die die Norm als Sinngehalt tragen, es sind des Weiteren Zwangsakte und damit wiederum natürliche Akte, die als Bezugspunkt der Konstruktion des rechtlichen Sollens dienen, und schließlich ist die Deutung von Akten als Norm selbst ein in Raum und Zeit sich vollziehendes Geschehen.

Hinzu kommt eine ideologische Unreinheit. Die erwähnte Deutungsprozedur ist, wie Kelsen meint, objektiv, da sie nur auf der Grundlage von geltenden Normen Bestand hat. Ohne diese Normen kann der entsprechende Akt nur subjektiv, d.h. für den Akteur und vielleicht für Dritte, den Sinn einer Rechtsetzung haben.[24] Die Geltung der Deutungsnormen ist davon abhängig, daß sie selbst als Normen gedeutet werden können, was zu einem Normerzeugungsregreß führt. Dieser endet erst bei einer Grundnorm, deren Geltung, so Kelsen, nicht bewiesen, sondern nur angenommen werden kann. Die Wahl der Grundnorm hat deshalb, so Kelsen, notwendig einen ideologischen Charakter und verleiht, so würde ich in unserem Zusammenhang anmerken, der Normkreation einen unreinen Charakter.

Aber dies alles soll nicht bedeuten, daß damit das Projekt einer Reinen Rechtslehre schon an seinem Anfang gescheitert wäre. Kelsen ist sich der aufgeführten Beschränkungen vollkommen bewußt. Sie sind in seiner Konzeption von An-

---

überhaupt eine phänomenologische Bestimmung des Wesens des Rechts möglich sei, dann das Recht eben als soziale Technik zu bestimmen wäre (*Hans Kelsen*, Eine Phänomenologische Rechtslehre, S. 363). Freilich ist diese Aussage ohne jeden phänomenologischen Halt und sie ist auch von Kelsen nirgends weiter entfaltet worden.

[24] *Hans Kelsen*, Reine Rechtslehre, 1. Aufl., S. 4.

fang an berücksichtigt. Es geht Kelsen nur um eines: Wird das Recht als ein Sollen betrachtet, kann es nicht zugleich als ein Sein betrachtet werden.

Der Anspruch auf *Reinheit*, den die Reine Rechtslehre erhebt, darf also keinesfalls mißverstanden werden. Weder die Reine Rechtslehre noch die Rechtswissenschaft, deren Grundlagen die Reine Rechtslehre kritisch klären möchte, sind abgehoben von der Realität. Dies wird auch an ihrem Begriff der Positivität des Rechts deutlich, der aus den geschilderten Annahmen folgt. Normen können nach Kelsen *ausschließlich* durch die o. g. Deutungsprozedur zu Rechtsnormen werden. Die *Notwendigkeit des Gesetztseins* wird damit zu einem wesentlichen Merkmal des modernen Rechts.[25] Gerade das macht seine Positivität und die damit verbundene Unabhängigkeit von der Moral aus. Das Gebot „Du sollst nicht töten" steht moralisch wie religiös außer Frage. Mit welchem Strafrahmen das Delikt des Totschlages versehen wird, und daß der Straftäter A für seine Tat X mit 3 Jahren Haft bestraft werden soll, kann moralisch aber nicht deduziert werden. Genau dieses Verständnis der Positivität desND führt wiederum zur Grundfrage der Reinen Rechtslehre: „Das Problem der Positivität besteht gerade darin: daß dieses zugleich als Sollen und Sein erscheint, obgleich sich diese beiden Kategorien logisch ausschließen."[26] Wenn Kelsen also so vehement das Reinheitsideal betont, so betrifft dies vor allem das bereits erwähnte Ziel einer methodischen Klarheit und Konsequenz.

2. Probleme

Die genannten Unreinheiten sind also innerhalb der Logik des Kelsenschen Konzepts, und dies kann als eine ganz wichtige Leistung angesehen werden, kein Problem. Hingegen gibt es eine ganze Reihe anderer Schwierigkeiten, auf die im Folgenden einzugehen ist. Die Grundnorm, dies sei vorausgeschickt, soll dabei außer Betracht bleiben. Sie berührt die ontologische Frage weitgehend nicht. Ähnliches gilt für die Reinheit der Reinen Rechtslehre im Hinblick auf ihre gesellschaftstheoretischen Prämissen.[27]

---

[25] *Hans Kelsen*, Reine Rechtslehre, 1. Aufl., S. 64. Hieraus ergibt sich für Kelsen auch der Begriff der Souveränität eines Normensystems, der zum Inhalt hat, daß die Normen dieses Systems nicht weiter ableitbar sind.
[26] *Hans Kelsen*, Grundlagen der Naturrechtslehre und des Rechtspositivismus, S. 285. Nach *Ota Weinberger*, Zur Idee eines institutionalistischen Rechtspositivismus, S. 494, trifft diese Problemstellung das Wesentliche, Kelsen hat sie aber nicht gelöst. s. auch *Hans Kelsen*, Staatsbegriff, S. 70: „Sein des Sollens", aber nicht im Sinne der Natur, sondern als „geistiger Gehalt".
[27] Kelsen hat gelegentlich behauptet, die Reine Rechtslehre sei für jedes ideologische System adäquat. Gleichwohl sind Reine Rechtslehre und Kelsens Demokratietheorie eng verbunden (*Horst*

Wie soll man sich das Verhältnis von natürlichem Akt und Sinngehalt, wie soll man sich den Sinngehalt vorstellen? Wie soll man sich des Weiteren vorstellen, daß ein Akt einen Sinngehalt „trägt"?[28] Schleppt das Recht, um das einleitende Faust-Zitat aufzugreifen, in der Tat einen Erdenrest mit?

Der Vorstellung, daß ein natürlicher Akt einen normativen Sinngehalt trägt, steht die vom frühen Kelsen scharf betonte Scheidung von Sein und Sollen gegenüber. Sein und Sollen versteht Kelsen als ursprüngliche Kategorien, die gegenseitig unabhängig sind.[29] Offen ist allerdings, ob diese Unterscheidung logisch, erkenntnistheoretisch oder ontologisch gemeint ist. Oder anders gesagt: Kelsen hält diese drei Aspekte nicht besonders streng auseinander. Jedenfalls spricht er im Zusammenhang mit der Unterscheidung gelegentlich auch von zwei Welten oder zwei Reichen. „Andererseits muß die Welt des Sollens als ein, wenn auch anderes, so doch mit der Natur-Wirklichkeit gleichberechtigtes Objekt der (ethischen oder juristischen) Erkenntnis, als eine eigene Art von Wirklichkeit gelten [...]."[30] Aber kann unter diesen Voraussetzungen ein Sein ein Sollen „tragen"?

Kelsen beantwortet diese Frage eigentlich nicht. In der frühen Phase läßt er vielmehr – vielleicht sogar ganz gezielt – eine Leerstelle. Er verlegt den Sinngehalt, der durch den natürlichen Akt der Normsetzung getragen wird, in das hypothetische Urteil, das die Rechtswissenschaft aus den Normerzeugungsakten konstruiert. Wenn Kelsen in diesem Zusammenhang Aussagen über das Sein des Rechts macht, so sind sie erkenntnistheoretisch abgesichert. Dies kann am Begriff der Rechtsgeltung veranschaulicht werden. Geltung des Rechts ist die spezifische Art, in der die Norm gegeben ist.[31] Diese Bestimmung ist noch offen, und Kelsen hat sie in seinem Spätwerk anders konkretisiert als im Frühwerk. Eine spezifisch neukantianische Fassung hat sie im Frühwerk, wenn nach Kelsen die als Zurechnung bezeichnete Beziehung zwischen Tatbestand und Sanktion die spezifische Existenz des Rechts, seine Geltung, ausmacht.[32] Bei

---

Dreier, Rechtslehre, Staatssoziologie und Demokratietheorie bei Hans Kelsen, S. 278 ff.; knapp *Christoph Schönberger*, Hans Kelsens „Hauptprobleme der Staatsrechtslehre", S. 32, 34).

[28] Kelsen meint jedenfalls den Zusammenhang von Akt und Sinngehalt nicht im Sinne eines semantischen Normbegriffs, daß also Normen die Bedeutung eines Normsatzes sind (dazu und auch zur Abgrenzung von Kelsen *Robert Alexy*, Theorie der Grundrechte, S. 42 ff., insb. Fn. 10).

[29] Z. B. in *Hans Kelsen*, Über Grenzen zwischen juristischer und soziologischer Methode, S. 6; *ders.*, Hauptprobleme der Staatsrechtslehre, S. 8, *ders.*, Reine Rechtslehre, 2. Aufl., S. 5; *ders.*, Theorie der juristischen Fiktionen, S. 1239.

[30] *Hans Kelsen*, Theorie der juristischen Fiktionen, S. 1240.

[31] *Hans Kelsen*, Reine Rechtslehre, 1. Aufl., S. 7.

[32] *Hans Kelsen*, Reine Rechtslehre, 1. Aufl., S. 22.

dieser aus der ersten Auflage der *Reinen Rechtslehre* stammenden Formulierung wird die Existenzweise des Rechts allein auf die Prozeduren der Wissenschaft, auf deren Deutungen bezogen. Insofern gibt es gerade keine zwei Welten.[33] In philosophischer Hinsicht entwirft Kelsen damit durchaus eine schlüssige Sicht. Es gibt die Welt des Seins und es gibt deren Deutungen. Man kann das Gegebene kausal deuten, so wie die Naturwissenschaften, man kann es als Rechtserzeugungstatbestand deuten, so wie nach Kelsens Sollens-Konzeption. Die Ablehnung der Zwei-Welten-Theorie gilt für Kelsen ganz allgemein und nicht nur für die Rechtsphilosophie. Dementsprechend lehnt Kelsen auch die philosophischen Abbildtheorien ab, und zwar als verfehlten metaphysischen Dualismus von Erfahrung und Transzendenz.[34] Berechtigt ist, so Kelsen, nur der Dualismus von Erfahrung und dem Transzendentalen,[35] d. h. zwischen Erfahrung und den Bedingungen der Erkenntnis des Erfahrbaren. Die damit verbundene dargelegte Fassung der Normativität des Rechts ist konsequenter, eigenständiger juristischer Neukantianismus.

Was in diesem System allerdings fehlt, ist eine ontologische und wohl auch erkenntnistheoretische Präzisierung und Fundierung der oben erwähnten sekundären Ebene der Rechtsbetrachtung[36]. Wo finden sich denn die Verhaltensgebote, die die Normen doch auch bedeuten (sollen)? Gibt es diese überhaupt? Was ist das hingegen für ein Recht, das eigentlich nur für die Rechtswissenschaft da ist?

Diese Nachfragen wären vielleicht weniger bedeutend, wenn Kelsens Normativitätskonzeption nicht einem anderen fundamentalen Einwand ausgesetzt wäre. Wird nicht der Sinn des Rechts verfehlt, wenn es ausschließlich aus einem Zwangsakt sein Sollen bezieht, und wenn die Rechtskonzeption keine Gebote oder Verbote für die Rechtsunterworfenen vorsieht? Hier besteht in der ersten Auflage der *Reinen Rechtslehre* die bereits erwähnte Spannung. Einerseits ge-

---

[33] Aber gerade im Zusammenhang mit der so stark betonten Trennung von Sein und Sollen spricht Kelsen auch von zwei Reichen, „die kein Weg miteinander verbindet" (*Hans Kelsen*, Rechtswissenschaft als Norm- oder als Kulturwissenschaft, S. 38). Die Frage ist dann, wie die als notwendig erkannte Setzung von Recht gewissermaßen in das Recht hineinkommt. Zu Kelsens Zwei-Reiche-Lehre s. auch *Stanley L. Paulson*, Konstitutive und methodologische Formen, S. 162 f.
[34] *Hans Kelsen*, Grundlagen der Naturrechtslehre und des Rechtspositivismus, S. 316.
[35] *Hans Kelsen*, Grundlagen der Naturrechtslehre und des Rechtspositivismus, S. 336.
[36] Von „Betrachtungsweise" spricht Kelsen seit den *Hauptproblemen* oft in verschiedenen Zusammenhängen, insbesondere zur Charakterisierung des normativen Standpunktes, der eben eine normative und nicht explikative Betrachtungsweise ist (*Hans Kelsen*, Hauptprobleme der Staatsrechtslehre, S. VII, 6). Dementsprechend richtet sich der „Blick" der Jurisprudenz eben „immer nur auf die Welt des Sollens" (ebd., S. VII). Die tiefsitzende Naturalisierung, die bei solchen Formulierungen mitschwingt, scheint mir samt der damit verbundenen Prägungen des rechtstheoretischen Denkens Kelsens bislang nicht freigelegt zu sein.

lingt es Kelsen, eine erkenntnistheoretisch durchaus plausible Sicht zu entwickeln. Diese Sicht findet ihre Ergänzung im Verständnis des Rechts als einer sozialen Technik.[37] Das klingt progressiv und angenehm nüchtern. Aber bei Lichte betrachtet, läuft diese Vorstellung auf ein gewissermaßen mechanistisches Rechtsverständnis hinaus. Das Recht ist mit dem eigentlich geregelten Verhalten nur lose gekoppelt. Das Recht funktioniert zufällig, beliebig.[38] Tauchen gewissermaßen vor dem Visier des Rechts zwangsauslösende Akte auf, so soll Zwang angewendet werden. Als Verhaltensregelung funktioniert das Recht nur deshalb, weil die Rechtsunterworfenen mit der Auslösung der Zwangsakte kalkulieren. Das bedeutet, daß auch die Rechtsunterworfenen das Recht nicht als Anforderung an ihr eigenes Verhalten („Was soll ich tun", „Was kann ich verlangen" etc.) verstehen, sondern als Aussage über das Verhalten der Staatsorgane.

Aber trotzdem, so heißt es schon in der *Reinen Rechtslehre* von 1934, ist es eine „spezifisch juristische Frage: was Rechtens ist".[39] Wenn es nur die primäre Betrachtung gibt, so räumt er später selbst ein, dann ist das Recht im Wesentlichen die Rechtsordnung der Bösen.[40] Das Recht hat eine spezifische soziale Funktion, es ist mehr als eine mechanistische Sozialtechnologie. Indem Kelsen aber die Notwendigkeit zugesteht, das Recht als Verhaltensregelung anzusehen, und indem er damit der von ihm sog. sekundären Betrachtung eine zentrale Bedeutung beimessen muß, kann die Reine Rechtslehre nach den eigenen Maßstäben nicht rein sein, weil sie moralisieren muß. Freilich kann bezweifelt werden, ob Kelsens Identifikation einer verhaltensbezogenen Rechtskonstruktion mit einer Moralisierung des Rechts berechtigt ist – aber dies ist ein anderes Thema.[41] Für unseren Zusammenhang ist es wichtig zu sehen, daß die Annahme einer verhaltensregelnden Funktion des Rechts der ursprünglichen radikalen Sicht rechtlicher Normativität zuwiderläuft.

---

[37] *Hans Kelsen*, Reine Rechtslehre, 1. Aufl., S. 28 ff.
[38] Dazu *Hans Kelsen*, Reine Rechtslehre, 2. Aufl., S. 36: Die Normbefolgung ist nicht allein psychologisch durch Androhung von Zwang zu erklären, ganz verschiedene Motive kommen in Betracht.
[39] *Hans Kelsen*, Reine Rechtslehre, 1. Aufl., S. 36.
[40] Vgl. *Hans Kelsen*, Geltung und Wirksamkeit [Aus dem Nachlaß], S. 14; der Verweis auf Ermächtigung und Erlaubnis, ebd., S. 15, erfaßt eben nicht den Normalfall der Befolgung. Für den amerikanischen Rechtsrealismus, dem Kelsen mit Sicherheit entgehen möchte, ist gerade die Anknüpfung an den *bad man* die Essenz der Rechtsbetrachtung (*O. W. Holmes*, The Path of the Law, S. 459).
[41] *Andreas Funke*, Allgemeine Rechtslehre als juristische Strukturtheorie, S. 263 f.

IV. Die Ergänzung im Spätwerk: Die Rechtsnorm als Imperativ

In seinen späteren Werken berücksichtigt Kelsen die verhaltenssteuernde Funktion des Rechts stärker. In der zweiten Auflage der *Reinen Rechtslehre* wird deshalb der Rechtsnorm der Rechtssatz gegenübergestellt. Die Rechtssätze

> „müssen von den Rechtsnormen unterschieden werden, die von den Rechtsorganen erzeugt, von ihnen anzuwenden und von den Rechtssubjekten zu befolgen sind. [...] Rechtsnormen sind keine Urteile [...]. Sie sind [...] Gebote und als solche Befehle, Imperative [...]."[42]

Der Rechtssatz ist nur noch die wissenschaftliche Form des Rechts. Zwischen den natürlichen Akt der Rechtsetzung und den wissenschaftlichen Rechtssatz tritt also die Rechtsnorm als Imperativ. „Und der Sinn dieses Aktes ist ein anderer als der Sinn des das Recht beschreibenden Rechtssatzes."[43] Hier liegt ein ganz wichtiger Unterschied zur ersten, frühen Version der Normativität. Der Sinn, den eine Rechtsnorm darstellt, hat jetzt erst einen eigenständigen Status.

Die Folgen sind beträchtlich. Rechtswissenschaft und geltendes Recht treten auseinander. Dies ist auch die Konsequenz eines der erkenntnistheoretischen Grundpostulate, die Kelsen zugrunde legt, nämlich daß die Methode den Gegenstand bestimme.[44] Der Gegenstand der (Kelsenschen) juristischen Rechtserkenntnis ist also nicht das Recht, so wie es dessen Adressaten verstehen (sollen). Eine Verknüpfung der beiden Rechtsvorstellungen ergibt sich daraus, daß nach Kelsen der Rechtssatz gerade die Norm beschreibt. Diese Vorstellung möchte Kelsen mit einem neuen Theoriebaustein fundieren, dem deskriptiven Sollen, das die Rechtssätze der Rechtswissenschaft ausdrücken.[45] Gemeint ist damit gewissermaßen eine informatorische Funktion der Rechtswissenschaft. Sie gibt über das Recht Auskunft, indem sie aussagt, wie man sich verhalten „solle". Aber der Gegenstand der Kelsenschen Rechtserkenntnis im Rechtssatz ist als Form und als Inhalt etwas anderes. Er hat die Form eines Urteils, in seinem Inhalt bringt er eine Verknüpfung von staatlichem Zwangsakt und Verhalten zum Ausdruck. Beides hat mit der Rechtsnorm im von Kelsen beschriebenen Sinne, als Gebot oder Verbot oder Ermächtigung, nichts zu tun.

---

[42] *Hans Kelsen*, Reine Rechtslehre, 2. Aufl., S. 73.
[43] *Hans Kelsen*, Reine Rechtslehre, 2. Aufl., S. 74.
[44] *Hans Kelsen*, Reine Rechtslehre, 2. Aufl., S. 74; s. schon *ders.*, Vorrede zur zweiten Auflage, Hauptprobleme der Staatsrechtslehre, S. XVII.
[45] *Hans Kelsen*, Reine Rechtslehre, 2. Aufl., S. 75, 77 u. 83. Das deskriptive Sollen wurde in der Literatur viel diskutiert, s. *Uta Bindreiter*, ‚Descriptive Normativity'; *Horst Dreier*, Rechtslehre, Staatssoziologie und Demokratietheorie bei Hans Kelsen, S. 199.

Mithin wird aber die bis dahin bestehende erkenntnistheoretische Stimmigkeit des Kelsenschen Konzepts aufgehoben. Die Rechtsnorm wird als Entität postuliert, aber Kelsen führt nicht aus, wie sie erkannt werden kann und was sie ontologisch ist. Die Frage bleibt: Wie sollen wir uns die Rechtsnorm vorstellen? Die Frage, die damit einhergeht, läßt sich philosophisch als die nach der Berechtigung einer Zwei-Welten-Theorie verstehen. Bilden das Recht, das rechtliche Sollen oder das Sollen überhaupt eine eigene Daseinssphäre, eine zweite Welt?

V. Der zeitgenössische philosophische Kontext: Husserl, Rickert, Lask

Um diese Fragen zu klären, möchte ich zunächst den zeitgenössischen philosophischen Kontext Kelsens aufbereiten. Drei Philosophen sind dabei besonders hervorzuheben: zunächst Edmund Husserl (1859-1938), Emil Lask (1875-1915) und Heinrich Rickert (1863-1936).

1. Die Phänomenologie Edmund Husserls

Die Bezüge zur Philosophie Husserls springen bei Kelsen nicht ins Auge. Husserl gilt als Begründer der Phänomenologie, einer philosophischen und erkenntnistheoretischen Richtung, die geradezu als der zeitgenössische Gegenentwurf zu Kantianismus und Neukantianismus verstanden werden kann. Daß dies allerdings eine unzureichende Kennzeichnung wäre, zeigt nicht zuletzt Husserls spätere Annäherung an den Kantianismus bzw. Neukantianismus, als er der Phänomenologie eine transzendentale Wendung gibt.[46]

Kelsen wird, wie eingangs erwähnt, in erster Linie dem Neukantianismus zugerechnet. In seinen Selbstdarstellungen findet man vor allem Verweise auf Kant und neukantianische Autoren wie Windelband und Cohen.[47] Diese Verweise dominieren auch die philosophischen Ausdeutungen der Reinen Rechtslehre.

Aber Husserl ist in der Reinen Rechtslehre von Anfang an präsent. Schon in den *Hauptproblemen* wird Husserl zitiert, mit einer interessanten Überlegung aus

---

[46] S. *Edmund Husserl*, Ideen zu einer reinen Phänomenologie und phänomenologischen Philosophie, S. 4; s. a. ders., Brief an Cassirer vom 3.4.1925, in: Husserl, Briefwechsel, Bd. 5, S. 5.
[47] Vgl. *Matthias Jestaedt*, Hans Kelsen im Selbstzeugnis, S. 23. Auch in allgemeinen Darstellungen der Rechtsphilosophie jener Zeit spielt die Phänomenologie und ihre juristische Rezeption nur eine untergeordnete Rolle, s. etwa den Band von *Gerhard Sprenger*, Deutsche Rechts- und Sozialphilosophie um 1900.

den *Logischen Untersuchungen*.[48] Sie betrifft die Unterscheidung von dem Wünschen und Wollen einer Norm einerseits und der Gültigkeit der Norm, d. h. ihrem Sollen, andererseits. Husserl verwendet hier ein Beispiel, das Kelsen aufgreift: Der ethische Satz, daß ein Krieger tapfer sein solle, gelte unabhängig davon, ob er von jemandem gewollt werde. Auch im Vorwort zur zweiten Auflage der *Hauptprobleme der Staatsrechtslehre*, das als wichtiger Text der Selbstdarstellung der Reinen Rechtslehre gilt, verweist Kelsen auf Husserls *Logische Untersuchungen* und die darin enthaltene Trennung von Logismus und Psychologismus; Kelsen parallelisiert diese Trennung hier – und das ist erheblich spezifischer – mit der Unterscheidung der Norm als einem spezifischen Sinngehalt vom psychischen Akt des Wollens.[49] In einem Brief, den Kelsen im Jahre 1931 an Husserl schrieb, würdigte er diesen ganz besonders:

„Mit großer Freude denke ich an die Stunde, in der es mir vergönnt war, mit Ihnen zu sprechen, den ich seit vielen Jahren als Deutschlands heute bedeutendsten Philosophen verehre."[50]

Selbst wenn man eine gewisse höfliche Übertreibung in Rechnung stellt, handelt es sich ohne Zweifel um einen interessanten, aber auch ein wenig irritierenden Hinweis. Hätte nicht der Neukantianer Kelsen auf den immerhin noch lebenden Rickert verweisen müssen? Wenn Kelsen Husserl so sehr verehrte, hätte das nicht deutlichere Spuren in seinem Werk hinterlassen müssen? Oder ist dies vielleicht gar der Fall?[51] Ich meine, daß diese Frage durchaus positiv zu beant-

---

[48] *Hans Kelsen*, Hauptprobleme der Staatsrechtslehre, S. 67 Fn. 1 mit Hinweis auf *Edmund Husserl*, Logische Untersuchungen I, 1900, S. 40 f. (entspricht insoweit der 2. Aufl. von 1913).
[49] *Hans Kelsen*, Hauptprobleme der Staatsrechtslehre, Vorrede zur zweiten Auflage, S. IX. An gleicher Stelle verweist er auf eine Fortführung dieses Ansatzes in seinem Aufsatz über *Die Rechtswissenschaft als Norm- oder Kulturwissenschaft*. Der Verweis ist fast schon kurios: Während Husserl in dem Aufsatz nicht auftaucht, dient er der Polemik insbesondere gegen die kulturwissenschaftlichen Ansätze von Rickert und Lask.
[50] *Hans Kelsen*, Brief an Husserl vom 18.5.1931, in: Husserl, Briefwechsel, Bd. 6, S. 211 (der Brief ist ein Dankesschreiben für die Zusendung der *Meditations Cartesiennes*, der gerade erschienenen französischen Übersetzung der Cartesischen Meditationen Husserls). Ähnliche Einschätzung über Husserls Bedeutung übrigens einige Jahre früher bei *Ernst Cassirer*, Brief an Husserl vom 10.4.1925, in: Husserl, Briefwechsel, Bd. 5, S. 6.
[51] Weitere Husserl-Referenzen (und zwar auf die *Logischen Untersuchungen*): *Hans Kelsen*, Allgemeine Theorie der Normen, S. 158 ff., 225 u. S. 250 (Werturteil); ebd., S. 249 (Akt und Bedeutung); ebd., S. 140 (Wahrheit und Evidenz); ebd., S. 286 f. (Wahrheit und Akt); ebd., S. 288 ff. (Charakter der Logik); ebd., S. 166 u. S. 225 (Sollen und Wollen). Ebd., S. 138 u. S. 284 (Existenz der Norm), wird auf Husserls *Erfahrung und Urteil* (hrsg. 1939) verwiesen. Die Kritik *Eine phänomenologische Rechtslehre* enthält in erster Linie Klarstellungen zur Reinen Rechtslehre, aber, abgesehen von einem Punkt (dazu s. oben Fn. 23), keine spezifischen Aussagen zur Phänomenologie. In *Hans Kelsen*, Staatsbegriff, S. 81 Fn. 1, findet sich eine längere Bemerkung zu Husserls Unterscheidung

worten ist. Damit möchte ich, dies sei sicherheitshalber angemerkt, nicht den bisherigen Interpretationsbemühungen der Lehre Kelsens eine ganz neue Richtung geben. Eine gewisse Vernachlässigung der Husserl-Spuren kann man der Sekundärliteratur aber durchaus attestieren. Für unseren Zusammenhang ist diesen Spuren nachzugehen, weil sie, wie sich zeigen wird, von ganz erheblichem Einfluß auf die Ontologie der Normativitätsvorstellung Kelsens gewesen sind.

Mit den in der Literatur vorfindlichen Versuchen, eine spezifische *Rechtsphänomenologie* zu etablieren, kann Kelsen freilich nicht in Verbindung gebracht werden. Dies gilt schon für die Ansätze von Autoren, die in diese Richtung gegangen sind und die (auch von Kelsen selbst) noch der Reinen Rechtslehre zugeordnet werden (Fritz Schreier, Felix Kaufmann);[52] es gilt erst Recht für Werke von Autoren wie Adolf Reinach, Gerhart Husserl etc. Sie stehen für den Versuch, eine Wesenslehre des Rechts zu etablieren.[53] Positiv-rechtliche Elemente (Anspruch, Eigentum, Demokratie) werden hier in eine phänomenologische Welt der Wesenheiten gespiegelt, in der diese Elemente ein vom positivrechtlichen Gehalt unabhängiges Wesen finden. Dieses Denken ist Kelsen, daran besteht kein Zweifel, vollkommen fremd.

So fern Kelsen solche Rechtsphänomenologien lagen, so nahe ist ihm hingegen Husserls wissenschaftliches Ideal von Kelsen. Wenn Husserl unter dem Ruf nach „Philosophie als strenger Wissenschaft" gegen Naturalismus und Historismus zu Felde zieht, und wenn er sich scharf von Weltanschauungsphilosophien abgrenzt,[54] dann erkennen wir Leitmotive, die Kelsens Denken ebenso bestimmen.

Angesichts der kelsenschen Unterscheidung von Akt und Sinn des Aktes drängt sich darüber hinaus ein Vergleich mit Husserls Akt-Theorie auf. Der Begriff des Aktes nimmt in der Phänomenologie eine Schlüsselstellung ein. Er bedeutet dort

---

von Ideal- und Realgesetz. Im Aufsatz *Zum Begriff der Norm* hält Kelsen Husserls *Logischen Untersuchungen* ein zu reines Vorgehen vor (S. 1461).
[52] Zur Zuordnung s. *Hans Kelsen*, Hauptprobleme der Staatsrechtslehre, Vorrede zur zweiten Auflage, S. X.
[53] *Adolf Reinach*, Die apriorischen Grundlagen des bürgerliches Rechts; *Fritz Schreier*, Grundbegriffe und Grundformen des Rechts, S. 85 ff.; *Felix Kaufmann*, Logik und Rechtswissenschaft, S. 43; *Gerhart Husserl*, Rechtskraft und Rechtsgeltung, S. V. Zur Rechtsphänomenologie s. *Alois Troller*, Art. „Rechtsphänomenologie"; *Andreas Funke*, Allgemeine Rechtslehre als juristische Strukturtheorie, S. 37; neuere Klassifikation der rechtsphänomenologischen Strömungen bei *Sophie Loidolt*, Anspruch und Rechtfertigung, S. 23 Fn. 16 (ein Buch, das, soweit ersichtlich, der einzige neuere, eigenständige rechtsphänomenologische Versuch ist); ganz unterschiedliche Beiträge, die eine Einheit nicht erkennen lassen, in *Thomas Würtenberger*, Festschrift Gerhart Husserl.
[54] *Edmund Husserl*, Philosophie als strenge Wissenschaft.

allerdings etwas ganz anderes als bei Kelsen. Die Überlegungen Husserls zielen auf eine Klärung der Grundbegriffe der Logik, womit Husserl wiederum die logischen Grundlagen der Erkenntnistheorie festigen möchte.[55] Akt im Sinne von Husserl ist ein „intentionales Erlebnis", d. h. das Sich-Beziehen auf Gegenständliches, während es um die im ursprünglichen Wortsinn von „Akt" liegende Betätigung nicht geht.[56] Das Tun, das im kelsenschen Akt der Rechtsetzung, der aufgrund einer Norm gedeutet wird, liegt, läßt sich damit kaum vergleichen. Das gleiche gilt für Husserls sorgfältige Analyse des Konzepts der Bedeutung. Husserl unterscheidet an einem Akt den physischen Akt des Ausdrückens von den Akten der Bedeutungsintention und der Bedeutungserfüllung. Bedeutungsintention ist die Beziehung auf Gegenstände, Bedeutungserfüllung ist die Aktualisierung dieser gegenständlichen Beziehung.[57] In diesem Zusammenhang entwickelt Husserl auch eine – sehr spezifische – Unterscheidung von subjektivem und objektivem Sinn.[58] Aber an all diese Theoreme knüpft Kelsen nicht an, und sie lassen sich in seinem Werk nicht nachweisen.

Woran Kelsen ebenfalls *nicht* anknüpft, ist eines der zentralen Elemente der Husserlschen Philosophie: Intentionalität.[59] Intentionalität ist das Gerichtetsein des Bewußtseins auf die Welt. Husserl hat diese Figur nach ihrer Einführung in den *Logischen Untersuchungen* vor allem in den *Ideen zu einer reinen Phänomenologie und phänomenologischen Philosophie* von 1913 näher ausgearbeitet. Gerade weil Intentionalität für Kelsen keine Rolle spielt, waren die *Ideen* mit Sicherheit nicht gemeint, als er im Jahr 1923 auf Husserl verwies. Auch Husserls phänomenologische Methode wurde erst in den *Ideen* richtig entfaltet; Kelsen hat daran nicht angeknüpft. Selbst der Anspruch der radikalen Vorurteilslosigkeit, der die Grundlage der phänomenologischen Methode und ihrer Forderung nach einem Zurückgehen „auf die Sachen" bildet,[60] kann nur dem ersten Anschein nach mit kelsenscher Reinheit in Verbindung gebracht werden. Denn die Annahme der Grundnorm ist letztlich nichts anderes als ein Vorurteil.

So bleibt es vor allem bei dem Gedanken, den Kelsen selbst bereits ins Spiel gebracht hatte:[61] die Unterscheidung von Logik und Psychologie, die Husserl im

---

[55] S. *Edmund Husserl*, Logische Untersuchungen II/1, Einleitung, § 2.
[56] *Edmund Husserl*, Logische Untersuchungen II/1, S. 379; ders., Ideen zu einer reinen Phänomenologie und phänomenologischen Philosophie, S. 64.
[57] *Edmund Husserl*, Logische Untersuchungen II/1, 1. Untersuchung, § 9.
[58] *Edmund Husserl*, Logische Untersuchungen II/1, 1. Untersuchung, S. 52
[59] Daran knüpfen z. B. *Fritz Schreier*, Grundbegriffe und Grundformen des Rechts, S. 6 ff., und *Felix Kaufmann*, Kriterien des Rechts, S. 6 f., an.
[60] S. *Edmund Husserl*, Philosophie als strenge Wissenschaft, S. 341.
[61] S. oben bei Fn. 48.

ersten Band seiner *Logischen Untersuchungen* mit großer Wirkung verteidigte. Betrifft diese Unterscheidung für sich genommen noch die Gültigkeit von Aussagen, so hat Husserl sie in den anderen Bänden der *Untersuchungen* weiter ausgebaut, auch in ontologischer Hinsicht. Zum Beispiel hat er die Unterscheidung des psychologischen vom logischen Gehalt von Akten bzw. Ausdrücken betont.[62] Der logische Gehalt eines Aktes ist seine Bedeutung. Bedeutungen sind allgemeine Gegenstände, d. h. sie sind nicht Teil der Realität. Sie haben aber ein Sein in dem Sinne, daß ihre Annahme die Geltung von Urteilen anzeigt.[63] Hieran könnte Kelsen angeknüpft haben, ohne daß es sich konkret nachweisen läßt.

2. Phänomenologie und Neukantianismus

Der direkte Vergleich der Reinen Rechtslehre mit der Phänomenologie zeigt zunächst, daß Kelsen nicht etwa Husserls phänomenologische Methode auf die Rechtswissenschaft übertragen hat, sondern daß die Logik und Erkenntnistheorie Husserls, die ihrerseits wichtige Elemente des phänomenologischen Ansatzes bilden, eine wichtige Inspiration für Kelsen waren. Im Übrigen sieht man mit dem phänomenologisch geschulten Blick noch etwas anderes. Es lassen sich in Kelsens Denken Elemente ausmachen, die der Phänomenologie entstammen, den Weg zu Kelsen aber über den dem Neukantianismus zugerechneten Rickert (ein wenig auch Lask) gefunden haben. Gerade bei diesen beiden Autoren zeigt sich, daß die in der philosophiegeschichtlichen Rückschau scheinbar einfache Unterscheidung von Neukantianismus und Phänomenologie keineswegs eindeutig ist und daß es eine ganze Reihe von wechselseitigen Einflüssen gab.[64]

Der wichtigste Punkt ist dabei gerade die Unterscheidung von Akt und Sinn. Lask nennt sie in einem Brief an Husserl vom 25.12.1910 „[...] die Angelegenheit, die durch ihre ‚Logischen Untersuchungen' in die Diskussion der gegenwärtigen Wissenschaft eingeführt ist, nämlich die Loslösbarkeit des ‚Sinnes' von den Akten, die Eliminierung all der verwirrenden Akt-Symbole aus der reinen Geltungssphäre". Darüber hinaus weist Lask darauf hin, daß sich auch Rickert – in seinem Aufsatz *Zwei Wege der Erkenntnistheorie* – Husserl angenähert habe. Doch dieses scheinbar traute Miteinander von Husserl, Rickert und

---

[62] *Edmund Husserl*, Logische Untersuchungen II/1, S. 99.
[63] *Edmund Husserl*, Logische Untersuchungen II/1, S. 101.
[64] Nur ein Beispiel: Husserl war Mitherausgeber des *Logos*, einer Zeitschrift, die als Organ des Badener Neukantianismus galt. Sein bahnbrechender Aufsatz *Philosophie als strenge Wissenschaft* erschien dort.

Lask bedarf angesichts ihrer ideengeschichtlichen Zuordnung – Phänomenologie einerseits, Neukantianismus andererseits – eingehender Würdigung.

3. Heinrich Rickert

Rickerts Konzept der Kulturwissenschaften unterzog Kelsen scharfer Kritik.[65] Die Rede von der Norm als dem Sinn eines Willensaktes führt er später aber u. a. auf Rickert zurück.[66] Um dies nachvollziehen zu können, bedarf es eines genaueren Blickes auf die Rickertsche Theorie, wobei auf den bereits erwähnten Aufsatz *Zwei Wege der Erkenntnistheorie* zurückgegriffen werden kann. Was genau meinte Lask, als er darauf verwies?

Der eine Weg der Erkenntnistheorie ist der sog. transzendentallogische. Dieser Weg geht vom wahren Satz aus, der nicht zur empirischen Wirklichkeit gehört.[67] Der wahre Satz ist vom Denkakt vollkommen verschieden und nicht daran gebunden, da es ihn nicht in Raum und Zeit gibt, er ist transzendent.[68] Transzendenter Sinn ist die Sphäre der Werte.[69] Teil dieser Urteilslehre ist die Figur des transzendenten Sollens. Das Sollen, das nach Rickert im Urteil anerkannt wird, ist der Gegenstand der Erkenntnis.[70] Dafür, daß Kelsen diesen Weg gehen wollte, bestehen keine Anhaltspunkte.

Den anderen Weg der Erkenntnistheorie nennt Rickert den transzendentalpsychologischen. Damit steht im Zusammenhang, daß Rickert sein ursprüngliches erkenntnistheoretisches Vorgehen als mangelhaft erkannte. Wie er im Aufsatz *Zwei Wege* schreibt, könne die Analyse des Erkenntnisaktes nicht an dem psy-

---

[65] *Heinrich Rickert*, Kulturwissenschaft und Naturwissenschaft. s. die Kritik bei *Hans Kelsen*, Die Rechtswissenschaft als Norm- oder als Kulturwissenschaft, S. 39 ff. s. auch *Andreas Funke*, Überlegungen zu Gustav Radbruchs Verleugnungsformel, S. 4 ff.
[66] *Hans Kelsen*, Zum Begriff der Norm, S. 1457, mit Hinweis auf Heinrich Rickerts *Zum Begriff der Philosophie*, S. 19 ff. Dieser Verweis ist ein wenig seltsam, findet sich doch an besagter Stelle in erster Linie Rickerts Wertlehre, die Kelsen früher scharf kritisiert hatte. Aber zugleich weist Rickert dort (S. 19) auch auf seine Figur eines dritten Reiches hin, das die Gebiete von Wert und Wirklichkeit verknüpft und damit die von Kelsen gesuchte Vermittlung von Sein und Sollen leisten könnte. Wichtig dann S. 27: „Die Sinndeutung ist dementsprechend weder Seinsfeststellung noch bloßes Wertverständnis, sondern das Erfassen eines Subjektaktes mit Rücksicht auf seine Bedeutung für den Wert, seine Auffassung als Stellungnahme zu dem, was gilt." So erklärt sich auch der bereits oben in Fn. 49 erwähnte, zunächst irritierende Verweis.
[67] *Heinrich Rickert*, Zwei Wege der Erkenntnistheorie, S. 197.
[68] *Heinrich Rickert*, Zwei Wege der Erkenntnistheorie, S. 199.
[69] *Heinrich Rickert*, Zwei Wege der Erkenntnistheorie, S. 203.
[70] *Heinrich Rickert*, Gegenstand der Erkenntnis, 1. Aufl., S. 60 f.; ders., Zwei Wege der Erkenntnistheorie, S. 187.

chischen Akt als solchem ansetzen, sondern müsse an dessen immanenten Sinn anknüpfen, als einem „Mittelreich zwischen dem psychischen Sein und dem transcendenten Gegenstande".[71] Durch den immanenten Sinn, verstanden als Stellungnahme zum Wahrheitswert im Urteil, möchte Rickert die Kluft von Sein und transzendentem Sinn überbrücken.[72]

Die Erkenntnis, daß Denkakt und Bedeutung des Denkaktes zu unterscheiden sind, dürfte Rickert von Husserl übernommen haben. Dies belegt der Hinweis auf die Phänomenologie, der sich in diesem Zusammenhang findet,[73] und es wird dadurch untermauert, daß Rickert mit genau dem gleichen Beispiel argumentiert, das auch Husserl gebraucht: Das Newtonsche Gravitationsgesetz gelte unabhängig davon, ob es von jemandem gedacht werde.[74] Die Struktur des Arguments ist die gleiche wie bei der bereits erwähnten Tapferkeitsnorm für den Krieger. Es bezieht sich nun auf Aussagen der Naturwissenschaften, nicht auf Moralnormen.

Dabei nimmt Rickert eine Modifikation der Husserlschen Konzeption vor, die für Kelsen wichtig ist. Unter Akt versteht Rickert nämlich nicht wie Husserl irgendeinen Denkakt, sondern ein Verhalten zu einem Wert oder ein Werten, d. h. ein reales psychisches Sein.[75] Hieraus macht Kelsen später zunächst ein Wollen und dann ein in der Außenwelt wahrnehmbares Verhalten. Des Weiteren weist Rickert darauf hin, daß das Eindringen in den Sinn des Aktes das Deuten dieses Sinnes sei.[76] Die Parallele zur Vorstellung von der Norm als Deutungsschema liegt auf der Hand.

Aber diese Rickert-Anknüpfungen haben für Kelsens Normativitätskonzeption problematische Konsequenzen.[77] Der immanente Sinn, von dem Rickert spricht, eignet sich für Kelsens Zwecke nicht, weil er nicht als objektiver Sinn, so wie nach Kelsen die Rechtsnorm zu verstehen sein soll, aufgefaßt werden kann. Er ist ja in seiner Entstehung subjektiv und streift diese Subjektivität nicht ab. Kelsen muß also von diesem immanenten Sinn aus zu einer Objektivität gelangen, die nach der Rickertschen Konzeption nur im Reich des transzendenten

---

[71] *Heinrich Rickert*, Zwei Wege der Erkenntnistheorie, S. 190, 220.
[72] *Heinrich Rickert*, Zwei Wege der Erkenntnistheorie, S. 220, 224; *ders*., System I, S. 257, 261.
[73] *Heinrich Rickert*, Zwei Wege der Erkenntnistheorie, S. 195.
[74] *Heinrich Rickert*, Zwei Wege der Erkenntnistheorie, S. 196; *Edmund Husserl*, Logische Untersuchungen I, S. 127 f.
[75] *Heinrich Rickert*, System I, S. 257.
[76] Vgl. *Heinrich Rickert*, System I, S. 261.
[77] In eine ähnliche Richtung die Untersuchung von *Stanley L. Paulson*, Faktum/Wert-Distinktion, S. 246 ff.

Sinnes (des Geltenden) möglich ist. Würde Kelsen für die Rechtswissenschaft aber den Status des transzendenten Sinnes (oder Sollens) in Anspruch nehmen, so wäre dies eine verhängnisvolle Anlehnung der Rechtswissenschaft an die Erkenntnislogik. Denn dieses Vorgehen führt in die oben dargelegte Entkoppelung von Rechtstheorie und Rechtsdogmatik (unter III 2). Die Rechtsnorm wird als eigenständige Entität eliminiert, so daß Kelsen nicht mehr über das positive Recht spricht und die Aufgabe der Rechtswissenschaft verfehlt. Gerade das Newton-Beispiel zeigt das – der Vergleich paßt einfach nicht. Für die Geltung des Newton-Satzes spielt es, im Unterschied zum Recht, einfach keine Rolle, ob er von jemandem aufgestellt wird oder nicht. Kelsens spätere Auseinandersetzung mit Husserls Psychologismus-Kritik sieht das ein:[78] Newtons Gravitationsgesetz sei wahr gewesen, bevor Newton das Gesetz entdeckt habe. Die Aussage des Gesetzes bedinge das Gesetz nicht, sondern ermögliche nur, das Gesetz als wahr oder unwahr zu beurteilen. Im Unterschied dazu bedinge der Normsetzungsakt die Geltung der Norm. So gelangt Kelsen in seinem Spätwerk auch zu einer anderen Beurteilung des bereits erwähnten Tapferkeits-Arguments: Das darin vorausgesetzte Werturteil setze seinerseits die Geltung einer gesetzten Norm voraus.[79] Mehr Klarheit ist aber auch damit nicht erlangt. Für die Rechtswissenschaft bliebe nur die Alternative, in dem seltsamen Zwischenreich des immanenten Sinnes zu verharren.

4. Eine andere Perspektive: Emil Lask

Diese Verstrickung Kelsens wird auch deutlich, wenn man seine Kategorien durch die Brille eines anderen als Neukantianer angesehenen, aber viel mehr noch als Rickert von Husserl beeinflußten Philosophen betrachtet: Emil Lask. In dessen Philosophie treffen eine ganze Reihe von Einflüssen zusammen: Fichte, Platon, Husserl und Rickert (dessen Schüler er war).[80] In seiner *Rechtsphilosophie* aus dem Jahre 1905 entwickelt er eine originelle und anspruchsvolle Begründung der Rechtswissenschaft, die nicht zu Unrecht überhaupt als bahnbrechend für die Entwicklung einer Rechtstheorie vom Muster der Reinen Rechtslehre wahrgenommen wird, auch wenn dabei vieles unklar und unausgeführt bleibt. Einer ihrer Kernsätze lautet:

---

[78] *Hans Kelsen*, Allgemeine Theorie der Normen, S. 287 Fn. 111.
[79] *Hans Kelsen*, Allgemeine Theorie der Normen, S. 225 Fn. 6.
[80] Zu Husserls Einfluß: *Karl Schuhmann/Barry Smith*, Two Idealisms; *dies.*, Neo-Kantianism; *Frederick Beiser*, Lask, S. 292; *Stephan Nachtsheim*, Grundlehre, S. 13; *Steven Galt Crowell*, Husserl, Lask, and the Idea of Transcendental Logic. Die Beziehung Lask/Husserl gilt nach wie vor als Desiderat der Forschung (*Schuhmann/Smith*, a. a. O., S. 452; *Nachtsheim*, a. a. O., S. 13).

„Für uns kann hingegen die juristische Wissenschaft nur die ganz unvergleichbare Methode eines rein empiristischen Operierens mit einer gedachten Welt von Bedeutungen darstellen."[81]

Diese Formulierung ist außerordentlich mißverständlich, kann das „empiristische Operieren" doch als Reduktionismus und Naturalismus und kann die Rede von einer „gedachten Welt von Bedeutungen" als Idealismus und Platonismus verstanden werden. Das Faszinierende ist aber, daß Lask einen Mittelweg sucht. Kelsen hat allerdings, dies ist gleich zu sagen, den Laskschen Ansatz verworfen.[82] Dies ist im Wesentlichen darauf zurückzuführen, daß Lask das „empiristische Operieren mit Bedeutungen" erklären möchte, indem er die Rechtswissenschaft als einen Zweig der empirischen Kulturwissenschaften im Sinne von Rickerts Wissenschaftstheorie versteht.[83] Diesen spezifischen kulturwissenschaftlichen Ansatz hat Kelsen abgelehnt, wobei die innere Unstimmigkeit des Ansatzes und seine begrifflichen Unschärfen eine wichtige Rolle gespielt haben.

Philosophisch lehnt Lask – in diesem Aufsatz – eine platonisierende Zweiweltentheorie ab. Die empirische Wirklichkeit sei die einzige Art der Realität.[84] Er stellt dar, „daß das Recht entweder als realer Kulturfaktor oder als Komplex von Bedeutungen, genauer von Normbedeutungen auf seinen ‚dogmatischen Gehalt' hin geprüft werden kann".[85] Aber zugleich warnt Lask davor, den Gegensatz von Sollen und Sein überzustrapazieren, indem man ihn für die Rechtswissenschaft in seinem tiefen Sinn fruchtbar zu machen versucht.[86] Lask betont die Kluft zwischen einem philosophischem und einem empirischen Normbegriff. Zwar haben Jurisprudenz und Philosophie gemeinsam, daß sie nicht ein Existierendes, sondern ein Bedeutendes zum Gegenstand haben. Aber der Sollenscharakter des Rechts entspringt nicht absoluter Werthaftigkeit, sondern formeller Anordnung.

Der Hinweis von Lask auf den Sollens-Charakter des Rechts ist außerordentlich wichtig. Er führt uns die Misere Kelsens, die bereits bei seiner Rickert-Rezeption anklang, erneut vor Augen. Man kann es paradox formulieren: Die Rechtswissenschaft ist keine Naturwissenschaft, weil sie es mit einem *Sollen* zu tun hat, aber sie ist keine Philosophie (weder theoretische noch praktische), weil sie es *nicht* mit einem Sollen zu tun hat. Der eingangs erwähnte Somló hat das

---

[81] *Emil Lask*, Rechtsphilosophie, S. 315.
[82] *Hans Kelsen*, Rechtswissenschaft als Norm- oder als Kulturwissenschaft, S. 64 ff.
[83] *Emil Lask*, Rechtsphilosophie, S. 307.
[84] *Emil Lask*, Rechtsphilosophie, S. 279 f.
[85] *Emil Lask*, Rechtsphilosophie, S. 311.
[86] *Emil Lask*, Rechtsphilosophie, S. 314.

so erklärt, wobei Lask Pate gestanden haben dürfte: Die Aussage, daß die Erklärung der Normativität des Rechts ohne empirische Einfärbungen nicht möglich ist, ist nicht als ein Verweis auf Fakten zu verstehen, sondern auf eine *besondere Art* des Sollens. Somló hält Kelsen deshalb entgegen, daß der Dualismus von Sein und Sollen nicht erschöpfend sei. Es gebe zwei Arten des Sollens, nämlich dasjenige, „das sich allem Sein grundsätzlich gegenüberstellt, und ein anderes Sollen, das aus der Welt des Seins zu uns herüberklingt, das bloß aus der *Erfahrung* gewonnen werden kann"[87] Der Begriff der Empirie begegnet uns hier in drei Bedeutungen, von denen Lask und Somló eine jedenfalls nicht meinen: Faktizität im Sinne von Natursein oder von sinnlicher Gegebenheit. Vielmehr bezieht sich die Rechtswissenschaft als empirische Kulturwissenschaft (so Lask) auf etwas Unwirkliches und Unsinnliches, das weder Natur, noch Wert ist. Eine dritte Bedeutung von Empirie, die hier im Spiel ist, bezeichnet die Haltung, die hinter dem wissenschaftlichen Vorgehen steht. Empirisch meint dann den Gegensatz zur Metaphysik: „weil nicht ergründend das an sich Ergründbare"[88]. Das ist aber nichts anderes als der Unterschied von Rechtstheorie und Rechtsphilosophie.[89]

Interessanterweise hat der späte Kelsen das nicht anders gesehen und diesen empirischen Zug der Rechtsbetrachtung – auch für die Reine Rechtslehre – immer wieder herausgestellt.

„Eine Theorie des Rechts bleibt empirisch, wenn sie sich auf die Beschreibung von Normen beschränkt, die der Sinn empirischer, in Raum und Zeit gesetzter, von Menschen gesetzter Akte sind [...], solange das ,Sollen' der Normen, die sie beschreibt, nicht das Sollen einer metaphysischen Gerechtigkeit ist."[90]

---

[87] Vgl. dazu *Felix Somló*, Juristische Grundlehre, S. 63 Fn. 2 (Hervorhebung im Original). In seinem persönlichen Exemplar des Binder-Buchs (s. oben, Fn. 4) vermerkt Somló auf S. 31 noch vor dem obigen Zitat: „auf eine *reine* Kategorie des Sollens ist nur der zweite, normative Teil der Reph. aufzubauen" (Hervorhebung im Original). Der normative Teil der Rechtsphilosophie ist für Somló die Wertlehre.
[88] *Emil Lask*, System der Wissenschaften [Aus dem Nachlaß], S. 257. Dementsprechend weist Lask auch darauf hin, daß das Wort „empirisch" in verschiedener Bedeutung zu gebrauchen sei (ebd., S. 269).
[89] So zu Lask *Alexander Somek*, Concept of Value, S. 184 ff., und zur Allgemeinen Rechtslehre *Andreas Funke*, Allgemeine Rechtslehre als juristische Strukturtheorie, S. 42 ff.
[90] *Hans Kelsen*, Eine „Realistische" und die Reine Rechtslehre, S. 5; weiter weist Kelsen darauf hin, daß die Reine Rechtslehre in diesem Sinne eine empirische und realistische Theorie sei. In der Kelsen-Literatur wird von unvoreingenommenen Autoren die realistische Tendenz ebenfalls betont, s. etwa *Norbert Achterberg*, Brücken zwischen Sein und Sollen; *Ralf Dreier*, Sein und Sollen, S. 225.

Das bedeutet: Durch die Anknüpfung an den Geltungsbegriff des Neukantianismus bzw. die Erkenntnislogik der Phänomenologie wird Kelsen aus der Realität in das Zeit- und Raumlose getrieben. Zugleich muß der Begriff der Geltung aber die Funktion erfüllen, die Positivität des Rechts, seine auf Zeit und Raum bezogene Geltung, zu begründen. Das neukantianische nicht-empirische Gelten ist das Gelten eines Urteils, nicht einer Norm, und kann schon deshalb nicht die von Kelsen gesuchten Funktionen erfüllen.[91] Husserl war an Vermittlungen von Sein und Sollen nicht interessiert, weil Urteilen für ihn nicht, wie für Rickert, Stellungnahme zu einem Wert ist. Instrumente für die Erklärung der Positivität des Rechts konnte Kelsen bei Husserl nicht finden.

Letztlich liegt Kelsens verkürzendem Dualismus von Sein und Sollen, wie Somló zu Recht einwendet, ein verengtes Verständnis praktischer Philosophie zugrunde. Indem Kelsen nämlich das rechtliche Sollen mit dem moralischen Sollen (als Sollen, nicht in der Struktur, s. o.) gleichsetzt und schreibt, „daß das Recht ebenso wie die Moral im Reiche des Sollens, nicht des Seins steht",[92] nivelliert er das moralische Sollen. Er verkennt, daß die auf Vernunftprinzipien aufbauende und am Leitbegriff der Freiheit orientierte praktische Erkenntnis zu einem ganz anderen Begriff des Sollens führt, als ihn das Sollen des positiven Rechts, auch nach seiner eigenen Lehre, je darstellen könnte.

VI. Schluß

Es kann kaum behauptet werden, daß Kelsen sein rechtstheoretisches System auf der Grundlage einer ganz bestimmten, kohärenten philosophischen Position entworfen hat. Kelsen hat sich bei verschiedenen Theorien herausgegriffen, was ihm interessant erschien, und hat dabei Veränderungen nicht gescheut. Er hat seine Theorie nicht aus einem bestimmten philosophischen System heraus entwickelt, sondern ausgehend von den Bedürfnissen der Rechtswissenschaft seiner Zeit. Die nachträgliche Konfrontation mit einem philosophischen System muß also, und dies wurde im Vorstehenden versucht, mehrere Denkbewegungen nachvollziehen. Sie muß den Weg nachzeichnen, den das von der Rechtswissenschaft ausgehende, in die Philosophie hineinragende, und aus der Philosophie zur Rechtstheorie schreitende Denken genommen hat. Nur so werden Brüche und Unstimmigkeiten erkennbar.

---

[91] In diese Richtung auch die Kritik bei *Carsten Heidemann*, Geltung und Sollen, S. 215 ff.
[92] Z. B. in *Hans Kelsen*, Rechtswissenschaft als Norm- oder als Kulturwissenschaft, S. 74, 67 f.; *ders.*, Grundlagen der Naturrechtslehre und des Rechtspositivismus, S. 284.

Kelsen hätte deutlicher anerkennen sollen, daß es ohne gewisse realistische, empirische Elemente keine Rechtserkenntnis gibt. Den Faustschen Erdenrest wird die Rechtswissenschaft nicht los.[93] Kelsen hat dies vermutlich schon immer klar gesehen,[94] nur hat er es in seinem Frühwerk vernachlässigt. Eine systematische Berücksichtigung dieses Punktes ist für das Projekt einer normativistischen Rechtstheorie aber um so wichtiger, als nur so auch die begrenzte Reichweite des realen Elements klar bestimmt werden kann. Das Spätwerk Kelsens läßt hier aber viele Fragen offen.

Kelsen hat stets die Unterscheidung von Normerkenntnis und Seinserkenntnis betont. Diese Unterscheidung ist ein methodisches Postulat. Um aber die Normerkenntnis von der Seinserkenntnis deutlich abheben zu können, überzeichnet Kelsen die Normerkenntnis. Aus der methodischen Differenz, die ein berechtigtes Anliegen darstellt, wird bei ihm eine Zwei-Welten-Lehre und damit eine ontologisch voraussetzungsvolle Theorie. Methodenreinheit ist also das Ziel, die Zwei-Welten-Lehre nur ein Mittel. Wenn man schon in den Vorstellungen von „Welten" denkt, dann muß man ein seltsames „Zwischenreich", die Figur eines empirischen Sollens, anerkennen, so wie Lask und nach ihm Somló dies vorgeschlagen haben. Eine befriedigende Erklärung dieses Sollens scheint mir aber von Kelsen, dies habe ich zumindest zu zeigen versucht, nicht gegeben worden zu sein. Ob an der Normativitätsvorstellung mit einer anderen Begründung festgehalten werden kann, etwa in Anknüpfung an die Sprachphilosophie John R. Searles, bei der wiederum Intentionalität eine zentrale Rolle spielt,[95] war nicht das Thema dieses Vortrages.

Die Normativitätsvorstellung, so wie Kelsen sie Zeit seines Lebens hartnäckig gesucht hat, muß in der Reinen Rechtslehre eine schwere Last tragen. Sie ist der Ausgangspunkt für die Bestimmung der Eigenart des juristischen Denkens und damit einer der Schlüsselbegriffe der Rechtswissenschaft. Ob diese Ansprüche

---

[93] In seinem Faust-Kommentar, dies sei nicht verschwiegen, verweist Heinrich Rickert bei der Interpretation der Textstelle auf die himmlische Liebe, die erst die Scheidung des Irdischen bewirken könne (*Heinrich Rickert*, Goethes Faust, S. 484 f.).
[94] Daß also zwischen dem rechtlichen Sollen und dem Sein „eine gewisse Beziehung" besteht, nämlich weil eine Rechtsnorm durch einen Seins-Akt gesetzt und eine gewisse Wirksamkeit aufweisen muß, erkennt Kelsen später an (*Hans Kelsen*, Begriff der Rechtsordnung, S. 1397). Nun spricht Kelsen auch unbefangen davon, daß nur durch Willensakte gesetzte Normen rechtlich gelten können (*Hans Kelsen*, Zum Begriff der Norm, S. 1457). Dies alles durchzieht auch die *Allgemeine Theorie der Normen*.
[95] Der institutionalistische Rechtspositivismus hat dies z. B. versucht (s. *Ota Weinberger*, Zur Idee eines institutionalistischen Rechtspositivismus; *Donald Neil MacCormik/Ota Weinberger*, Grundlagen des institutionalistischen Rechtspositivismus; *Neil MacCormick*, Institutions of Law), jetzt auch *Peter Stemmer*, Normativität.

erfüllbar sind, muß hier offen bleiben. Die damit verbundene methodische Problemstellung hat Kelsen in einzigartiger Weise formuliert.

Literaturverzeichnis

Achterberg, Norbert, Brücken zwischen Sein und Sollen: Autonome Determinante und modal indifferentes Substrat, in: Werner Krawietz u. a. (Hrsg.), Rechtssystem und gesellschaftliche Basis bei Hans Kelsen, Berlin 1984 (Rechtstheorie-Beiheft Nr. 5), S. 445 ff.

Alexy, Robert, Die Natur der Rechtsphilosophie, in: Winfried Brugger/Ulfrid Neumann/Stephan Kirste (Hrsg.), Rechtsphilosophie im 21. Jahrhundert, Frankfurt am Main 2008, S. 11 ff.

Alexy, Robert, Theorie der Grundrechte, 3. Aufl., Baden-Baden 1996.

Alexy, Robert/Meyer, Lukas H./Paulson, Stanley L./Sprenger, Gerhard (Hrsg.), Neukantianismus und Rechtsphilosophie. Mit einer Einleitung von Stanley L. Paulson, Baden-Baden 2002.

Beiser, Frederick, Emil Lask and Kantianism, in: The Philosophical Forum 39 (2008), S. 283 ff.

Binder, Julius, Rechtsbegriff und Rechtsidee. Bemerkungen zur Rechtsphilosophie Rudolf Stammlers, Leipzig 1915.

Bindreiter, Uta U., ‚Descriptive Normativity': Kelsen's Sollsatz in the Light of Some Later Theories, in: Associations 5 (2001), S. 71 ff.

Crowell, Steven Galt, Husserl, Lask, and the Idea of Transcendental Logic, in: Robert Sokolowski (Hrsg.), Edmund Husserl and the Phenomenological Tradition. Essays in Phenomenology, Washington 1988.

Dreier, Horst, Rechtslehre, Staatssoziologie und Demokratietheorie bei Hans Kelsen, 2. Aufl., Baden-Baden 1990.

Dreier, Ralf, Sein und Sollen. Bemerkungen zur Reinen Rechtslehre Kelsens, in: ders., Recht – Moral – Ideologie. Studien zur Rechtstheorie, Baden-Baden 1981, S. 217 ff.

Funke, Andreas, Überlegungen zu Gustav Radbruchs „Verleugnungsformel". Ein Beitrag zur Lehre vom Rechtsbegriff, in: Archiv für Rechts- und Sozialphilosophie 89 (2003), S. 1 ff.

ders., Allgemeine Rechtslehre als juristische Strukturtheorie. Entstehung und gegenwärtige Bedeutung der Rechtstheorie um 1900, Tübingen 2004.

Heidemann, Carsten, Die Norm als Tatsache. Zur Normentheorie Hans Kelsens, Baden-Baden 1997.

Heidemann, Carsten, Geltung und Sollen. Einige (neu)kantianische Elemente der Reinen Rechtslehre Hans Kelsens, in: Alexy/Meyer/Paulson/Sprenger, Neukantianismus und Rechtsphilosophie, S. 203-222.

Holmes, Oliver Wendell, The Path of the Law, in: Harvard Law Review X (1897), S. 457 ff.

Husserl, Edmund, Logische Untersuchungen, Bd. 1: Prolegomena zur reinen Logik, 7. Aufl., unveränd. Nachdruck der 2. Aufl. 1913, Tübingen 1993; Bd. 2, 1. Teil: Untersuchungen zur Phänomenologie und Theorie der Erkenntnis, 7. Aufl., unveränd. Nachdruck der 2. Aufl. 1913, Tübingen 1993.

ders., Philosophie als strenge Wissenschaft (1911), Frankfurt am Main 1965.

ders., Ideen zu einer reinen Phänomenologie und phänomenologischen Philosophie. Allgemeine Einführung in die reine Phänomenologie, 6. Aufl., unveränd. Nachdruck der 2. Aufl. 1922, Tübingen 2002.

ders., Briefwechsel, Bd. 5: Die Neukantianer, hrsg. von Karl Schuhmann, Dordrecht u. a. 1994.

ders., Briefwechsel, Bd. 6: Philosophenbriefe, hrsg. von Karl Schuhmann, Dordrecht u. a. 1994.

Husserl, Gerhart, Rechtskraft und Rechtsgeltung. Eine rechtsdogmatische Untersuchung, Erster Band: Genesis und Grenzen der Rechtsgeltung, Berlin 1925.

Jestaedt, Matthias (Hrsg.), Hans Kelsen im Selbstzeugnis. Sonderpublikation anläßlich des 125. Geburtstages von Hans Kelsen am 11. Oktober 2006, Tübingen 2006.

Kaufmann, Arthur (Hrsg.), Die ontologische Begründung des Rechts, Darmstadt 1965.

Kaufmann, Felix, Logik und Rechtswissenschaft. Grundriß eines Systems der Reinen Rechtslehre, Tübingen 1922.

ders., Die Kriterien des Rechts. Eine Untersuchung über die Prinzipien der juristischen Methodenlehre, Tübingen 1924.

Kelsen, Hans, Hauptprobleme der Staatsrechtslehre entwickelt aus der Lehre vom Rechtssatze (1911), in: Hans Kelsen Werke, Bd. 2, Tübingen 2008.

ders., Über Grenzen zwischen juristischer und soziologischer Methode (1911), in: Klecatsky/Marcic/Schambeck, Wiener rechtstheoretische Schule, S. 3 ff.

ders., Die Rechtswissenschaft als Norm- oder als Kulturwissenschaft. Eine methodenkritische Untersuchung (1916), in: Klecatsky/Marcic/Schambeck, Wiener rechtstheoretische Schule, S. 37 ff.

ders., Zur Theorie der juristischen Fiktionen. Mit besonderer Berücksichtigung von Vaihingers Philosophie des Als-ob (1919), in: Klecatsky/Marcic/Schambeck, Wiener rechtstheoretische Schule, S. 1215 ff.

ders., Hauptprobleme der Staatsrechtslehre entwickelt aus der Lehre vom Rechtssatze, 2. Aufl., Tübingen 1923.

ders., Die philosophischen Grundlagen der Naturrechtslehre und des Rechtspositivismus (1928), in: Klecatsky/Marcic/Schambeck, Wiener rechtstheoretische Schule, S. 281 ff.

ders., Reine Rechtslehre. Einleitung in die rechtswissenschaftliche Problematik, Leipzig und Wien 1934.

ders., Reine Rechtslehre. Mit einem Anhang: Das Problem der Gerchtigkeit, 2. Aufl., Wien 1960.

ders., The Pure Theory of Law, ,Labandism', and Neo-Kantianism. A Letter to Renato Treves, in: Paulson, Stanley/Paulson, Bonnie Litschewski (Hrsg.), Normativity and Norms. Critical Perspectives on Kelsenian Themes, Oxford 1998, S. 169 ff.

ders., Eine Phänomenologische Rechtslehre [Besprechung von: Paul Amselek, Méthode Phénoménologique et Théorie Du Droit, 1964], ÖZöR 15 (1965), S. 353 ff.

ders., Geltung und Wirksamkeit des Rechts, in: Robert Walter/Clemens Jabloner/Klaus Zeleny (Hrsg.), Hans Kelsens stete Aktualität, Wien 2003, S. 5 ff.

ders., Eine „Realistische" und die Reine Rechtslehre. Bemerkungen zu Alf Ross: On Law and Justice, ÖZöR 10 (1959/69), N. F., S. 1 ff.

ders., Der Begriff der Rechtsordnung (1958), in: Klecatsky/Marcic/Schambeck, Wiener rechtstheoretische Schule, S. 1395 ff.

ders., Der soziologische und der juristische Staatsbegriff. Kritische Untersuchung des Verhältnisses von Staat und Recht, 2. Aufl., Tübingen 1928.

ders., Zum Begriff der Norm (1965), in: Klecatsky/Marcic/Schambeck, Wiener rechtstheoretische Schule, S. 1455 ff.

ders., Allgemeine Theorie der Normen, hrsg. von Kurt Ringhofer und Robert Walter, Wien 1979.

Klecatsky, Hans/Marcic, René/Schambeck, Herbert (Hrsg.), Die Wiener rechtstheoretische Schule. Schriften von Hans Kelsen, Adolf Merkl, Alfred Verdross, Wien u. a. 1968.

Lask, Emil, Rechtsphilosophie, in: ders., Gesammelte Schriften, Bd. 1, hrsg. von Eugen Herrigel, Tübingen 1923, S. 275 ff.

ders., Zum System der Wissenschaften [Aus dem Nachlaß], in: ders., Gesammelte Schriften, Bd. 3, hrsg. von Eugen Herrigel, Tübingen 1924, S. 237 ff.

Loidolt, Sophie, Anspruch und Rechtfertigung. Eine Theorie des rechtlichen Denkens im Anschluß an die Phänomenologie Edmund Husserls, Dordrecht 2009.

MacCormick, Neil, Institutions of Law. An Essay in Legal Theory, Oxford 2007.

MacCormick, Donald Neil/Weinberber, Ota, Grundlagen des institutionalistischen Rechtspositivismus, Berlin 1985.

Moore, Michael S., A Naturalist Approach to Legal Ontology, in: Law and Philosophy 21 (2002), S. 619 ff.

Nachtsheim, Stephan, Emil Lasks Grundlehre, Tübingen 1992.

Paulson, Stanley L., Konstitutive und methodologische Formen. Zur Kantischen und neukantianischen Folie der Rechtslehre Hans Kelsens, in: Marion Heinz/Christian Krijnen, Kant im Neukantianismus. Fortschritt oder Rückschritt?, Würzburg 2007, S. 149 ff.

ders., Faktum/Wert-Distinktion: Zwei-Welten-Lehre und immanenter Sinn. Hans Kelsen als Neukantianer, in: Alexy u. a., Rechtsphilosophie und Neukantianismus, S. 223 ff.

ders./Michael Stolleis (Hrsg.), Hans Kelsen. Staatsrechtslehrer und Rechtstheoretiker des 20. Jahrhunderts, Tübingen 2005.

Reinach, Adolf, Die apriorischen Grundlagen des bürgerlichen Rechts (1913), in: ders., Sämtliche Werke. Textkritische Ausgabe in zwei Bänden, hrsg. von

Karl Schuhmann/BarrySmith, Bd. 1: Die Werke, München u. a. 1989, S. 141 ff.

Rickert, Heinrich, Der Gegenstand der Erkenntnis. Ein Beitrag zum Problem der philosophischen Transcendenz, Freiburg i. Br. 1892.

ders., Zwei Wege der Erkenntnistheorie. Transcendentalpsychologie und Transcendentallogik, in: Kant-Studien 14 (1909), S. 169 ff.

ders., Zum Begriff der Philosophie (1910), in: ders., Philosophische Aufsätze, hrsg. von Rainer A. Bast, Tübingen 1999.

ders., Kulturwissenschaft und Naturwissenschaft, 6. u. 7. Aufl., Tübingen 1926.

ders., Allgemeine Grundlegung der Philosophie [System der Philosophie, Erster Teil], Tübingen 1921.

ders., Goethes Faust. Die dramatische Einheit der Dichtung, Tübingen 1932.

Somek, Alexander, The Concept of Value and the Transformation of Legal Philosophy into Legal Theory: Lask's Silent Revolution, in: Diritta e cultura. archivio di filosofia e sociologia 2 (1992), S. 161 ff.

Somló, Felix, Rechtsbegriff und Rechtsidee, in Archiv für Rechts- und Wirtschaftsphilosophie 8 (1914/1915), S. 525-528, zit. nach: ders., Schriften zur Rechtsphilosophie, hrsg. von Csaba Varga, Budapest 1999, S. 67-70.

ders., Juristische Grundlehre, Leipzig 1917.

Sprenger, Gerhard (Hrsg.), Deutsche Rechts- und Sozialphilosophie um 1900. Zugleich ein Beitrag zur Gründungsgeschichte der Internationalen Vereinigung für Rechts- und Sozialphilosophie (IVR), Stuttgart 1991 (ARSP-Beiheft Nr. 43).

Schönberger, Christoph, Hans Kelsens „Hauptprobleme der Staatsrechtslehre". Der Übergang vom Staat als Substanz zum Staat als Funktion, in: Kelsen, Hauptprobleme, HKW, Bd. 2, S. 23 ff.

Schreier, Fritz, Grundbegriffe und Grundformen des Rechts. Entwurf einer phänomenologisch begründeten formalen Rechts- und Staatslehre, Leipzig Wien 1924.

Schuhmann, Karl/Smith, Barry, Neo-Kantianism and Phenomenology. The Case of Emil Lask and Johannes Daubert, in: Kant-Studien 82 (1991), S. 303 ff.

dies., Two Idealisms: Lask and Husserl, in: Kant-Studien 84 (1993), S. 448 ff.

Stammler, Rudolf, Theorie der Rechtswissenschaft, Halle a. d. S. 1911.

Stemmer, Peter, Normativität. Eine ontologische Untersuchung, Berlin New York 2008.

Thienel, Rudolf, Kritischer Rationalismus und Jurisprudenz. Zugleich eine Kritik an Hans Alberts Konzept einer sozialtechnologischen Jurisprudenz, Wien 1991.

Troller, Alois, Art. „Rechtsphänomenologie" (1985), in: Ergänzbares Lexikon des Rechts, Neuwied u. a. 2003, Ordner 1, Gruppe 2: Rechtsphilosophie.

Wapler, Friederike, Werte und das Recht. Individualistische und kollektivistische Deutungen des Wertbegriffs im Neukantianismus, Baden-Baden 2008.

Weinberger, Ota, Zur Idee eines institutionalistischen Rechtspositivismus. Gleichzeitig eine Auseinandersetzung mit Hans Kelsens Setzungspositivismus. in: Revue Internationale de Philosophie 35 (1981), S. 487 ff.

Wróblewski, Jerzy, Ontology and epistemology of law, in: Rivista internazionale di filosofia del diritto, 4. Serie, L, 1973, S. 832 ff.

ders., Kelsen, The Is-Ought Dichotomy and Naturalist Fallacy, in: Revue Internationale de Philosophie 35 (1981), S. 508 ff.

Würtenberger, Thomas (Hrsg.), Phänomenologie Rechtsphilosophie Jurisprudenz. Festschrift für Gerhart Husserl zum 75. Geburtstag, Frankfurt am Main 1969.

Das Recht der Wirklichkeit*
Wirklichkeit als Gegenstand und Herausforderung des Rechts

Ulrich Vosgerau, Köln

I. Einleitung

Das Recht wird heute zutreffend als soziale Gestaltungskraft mit „relativer Autonomie" anerkannt und gilt mittlerweile auch in der Geschichtswissenschaft überwiegend als „eigenständige ‚geschichtliche Achse'", die nicht in der Kategorie politischer Herrschaft aufgeht.[1] Zumal in der Gegenwart ist eine geradezu übermächtige Verrechtlichung der Gesellschaft zu beobachten.[2] Die heutige „quantitative wie qualitative Verrechtlichung des gesamten gesellschaftlichen Lebens" – also: die Verrechtlichung der Wirklichkeit – durch schon von der Masse her auch vom Fachstab nicht mehr zu überblickende gesetzliche Regelungen, die – vor dem Hintergrund des traditionellen Dogmas vom „Vorbehalt des Gesetzes"[3] im Zuge der Ausweitung[4] und schließlich Universalisierung des Grundrechtsschutzes[5] sowohl durch Freiheits- wie durch Gleichheitsgrundrechte

---

* Die Vortragsform wurde beibehalten. Die Literaturnachweise sind bewusst knapp gehalten.
[1] Vergl. *Wehler*, Deutsche Gesellschaftsgeschichte, Bd. 5 (2008), S. 421.
[2] Vergl. *ders.*, ebda.
[3] Ursprünglich betraf der Vorbehalt des Gesetzes nur staatliche Eingriffe in Freiheit und Eigentum, worunter weiterhin nur staatliche Handlungen zu verstehen waren, die dem „klassischen Eingriffsbegriff" unterfielen; insofern betraf der Vorbehalt des Gesetzes als eine Art Ausnahmeregelung nur einen geringen Bruchteil des Staatshandelns überhaupt. Außerdem wurde sein Anwendungsbereich durch Lehren wie etwa die vom besonderen Gewaltverhältnis weiter eingeschränkt.
[4] Grundlegend BVerfGE 7, 198 (205).
[5] Unter einer wirklichen Universalisierung des Grundrechtsschutzes über die bekannte Verallgemeinerung des Grundrechtsschutzes bereits im Sinne der Lüth-Entscheidung hinaus wäre seine Ausweitung in bislang als privatautonome Freiheitssphäre des Bürgers anerkannte Bereiche zu verstehen, die den Bürger faktisch so trifft, als sei er selbst (und nicht erst der Staat) Grundrechtsverpflichteter. Dahingehende Tendenzen lassen sich derzeit aufzeigen (1) bei der Verfolgung von aus Freiheitsgrundrechten abgeleiteten Schutzpflichten, (2) bei der vom europäischen Gemeinschaftsrecht angeleiteten, letztlich auf die besonderen Gleichheitsrechte zurückzuführenden Gesetzgebung zur Umsetzung des Antidiskriminierungsgedankens sowie (3) beim Schutz des allgemeinen Persönlichkeitsrechts durch die Zivilgerichte. Ein Beispiel für den Fall (1) bildet das der Sache nach vom BVerfG (NJW 2008, 2409 ff.) gebilligte Nichtraucherschutzgesetz, das von einer Art Grundrecht des Nichtrauchers gegen die Gesamtheit der Gastwirte auf Besuch rauchfreier Gaststätten ausgeht; ein mögli-

letztlich technisch erforderlich wurde – ist dabei kaum ein „Fehlentwicklung" der Gegenwart. Denn die Erkenntnis der Eigenständigkeit des Rechts gegenüber Religion, Tradition und Politik sowie diejenige seiner Abänderbarkeit[6] sowie auch die Anerkennung der Rechtssubjektivität der Einzelperson, die rechtlich als einer abstrakten juristischen Person, dem Staat, gegenüberstehend gedacht wird, geht bereits auf die Päpstliche Revolution[7] des 11.-13. Jahrhunderts zurück, die eigentlich die europäische Moderne, insbesondere das moderne Rechts- und Staatsdenken, im Kern begründet hat.[8] Vermutlich ist überhaupt das Individuum, so wie es sich mehr oder weniger einmalig in Europa zeigt, erst durch die Gegenüberstellung des Einzelmenschen mit der abstrakten, einheitlichen juristischen Person, dem Staat entstanden. Gesellschaften, die den Staat nicht kennen (wie z.B. Stammesgesellschaften) kennen letztlich auch nicht das Individuum; sie denken vom Clan her.[9] Mit dem modernen Staat würde wohl auch das Individuum, das „europäisch-westliche Ich" verschwinden. Die Fixierung auf das Recht der Einzelperson (und nicht auf die Sitte der Väter, die Ehre des Stammes usw.) ist also gerade das spezifische Merkmal des abendländischen Kulturkreises, daher ist die heutige, totale Verrechtlichung der Gesellschaft letztlich seit dem Hochmittelalter in ihrer Entwicklung angelegt. Die Frage ist daher nicht, ob man die totale Verrechtlichung der Gesellschaft will, sondern wie man sie verstehen will. Um sie vernünftig denken zu können, darf man die allgemeine Verrechtlichung – wie zu zeigen sein wird – nicht im Geiste eines normativistischen Positivismus[10], sondern man muß sie transzendent und dynamisch verstehen.

---

ches Freiheitsrecht des privatautonomen Gastwirts, in seiner Gaststätte, deren Besuch ja freiwillig erfolgt, das Rauchen zu erlauben, kommt nicht mehr in Betracht. Ein Beispiel für den Fall (2) bildet das AGG, das dem Vermieter oder Arbeitgeber bei der Auswahl des Mieters oder Arbeitnehmers auf Gleichbehandlungsmaßstäbe festlegt, die denjenigen des grundrechtsverpflichteten Staates entsprechen, weswegen sein Handeln kaum mehr als „privatautonom" beschrieben werden kann; zum Fall (3) vergl. jetzt ausführlich *Vosgerau*, Der Staat 48 (2009), S. 107 ff.
[6] Grundlegend die These 7 (a) des Dictatus papae Gregors VII. (1075): „Quod illi soli licet pro temporis necessitate novas leges condere"; gewissermaßen „analog" wird im (später so genannten) statutum in favorem principum Heinrichs (VII.) bzw. Friedrich II. (1231 bzw. 1232) das (gewohnheitsrechtlich bereits bestehende) Gesetzgebungsrecht der Fürsten anerkannt.
[7] Harold J. Berman, Recht und Revolution (1991); vergl. auch Philippe Nemo, Was ist der Westen? (2005), S. 45 ff.; Uwe Wesel, Geschichte des Rechts (1997), S. 272, 291 ff.
[8] Zum Ganzen auch *Vosgerau*, in: Depenheuer (Hg.), Mythos als Schicksal (2009), S. 123 ff.
[9] Dies etwa mit einer allgemein niedrigeren Kulturentwicklung in Verbindung zu bringen, dürfte indessen verfehlt sein; auch die antiken Griechen haben nicht von der Einzelperson, sondern von der Gemeinschaft der Polis her gedacht.
[10] Vergl. *Jestaedt*, Einl. zu *Hans Kelsen*, Reine Rechtslehre, Studienausgabe der 1. Aufl. 1934 (2008), S. XXX ff.

Die Anerkennung der Eigenständigkeit des Rechts, das dabei stets als subjektives, d.h. auf die Einzelperson bezogenes Recht, als *Menschen*recht und Grundrecht gedacht wird, wirft seit je her die Frage nach der eigentlichen Beziehung von Recht und Wirklichkeit auf. Was soll – unter der nicht hintergehbaren Prämisse der Verrechtlichung, die das Recht zur eigentlichen Substanz des Politischen werden läßt – gelten, wenn wenn das Recht zur Wirklichkeit nicht zu passen scheint, weil die Wirklichkeit eine Situation aufwirft, die entweder rechtlich gar nicht geregelt ist oder scheinbar rechtlich dahingehend geregelt ist, daß die Rechtsanwendung zu untragbaren Ergebnissen[11] führen würde? Bereits im Begriff des Rechts liegt zweierlei. Erstens, daß man dem Recht nicht zuwiderhandeln darf.[12] So lange Worte noch einen Sinn haben sollen, gilt: was Unrecht ist, das muß man tunlichst unterlassen.[13] Ein Recht, dem man zuwiderhandeln „dürfte", weil dies jedenfalls im Einzelfall – moralisch, politisch oder wie auch immer – „besser" wäre als das Rechthandeln, wäre kein „Recht". Denn, zweitens: im Begriff des Rechts liegt – sprachlich sofort erkennbar, sich auch dem Laien sofort aufdrängend – ein steter Bezug auf das *Richtige* und das *Gerechte*, das *Rechthandeln*.

So sehr es offenkundig ist, daß jede Rechtsordnung höchst imperfekt ist und jeder Rechtsanwender fehlbar ist: eine „Rechtsanwendung", der es schon im Ansatz nicht darum zu tun ist, richtig und gerecht zu sein bzw. sich darum nach Kräften zu bemühen, oder die gar planmäßig Unrecht ins Werk setzt, ist keine

---

[11] Gerade normativistische Positivisten versuchen gelegentlich, bereits die Wahrnehmung des skizzierten Problems zu unterbinden mit dem Argument, der Verweis auf ein untragbares Ergebnis der „Rechts"-anwendung sei methodisch ausgeschlossen, da rechtsdogmatisch gerade nicht „vom Ergebnis her" argumentiert werden dürfe. Aber dies ist methodisch jedenfalls in dieser Radikalität nicht richtig; die juristische Methodenlehre kennt sehr wohl das „argumentum ad absurdum", nach dem ein untragbares, schlechterdings nicht in Frage kommendes Ergebnis die Unrichtigkeit der zu ihm hinführenden juristischen Argumentation indiziert. Einfaches Beispiel: die Rechtsmeinung, Helmut Schmidt sei im Februar 1962 bei der Hamburger Sturmflut eigentlich rechtlich verpflichtet gewesen, 30.000 Menschen erfrieren und ertrinken zu lassen, weil das GG den Einsatz der Bundeswehr im Innern nicht vorsah, und habe offenbar *widerrechtlich zehntausende Leben gerettet*, wäre offensichtlicher Unsinn.

[12] Dies zeigt sich mit großer Deutlichkeit im Strafrecht: wer den Straftatbestand erfüllt, aber gerechtfertigt ist (z.B. durch Notwehr), begeht kein Unrecht, er darf Notwehr üben. Wer nicht gerechtfertigt ist, „dürfte" auch nicht handeln; er könnte u.U. aber „entschuldigt" sein, wodurch aber die Tat nicht rechtmäßig wird. Diesen Ausweg, die Tat zu verurteilen, aber nicht den Täter, gibt es im Öffentlichen Recht jedoch nicht: eine staatliche Maßnahme ist entweder rechtmäßig oder rechtswidrig, und wenn sie rechtswidrig ist, hätte sie richtigerweise unterbleiben müssen. Tertium non datur.

[13] Daraus folgt, daß es unsinnig wäre, etwa zu behaupten: Helmut Schmidt habe im Februar 1962 schlimmes Unrecht getan, er könne aber entschuldigt sein, oder: er möge „moralisch", „politisch" usw. „gerechtfertigt" sein. Wer sagen wollte, Helmut Schmidt habe Unrecht getan, der muß zugleich sagen, daß er es besser unterlassen hätte; alles andere ist ein Selbstwiderspruch.

Rechtsanwendung.[14] Die Sprache kennt genügend Bezeichnungen für die planmäßige Anwendung öffentlicher Gewalt, die alle Merkmale der Rechtsanwendung teilen mag bis jedenfalls auf eins: nämlich daß sie Unrecht ist: Zwangsordnung, Diktatur, Tyrannei usw.; aber als „Recht" wird jedenfalls die seinerzeitige Staatspraxis in den Konzentrationslagern kein vernünftiger Mensch bezeichnen.

Die Frage nach dem Verhältnis von Recht und Wirklichkeit präsentiert sich also als eine Art Paradoxon: wenn man dem Recht nicht zuwiderhandeln darf, muß man es eben einhalten. Führt man hierdurch aber – wie im Beispiel von Helmut Schmidt und der Hamburger Sturmflut von 1962 – ein schlicht untragbares Ergebnis herbei, wie etwa den ansonsten leicht vermeidbaren Tod zahlloser unschuldiger Menschen, so kann man wiederum nicht „rechtens"[15] gehandelt haben. Was also tun?[16]

II. Dogmatische Grundlegung: die rechtstheoretische Bedeutung der Lüth-Entscheidung und das grundgesetzliche Positivismusverbot

Die entscheidende dogmatische Weichenstellung zur Behandlung des Problems „Recht und Wirklichkeit" liegt in der Entscheidung des Verfassunggebers für die Grundrechtsbindung auch des Gesetzgebers (Art. 1 Abs. 3 GG). Solange der Gesetzgeber nicht als grundrechtsgebunden gedacht wird – wie es unter der Weimarer Reichsverfassung jedenfalls der Ansicht des Reichsgerichts entsprach – läuft der Grundrechtsschutz letztlich auf den Vorrang und Vorbehalt des Gesetzes hinaus, die dann aber vom Gesetzgeber beliebig gefüllt werden können. Das ist der institutionalisierte Gesetzespositivismus. Freilich ist mit der Qualifikation der Weimarer Reichsverfassung als einer noch ganz am Gesetzespositi-

---

[14] Einfaches Beispiel: Nürnberger Rassengesetze.
[15] Es ist weithin bekannt, daß nach 1945 viele selbst an Massenmordaktionen beteiligte NS-Täter angaben, sie seien – in der Tradition des staatsrechtlichen Positivismus des 19. Jahrhunderts – der festen Überzeugung gewesen, ihre Taten seien vielleicht moralisch entsetzlich, aber doch jedenfalls legal, weswegen z.B. auch Befehlsverweigerung nicht in Betracht gekommen wäre. Ob diese Ausführungen stets der Wahrheit entsprachen oder auch schon damals jedenfalls zum Teil Schutzbehauptungen gewesen sind, interessiert hier nicht weiter. Festzuhalten ist aber, daß die Konzeption des GG (Art. 1 III, 20 III, 79 III) die Rechtsannahme, daß offensichtliches Unrecht gleichwohl „legal" sein könne, ausschließen will. Das GG enthält mithin ein „Positivismusverbot".
[16] In diesem Zusammenhang dann weitläufig auf die Tragik der Entscheidungssituation usw. abzuheben, mag in der späteren zeitgeschichtlichen Erbauungsliteratur angebracht sein, hilft aber dem rechtlichen Entscheider in der fraglichen Situation nicht weiter: „[...] Tragik ist keine rechtsstaatliche Kategorie. Sie ist auch keine rechtsstaatliche Ausrede." (*Isensee*, FAZ Nr. 17 v. 21.1.2008, S. 10).

vismus des 19. Jahrhunderts orientierten Verfassung noch nichts ausgesagt über die in ihr intendierte Behandlung des Problems des Normmangels. Die für die Beziehung von Recht und Wirklichkeit entscheidende Frage ist eher, ob der Positivismus ein *normativistischer* Positivismus ist. Die hergebrachte Staatslehre der Weimarer Republik war positivistisch, aber nicht normativistisch[17], d.h. sie konnte mit Anschütz sagen: „das Staatsrecht hört hier auf", wohingegen Kelsen meint: „Echte Lücken in dem Sinne, daß ein Rechtsstreit gemäß den geltenden Normen nicht entscheidbar wäre, [...] gibt es nicht."[18] Die Entscheidung für die Grundrechsbindung im Grundgesetz läuft hingegen auf den ersten Blick auf ein Paradoxon hinaus: da nämlich alle Grundrechte im Ergebnis[19] durch oder aufgrund eines Gesetzes einschränkbar sind, scheint der Gesetzgeber prima facie selber über den Umfang seiner Bindung entscheiden zu können, und könnte er dies, wäre er in der Sache nicht gebunden. Das BVerfG hat dieses Paradoxon seit der Lüth-Entscheidung[20] durch die Entdeckung des Verhältnismäßigkeitsprinzips und der Wechselwirkungslehre überwunden: der Vorbehalt des Gesetzes ist in Wahrheit der Vorbehalt des verhältnismäßigen Gesetzes[21], das im Einzelfall seinerseits nicht „übermäßig" zur Anwendung kommen darf und das selbst als einschränkende Norm seinerseits im Lichte des einzuschränkenden Grundrechts auszulegen ist. Durch diesen Grundsatz und die nachfolgende, an die grundgesetzlich vorfindliche Weite und Offenheit grundrechtlicher und sonstiger verfassungsrechtlicher Tatbestände anknüpfende, „universalisierende

---

[17] Zur Klarstellung muß hier vielleicht gesondert betont werden, daß der hier in Bezug genommene (staatsrechtliche) Normativismus nicht (wie gerade im angelsächsischen Sprachraum verbreitet) den Gegensatz zum „Rechtsrealismus" bilden soll. Nach dieser Definition ist „Normativismus" nichts als die Annahme, daß eine allgemeine Regel der Entscheidung eines Einzelfalles vorangeht, wohingegen der „Realismus" – als theroretisches Abbild der case-law-Methode – davon ausgeht, daß die abstrakte Regel ursprünglich der Entscheidung eines Einzelfalles entstammt. Wollte man diese angelsächsische Definition zugrundelegen, so wird freilich auch hier ganz entschieden von einer „normativistischen" Position ausgegangen. Denn hier wird z.B. angenommen, daß die abstrakte Regel „Der Staat muß das menschliche Leben schützen und darf nicht vermeidbar Menschenleben opfern" die Entscheidung des Falles „Hamburger Sturmflut" in den Grundzügen bereits vorgibt. Mit „normativistischem Positivismus" ist in diesem Zusammenhang eine (letztlich eher rechtspolitische als rechtstheoretische) Grundauffassung gemeint, die behauptet, es gäbe außerhalb des positivierten Verfassungsrechts keinerlei materielle Handlungsermächtigung an den Staat. Daraus folgt dann, daß (1) staatliches Handeln mit Grundrechtsbezug, für das sich keinerlei gesetzliche Ermächtigung finden läßt, denknotwendig (und nicht nur prima facie) verboten ist, (2) staatliches Handeln, das einem Gesetz widerspricht, denknotwendig immer und nicht nur prima facie verboten ist und (3) Denkfiguren wie Notstand oder Ausnahmezustand (zur Bewältigung eines Normmangels) per se ausgeschlossen werden müssen. Normativistischer Positivist in diesem Sinne ist, wer das *Schweigen* der Verfassung einseitig und denknotwendig als *Verbot* deuten will.
[18] Reine Rechtslehre, 1. Aufl. 1934, S. 100.
[19] Vergl. BVerfGE 28, 243 ff.
[20] BVerfGE 7, 198 ff.
[21] *Schlink*, FS BVerfG, Bd. 2 (2001), S. 445.

Verfassungsauslegung" in der Tradition der integrationistischen Verfassungslehre ist die jahrhundertealte Kontroverse über das Verhältnis von positivem und wirklichem Recht nunmehr in die verfassungsrechtliche Dogmatik, d.h. v.a. in die Grundrechtsauslegung verlegt und integriert worden. *Es kann heute jeder Topos, der traditionell im Rahmen natur- oder vernunftrechtlicher Einwände gegen geltendes Recht diskutiert wurde, als verfassungsrechtliches, speziell grundrechtsdogmatisches Argument formuliert werden.* Es ist dogmengeschichtlich mithin auch das bleibende Verdienst der integrationistischen Staatsrechtslehre, das eigentlich größte Problem der Rechtswissenschaft überhaupt – nämlich die Frage nach dem Verhältnis von positivem und richtigem Recht – zwar nicht „gelöst" zu haben (denn es ist unlösbar), aber es gangbar, rechtstechnisch und praktisch handhabbar gemacht zu haben.[22] Hierin liegt denn auch die *rechtstheoretische* Bedeutung der Lüth-Entscheidung, die ihre stets erwähnte *rechtsdogmatische* Bedeutung (nämlich die Erstreckung der Grundrechtswirkung auch auf das Zivilrecht) noch bei weitem überragt.

Durch die Entscheidung für die Grundrechtsbindung auch des Gesetzgebers hat der Verfassunggeber gleichzeitig Carl Schmitt und Rudolf Smend gewissermaßen im Nachhinein Recht gegeben. Denn beide hatten bereits in der Weimarer Zeit – gegen die damals herrschende Meinung und die ständige Rechtsprechung des Reichsgerichts – eine Grundrechtsbindung des Gesetzgebers verfochten: Carl Schmitt mittels des Dezisionismus, als der Lehre von der Unterscheidung zwischen Verfassung und Verfassungsgesetz, nach der der Wortlaut der Verfassung lediglich ein imperfektes Zeugnis der dahinterliegenden Grundentscheidung des Verfassunggebers sei, von der auch dann nicht abgewichen werden dürfe, wenn der Text des Verfassungsgesetzes es scheinbar erlaube; und Smend mit dem Integrationismus, also seiner Lehre von den Grundrechten als Institutionen und v.a. Werten, über die auch der Verfassunggeber nicht frei disponieren könne. Durch die Dominanz der Verfassung mit ihren weiten und offenen Tatbeständen über die gesamte Rechtsanwendung war aber auch das Einfallstor für den Diskurs über die Rolle der *Wirklichkeit* in der ansonsten bloß „positiven" Rechtsanwendung geöffnet. Wie können die verfassungsrechtlichen Grundentscheidungen (dezisionistisch gesprochen) bzw. die von der Verfassung aufgestellte, allumfassende und v.a. für das einfache Recht den Maßstab hergebende Werteordnung (integrationistisch gesprochen) auch dann verteidigt und aufrechterhalten werden, wenn die – nachgeordneten – einfachen Gesetze dies in

---

[22] Da die echten Positivisten die Relevanz einer Idee des „wirklichen Rechts" (erst recht die Wirklichkeit des richtigen Rechts) leugnen und bereits die *Frage* nach der Gerechtigkeit als Ausweis der rechtstheoretischen Unkunde betrachten, sind sie strenggenommen gar nicht in der Lage, das größte Problem der Rechtswissenschaft überhaupt zu erkennen.

der von der Wirklichkeit aufgeworfenen Situation scheinbar nicht hergeben? Muß dann die Grundentscheidung, die objektive Wertordnung zurücktreten – oder aber das einfache Gesetz, das sich zur Durchsetzung der Grundentscheidung in der Wirklichkeit als untauglich erweist?

Indessen wird mit teils beachtlicher wissenschaftlicher Resonanz bestritten, daß der Verfassunggeber des Grundgesetzes durch die Verrechtlichung eigentlich überpositiver Prinzipien Schmitt und Smend gegen Kelsen Recht gegeben habe.[23] Das Grundgesetz erteile dem positivistischen Normativismus Kelsens mitnichten eine Absage; dies zeige sich in der ebenfalls vorgesehenen Einrichtung einer starken Verfassungsgerichtsbarkeit, die über die Vereinbarkeit staatlichen Handelns mit dem positiven Verfassungsrecht zu wachen habe. Dem ist aber entgegenzuhalten, daß auch das BVerfG mit seiner Wächterfunktion eindeutig an das Grundgesetz gebunden ist, das seinerseits – weit davon entfernt, ein Programm des oder eine Anleitung zum normativistischen Positivismus zu sein – ein regelrechtes *Positivismusverbot* enthält. Denn nach Art. 20 Abs. 3 GG sind die staatlichen Gewalten an „Gesetz und Recht" gebunden.[24] Zwar sollten Recht und Gesetz im freiheitlichen Rechtsstaat in der Regel koinzidieren; durch die Gegenüberstellung wird aber zugleich klargestellt, daß dies nicht denknotwendig und immer der Fall sein muß.[25] Wenn das Recht die Wirklichkeit nicht regelt, sondern entweder eine Regelung schlechthin fehlt oder quasi die Wirklichkeit mit dem Recht zu kollidieren scheint – eben dies ist in notstandsartigen Konstellationen der Fall, wo nämlich die Rettung von Menschenleben scheinbar gesetzeswidrig ist, aber jedenfalls trotzdem erfolgen muß – tritt das Recht an die Stelle des defizitären Gesetzes, übrigens auch eines defizitären Verfassungsgesetzes[26]. So transzendierte im Februar 1962 das Recht und die Pflicht, mit allen verfügbaren Mitteln nach Möglichkeit Menschenleben zu retten, das Verfassungsgesetz, das einen Einsatz der Bundeswehr im Innern – zumal unter dem Kommando des Hamburger Polizeisenators! – jedenfalls verbot („Helmut-Schmidt-Transzendenz").[27] Alle rechtstheoretischen Ansätze, die dem „positi-

---

[23] Vergl. zum Ganzen auch *Alexandra Kemmerer*, FAZ Nr. 91 v. 20.4.2005, S. N 3.
[24] Vergl. zum Ganzen *Schulze-Fielitz*, in: Dreier (Hg.), GG, Bd. 2, 2. Aufl. 2006, Art. 20 (Rechtsstaat) Rn. 50 f., 93 f., 101 m.w.N.
[25] A.A. *Sommermann*, in: v. Mangoldt/Klein/Starck (Hg.), GG, Bd. 2, 5. Aufl. 2005, Art. 20 Rn. 265 ff.
[26] Die nicht zu begründende Weigerung, den möglichen Gegensatz von Gesetz und Recht auch auf das Verfassungsgesetz selber zu beziehen, heißt *Verfassungsautismus* (*Vosgerau*, AöR 133 [2008], 346 [385 mit FN 169]).
[27] Ausführlich zum Ganzen *Vosgerau*, a.a.O., S. 373, 385.

vistischen Normativismus" Kelsens verpflichtet sind, kranken schon daran, daß sie proklamieren müssen, Helmut Schmidt habe zu Unrecht Leben gerettet.[28]

Insofern ist nicht zu bestreiten, daß der Grundgesetzgeber durch die Installation einer starken Verfassungsgerichtbarkeit[29] eine zentrale rechtspolitische Forderung u.a. Kelsens erfüllt hat. Da aber das Grundgesetz andererseits – mit der umfassenden Grundrechtsbindung, die, bei entfalteter Grundrechtsdogmatik einschließlich der allgemein anerkannten Schutzpflichtendimension[30], die den Staat zum Handeln und nicht zum Unterlassen zwingt, den Grundsatz des normativistischen Positivismus „nulla decisio, nullus actus sine lege"[31] systematisch unterläuft und, wie gesehen, die Grundrechtsdogmatik jeden überpositiven und wirklichkeitsorientierten Topos als *verfassungsrechtlichen* Topos ausweisen kann – könnte man insofern allerdings von einem *historischen Kompromiß* zwischen der (eher mit der politischen Linken verbundenen) normativistischen Richtung der Weimarer Staatsrechtslehre und der (eher dem Konservativismus zugeneigten) antipositivistischen Richtung sprechen. Ein starkes BVerfG ist da als Hüter der Verfassung; aber die Verfassung, die es hütet, hat selber einen antipositivistischen, dynamischen und wirklichkeitsoffenen Charakter. Dabei ist, wie geschehen, insbesondere auf das *Positivismusverbot* des Art. 20 Abs. 3 GG zu verweisen. Nach diesem soll das BVerfG prüfen, ob nach Gesetz und Recht vorgegangen worden ist, d.h., ob den grundlegenden Wertentscheidungen des Verfassungsrechts durch Anwendung, Auslegung oder auch – im Einzelfall – situative Ausschaltung des die Verfassung konkretisierenden Rechts genüge getan ist, nicht aber, ob die Handlung legal war im Sinne der normativistisch-

---

[28] Vom Standpunkt der „Reinen Rechtslehre" aus wollen die Anhänger Kelsens dieses Ergebnis dann mit der Auskunft relativieren, sie könnten eben – dank der unvergleichlichen Methodenreinheit der „Reinen Rechtslehre" – nur angeben, was das Recht sei, jedoch nichts zu der Frage beitragen, ob man es eigentlich beachten sollte. Damit wird aber eben – wie oben bereits gezeigt – der herkömmliche Begriff des Rechts verfälscht. Ein Recht, von dem niemand weiß, ob man es eigentlich einhalten sollte, wäre kein „Recht", sondern so etwas wie der unverbindliche Vorschlag eines unzuverlässigen Zeitgenossen; dies wirft dann weiter die Frage auf, warum man über einen so niedrigen, abzutuenden Gegenstand eigentlich (wie Kelsen) lebenslänglich Theorien und Methodenlehren ersinnen sollte. (Vergl. zu dem an Kelsen gerichteten Vorwurf der Verkehrung aller Rechtsbegriffe auch *Larenz*, Methodenlehre der Rechtswissenschaft, 6. Aufl. 1991, S. 69 ff., v.a. S. 76: die „Pflicht" wird bei Kelsen, da er das Recht als reine Zwangsordnung auffaßt, zu derjenigen positiven Rechtsnorm, die an das Zuwiderhandeln eine Sanktion knüpft. Aber die *Pflicht* ist per definitionem etwas, was man selbst dann tun müßte, wenn eine Entdeckung und Bestrafung des pflichtwidrigen Verhaltens gänzlich ausgeschlossen wäre).
[29] Vergl. *Kahl*, Der Staat 43 (2004), 165 (189 FN 131) („Fundamentalentscheidung").
[30] Grundlegend BVerfGE 39, 1 ff.
[31] Ausführlich *Vosgerau*, AöR 133 (2008), 346 (370 ff.).

positivistischen Legalitätsdefinition[32], die das Grundgesetz ausdrücklich zurückweist. (Wer dies bestreitet, müßte Helmut Schmidt – da bei der grundgesetzwidrigen Rettung zehntausender Menschenleben fünf Bundeswehrsoldaten ums Leben kamen – offenbar des fünffachen Totschlags bezichtigen).

Ein anderes wichtiges verfassungsrechtliches Problem, das eine kelsenianisch geprägte öffentlich-rechtliche Methodenlehre kaum in den Griff bekommen kann, ist übrigens das Problem der *faktischen Verfassungswidrigkeit*, bei dem also der Wortlaut eines Gesetzes jedenfalls verfassungskonform ist, die Anwendung des Gesetzes in der Praxis jedoch vorhersehbar und notwendig Vollzugsdefizite aufwerfen muß, die im Ergebnis verfassungsrechtlich nicht zu rechtfertigen sind.[33] Auch die Möglichkeit der faktischen Verfassungswidrigkeit (etwa kraft eines Vollzugsdefizits) zeigt das Aufeinanderverwiesensein von Recht und Wirklichkeit.

III. Die dogmatische Bewältigung des Normmangels im Bürgerlichen Recht, im Strafrecht und im Öffentlichen Recht

1. Bürgerlich-rechtliche Methodenlehre als Theorie der Bewältigung des Normmangels

Die bürgerlich-rechtliche Methodenlehre stellt sich eigentlich als ein System zur Bewältigung des Normmangels kraft des wirklichen oder auch nur unterstellten zugrundeliegenden allgemeinen Rechtsgedankens dar. Man geht im Bürgerlichen Recht ohne weiteres davon aus, dass es ein Recht gebe, das in den ge-

---

[32] Es erscheint nämlich unvorstellbar, daß sich das BVerfG oder sonst ein staatliches Gericht eines Tages auf den *Kelsenschen Ausweg* zurückzuziehen versucht und in ein Urteil schreibt: man habe lediglich die Rechtslage festgestellt; demnach sei die Rettung von Menschenleben als illegal bzw. verfassungswidrig zu beurteilen; man stelle aber jetzt und ganz allgemein jedermann anheim, Recht und Verfassung einfach gänzlich zu ignorieren.

[33] Vergl. BVerfGE 84, 239 ff.; die Rspr. des BVerfG sieht das Problem des Vollzugsdefizits bislang nur auf eine Gleichbehandlungsproblematik hinauslaufen; hierauf ist es jedoch nicht beschränkt. So besteht durch die Einrichtung der allgemeinen Wehrpflicht, allerdings mit mehr oder minder freier Verweigerbarkeit, ohne daß die hierfür eigentlich vorausgesetzte, fundamentale Gewissensentscheidung jemals eigentlich überprüft werden könnte (und eine Überprüfung heute auch nicht mehr angestrebt wird, da die Staatspraxis die Zivildienstleistenden braucht und heimlich längst von einer freien Wahl zwischen Wehr- und Zivildienst ausgeht) seit vielen Jahren faktisch eine allgemeine Dienstpflicht nur für Männer, was evidentermaßen Art. 12 II GG (und mithin auch Art. 3 II 1, III 1 GG) widerspricht. Dem Wortlaut der einschlägigen Gesetze (WehrPflG, SoldG) ist dies freilich nicht anzusehen, es handelt sich um eine *faktische* Verfassungswidrigkeit; zum Ganzen *Vosgerau*, ZRP 1998, 84 ff.

schriebenen Normen zwar seinen Ausruck findet, keinesfalls jedoch in ihnen aufgeht.[34] Daher können Fallkonstellationen, die im bestehenden Normmaterial nicht unmittelbar geregelt sind, durch Analogien bzw. Anwendung von aus der Gesamtheit der (mehr oder minder) einschlägigen Normen zu entnehmenden, allgemeinen Rechtsgedanken gelöst werden.[35] Auch die unmittelbar einschlägige Norm wird (jedenfalls nach herrschender und zutreffender Ansicht) objektiv verstanden; die Frage nach dem objektivierten Willen des Gesetzgebers impliziert bereits, daß Rechtsanwendung im Zivilrecht weniger die Anwendung etwa des historischen Willens des Gesetzgebers bedeutet, sondern daß dieser, selbst wo er erkennbar ist, doch mit der Vernunft des verantwortlichen Rechtsanwenders selber vermischt wird, da dieser – jedenfalls wenn es um den klassischen Fall einer „Originalvorschrift" aus dem ursprünglichen Wortlaut des BGB geht – denknotwendig die Herausforderungen der Gegenwart und der konkreten Situation besser beurteilen kann als ein im ersten Drittel des 19. Jahrhunderts geborener BGB-Vater.

Rechtsanwendung im Bürgerlichen Recht – mit der ihr typischen Offenheit für Wertungen und der Heranziehung wirklicher oder angeblicher allgemeiner Rechtsgedanken – ist mehr oder minder insgesamt eine Tätigkeit, die aus Sicht eines normativistischen Positivisten als methodisch mehr als zweifelhaft zu gelten hätte. Dogmatisch ließ sich die größere Freiheit im Bürgerlichen Recht bislang damit erklären, daß das Bürgerliche Recht eben keinen Vorbehalt des Gesetzes kenne.

Ob dieses Paradigma jedoch auf lange Sicht einleuchtet, ist sehr fraglich geworden. Denn einerseits setzt sich zu Recht die Auffassung durch, daß auch Zivilurteile staatliche Akte sind und daher bei Grundrechtsbezug auf entsprechende, hinreichend bestimmte und der Wesentlichkeitstheorie des BVerfG genügende Ermächtigungsnormen verwiesen bleiben.[36] Die Auffassung, Zivilurteile könnten vom BVerfG allenfalls auf eine Verletzung des Willkürverbots hin überprüft werden, ist überholt.[37] Insofern ist die Anwendung des Bürgerlichen Rechts von der Anwendung des Öffentlichen Rechts mitnichten – wie man früher teils geglaubt haben mag – fundamental verschieden, sondern recht ähnlich, ohne daß

---

[34] Vergl. *Horst Heinrich Jakobs*, FAZ Nr. 213 v. 11.9.2008, S. 36: „War in seinem Seminar es so weit gekommen, dass er die Lösung des erörterten Problems sah, und wandte einer der Disputanten ein, im Gesetz stehe aber doch etwa anderes, so pflegte Werner Flume zu entgegnen: ‚Denken Sie sich das Gesetz weg – wie würden wir es dann machen'".
[35] Vergl. zum Ganzen *Larenz/Canaris*, Methodenlehre der Rechtswissenschaft, 3. Aufl. 1995, S. 191 ff.; vergl. auch *Pawlowski*, Methodenlehre für Juristen, 1. Aufl. 1981, Rn. 74.
[36] Zum Ganzen jetzt *Vosgerau*, Der Staat 48 (2009), 107 (108 mit FN 10; 114 ff.; 120 ff. m.w.N.).
[37] Vergl. BVerfG, NJW 2008, 39 (LS 1 u. S. 40, Rn. 66).

aus dieser Erkenntnis jedoch die Aufgabe der (technisch unverzichtbaren) Analogiemethode bzw. der umfangreichen Anwendung von Generalklauseln im Bürgerlichen Recht folgen könnte.

Andererseits setzt sich, wenn auch erst langsam, im Öffentlichen Recht die Erkenntnis durch, daß es nicht praktikabel oder auch nur möglich sein wird, die gesamte Rechtsordung auf Grundrechte zu stützen bzw. allein aus den Grundrechten heraus zu begründen.[38] Das Öffentliche Recht ist eine dynamische normative Ordnung zur Bewältigung der Wirklichkeit im Geiste des Gemeinwohlschutzes, in der Grundrechte eine wichtige, ja zentrale Rolle spielen; es ist jedoch nicht eine vollkommen einseitig auf Grundrechtsverwirklichung ausgerichtete, quasi monothematische Grundrechtsexpansionsmaschine.[39] Daraus folgt in dogmatischer Hinsicht, daß der Vorbehalt des Gesetzes in seiner Bedeutung tendenziell wieder abnehmen wird, da effektiver Gemeinwohlschutz auf Grundlage des normativistischen Satzes „nulla decisio, nullus actus sine lege" in der globalen Gesellschaft der Zukunft, die, jedenfalls der derzeitigen Voraussicht nach, vom multikulturellen Weltbürgerkrieg, dem Kampf einer stetig wachsenden Weltbevölkerung um stetig knapper werdende Ressourcen und wohl auch der Notwendigkeit immer stärkerer Einschränkung der individuellen Freiheit zugunsten des Umweltschutzes geprägt sein wird, faktisch kaum möglich wäre. Ursprünglich war der Vorbehalt des Gesetzes eine Vorsichtsmaßnahme für den Ausnahmefall, nämlich der Beeinträchtigung von Freiheit und Eigentum durch einen klassischen, d.h. also v.a. finalen und rechtsförmigen staatlichen Eingriff. Unter dem Grundgesetz ist die Anwendung des Vorbehalts des Gesetzes – durch die enorme Ausweitung grundrechtlicher Schutzbereiche durch die Rechtsprechung sowie durch die, freilich kaum zu vermeidende, Aufgabe des klassischen Eingriffsbegriffs – eher zum allgemeinen Regelfall geworden. Da man vom Glauben an den Vorbehalt des Gesetzes „in allen Lebenslagen" noch nicht lassen möchte, ist effektiver Gemeinwohlschutz jedenfalls im Gefahrenabwehrrecht nur durch gleichzeitige *Manipulation der Grundrechtsdogmatik* möglich, d.h. indem die Gerichte den Eingriffscharakter von im Ergebnis gerechtfertigten Grundrechtseingriffen im Nachhinein einfach leugnen, weil kein Ermächtigungsgesetz vorhanden war (Stichwort: Diethylenglykol-Rechtsprechung)[40]. Insgesamt dürfte die Methodik eines wieder stärker auch am Gemeinwohl und nicht nur einseitig an „grundrechtlicher Aufrüstung" interessierten Öffentlichen Rechts sich wieder stärker an der bürgerlich-rechtlichen Methodik orientieren,

---

[38] Vergl. *Di Fabio*, Die Staatsrechtslehre und der Staat (2003), S. 68 ff.; *ders.*, in: FS Roman Herzog (2009), S. 35 ff.
[39] Vergl. zum Ganzen bereits *Herbert Krüger*, Allgemeine Staatslehre (1964), S. 544 ff.
[40] Vergl. BVerwG, DVBl 1991, 699 ff.; dazu *Schoch*, ebda., S. 667 ff.; BVerfGE 105, 252 ff.

die von Anfang an auf „Wirklichkeitsbewältigung auch bei Normmangel" ausgerichtet ist.[41]

2. Vermeidung von „Strafbarkeitslücken" bzw. Einbeziehung des gesetzgeberischen Willens als Argument auch im Strafrecht

Im Strafrecht liegt der Fall naturgemäß etwas anders, weil der Satz „nulla poena sine lege"[42] jedem rechtsstaatlichen Straftrecht zugrundeliegt.[43] Daher muß der Normmangel im Strafrecht eigentlich automatisch zur Straflosigkeit führen, ohne daß für irgendwelche argumentativen Auffangkonstruktionen jenseits der „Wortlautgrenze" noch Raum wäre.[44] Gleichwohl ist die Argumentation, eine bestimmte Auslegung einer strafrechtlichen Norm diene der „Vermeidung von Strafbarkeitslücken" trotz ihrer theoretischen Systemfremdheit in der Rechtsprechung nicht einmal selten[45]; teilweise wird sie auch von der Lehre akzeptiert.[46] Eine gewisse Berechtigung für diese Art der Bewältigung strafrechtlichen

---

[41] Dies kommt etwa in der berühmten Formulierung des Art. 1 II ZGB (Schweiz) zum Ausdruck: „Kann dem Gesetz keine Vorschrift entnommen werden, so soll das Gericht nach Gewohnheitsrecht und, wo auch dieses fehlt, nach der Regel entscheiden, die es als Gesetzgeber aufstellen würde."

[42] Vergl. Art. 102 II GG; § 1 StGB.

[43] Daher trifft Carl Schmitts seinerzeitiger Vorstoß, statt seiner einen Rechtssatz „nullum crimen sine poena" zu etablieren, heute zu Recht allgemein auf schärfste Ablehnung. Zur rechtshistorischen Einordnung eines solchen Vorschlages wäre allerdings auch zu bedenken, daß damals der Staatsnotstand (oder auch „Belagerungszustand") eine im Öffentlichen Recht allgemein anerkannte und als unverzichtbar vorausgesetzte Denkfigur war (vergl. Art. 48 II WRV; Art. 68 RV; vergl. zum Ganzen auch *Jahn*, Das Strafrecht des Staatsnotstandes [2004], S. 153). Die Aufgabe des nulla-poena-Satzes im Strafrecht bedeutet ja der Sache nach nichts anderes als eben die Übertragung des Notstandsgedankens auch ins Strafrecht (nach dem Vorbild der Hinrichtung der inhaftierten Mitverschwörer des Catilina auf Betreiben Ciceros entgegen der Lex Sempronia de provocatione im Jahre 63 v. Chr.). So barbarisch Schmitts Vorschlag also gewiß gewesen ist, so verkehrt wäre es andererseits auch, ihn an den Grundsätzen einer viel späteren, vom normativistischen Positivismus geprägten Theorie des Öffentlichen Rechts messen zu wollen, die den Notstand oder Ausnahmezustand schon für theoretisch unvorstellbar erachten will (vergl. nur *Steffen Augsberg*, in: Felix Arndt u.v.a. (Hg.), Freiheit – Sicherheit – Öffentlichkeit, 48. Assistententagung Öffentliches Recht [2009], S. 17 ff.).

[44] Vergl. statt aller *Wessels/Beulke*, Strafrecht AT, 37. Aufl. 2008, Rn. 44 ff.

[45] Vergl. *Vormbaum*, JZ 1999, 613: „der Topos ‚Strafbarkeitslücken' gehört auch zum Sprachhaushalt der Strafgerichte bis hinauf zum BGH".

[46] Hierzu ein einfaches Lehrbuchbeispiel: A will seinen Jagdkameraden B töten. Als er den B auf einer Jagdpartie sich durchs Unterholz vorarbeiten sieht, ruft er dem altersschwachen und stark kurzsichtigen weiteren Jäger C zu: „Da ist die Sau!". Daraufhin erschießt der C den B. A kann nicht wegen Anstiftung zum Mord (§§ 211/212, 26 StGB) bestraft werden, weil es an einer entsprechenden Haupttat fehlt; C hat allenfalls eine Fahrlässige Tötung (§ 222 StGB) begangen. Um aber eine Strafbarkeitslücke zu vermeiden, tritt die wohl h.M. dafür ein, A als „Täter hinter dem Täter" gem. §§ 211/212, 25 2. Alt StGB wegen Mordes (oder Totschlags) zu bestrafen – obgleich C eigentlich weder willenloses noch absichtslos-doloses Werkzeug war, sondern eigenverantwortlich eine eige-

Normmangels wird man jedenfalls für den Fall anerkennen müssen, wo der gesetzgeberische Wille klar auf der Hand liegt, jedoch offenbar auf Formulierungsschwierigkeiten trifft.[47] Ein Beispiel hierfür bietet die Problematik des „Schwarzfahrens" in öffentlichen Verkehrsmitteln. Dieses war nicht als Betrug strafbar (§ 263 StGB), da das schlichte Einsteigen in ein öffentliches Verkehrsmittel keine „Täuschung" irgendeiner Aufsichtsperson darstellt; eine solche ist ja normalerweise gar nicht vorhanden. Um die Strafbarkeit des Schwarzfahrens sicherzustellen, hat der Gesetzgeber daher die Vorschrift aus § 265a StGB geschaffen; nach herrschender Lehre in der Strafrechtswissenschaft kann diese aber die Strafbarkeit des Schwarzfahrers gemäß der Wortlautgrenze ebenfalls nicht begründen, da das so schlichte wie offensichtliche Einsteigen in die Straßenbahn kein „Erschleichen" einer Beförderung sei; der Wortsinn des „Erschleichens" setze irgendeine Täuschungs- oder Verdeckungshandlung voraus.[48] Die Rechtsprechung verurteilt Schwarzfahrer jedoch gleichwohl mit Rücksicht auf den insofern wenig zweifelhaften, demokratisch legitimierten gesetzgeberischen Willen. Dies ist der Sache nach zu billigen; redlicherweise kommt man aber um die Feststellung nicht umhin, daß eben selbst im Strafrecht (wo dies am ehesten zu erwarten gewesen wäre) mit seinen strengen Prämissen von Analogieverbot und Wortlautgrenze keineswegs zwingend im Geiste des normativistischen Positivismus operiert wird, sondern sehr wohl auch vernunftorientierte Richtigkeitserwägungen ihren Platz haben und Konflikte des Wortlauts strafrechtlicher Vorschriften mit der zu regelnden Wirklichkeit durchaus auch über den Wortlaut hinaus und im Hinblick auf das Demokratieprinzip oder allgemeine Vernunfts- und Richtigkeitserwägungen hin aufgelöst werden können. Auch das Strafrecht ist also in praktischer Hinsicht nicht von der Wirklichkeit zu trennen, sondern bleibt auf sie bezogen und muß dies auch in seiner dogmatischen Anwendung kritisch reflektieren. Dies muß dann aber Öffentlichen Recht – wo man im Hinblick auf den Vorbehalt des Gesetzes und das Bestimmtheitsgebot bei Grundrechtseingriffen ebenfalls herrschend von einem Analogieverbot ausgeht – auch und umso mehr gelten.

---

ne, jedoch ganz anders zu bewertende (weil fahrlässige) Straftat begangen hat. Wie auch immer dies letztlich aus strafrechtlich-puristischer Sicht zu bewerten sein mag: jedenfalls das Ergebnis überzeugt.

[47] Hier adelt gewissermaßen die historisch-subjektive Auslegungsart die ansonsten als undogmatisch geltende Orientierung auch des Strafrechtsanwenders am gerechten Ergebnis; kann dieses schon wegen der Wortlautgrenze nicht ohne weiteres erreicht werden, so läßt sich jedenfalls – in geeigneten Einzelfällen – darlegen, daß das Ergebnis wo nicht dem Wortlaut, so jedenfalls dem Willen des Gesetzgebers entspricht.

[48] Vergl. *Lackner/Kühl*, StGB, 26. Aufl. 2007, § 265a Rn. 6 f.; *Fischer*, StGB, 56. Aufl. 2009, § 265a Rn. 3, 6; *Lenckner/Perron*, in: Schönke/Schröder, StGB, 27. Aufl. 2006, § 265a Rn. 8; *Wohlers*, in: MK-StGB, Bd. 4 (2006), § 265a Rn. 34 ff., jew. m.w.N.

3. Ein Praxistest: die Anwendung des normativistischen Positivismus auf das Problem der Beweisfragen im Rahmen des § 130 Abs. 3 StGB

Einen – hier nur als kurzen Exkurs und Gedankenexperiment kurz zu streifenden – strafrechtlichen Lackmustest für die praktische Tauglichkeit eines normativistisch-positivistischen Rechtsdenkens im Sinne Kelsens bietet die in § 130 Abs. 3 StGB normierte Strafbarkeit der Billigung, Leugnung[49] oder Verharmlosung einer unter der Herrschaft der Nationalsozialisten begangenen Handlung im Sinne des § 6 Abs. 1 VStGB.[50] In Strafprozessen, die wegen der Leugnung im Sinne von § 130 Abs. 3 StGB geführt werden, werden regelmäßig umfangreiche Beweisanträge gestellt, die das tatsächliche Berechtigtsein der inkriminierten Leugnung an den Tag bringen sollen.[51] Freilich werden solcherlei Beweisanträge von der st. Rspr. gem. § 244 Abs. 3 S. 2 StPO als überflüssig zurückgewiesen[52], da die geleugneten Tatsachen bereits erwiesen bzw. offenkundig seien.[53] Die Prämisse, die fraglichen Tatsachen seien bereits erwiesen bzw. offenkundig, enthält jedoch denknotwendig die Einräumung, daß das Wahrsein der geleugneten Tatsache als solches konstitutiv für die Berechtigung der Bestrafung aus § 130 Abs. 3 StGB sei; hier bringt die Rechtsprechung das Aufei-

---

[49] In dieser praktisch wohl bedeutsamsten Fallgruppe stellt sich freilich – wieder im Sinne der strafrechtlichen Wortlautgrenze – das Problem, daß „leugnen" (im Gegensatz zu „bestreiten" usw.) dem herkömmlichen Wortsinne nach jedenfalls in erster Linie Inabredestellung von etwas *Wahrem* bedeutet; insofern würde der Nachweis des zur Strafbarkeit erforderlichen *Vorsatzes* eigentlich den Beweis voraussetzen, daß der Leugnende innerlich sehr wohl von der Wahrheit des Geleugneten überzeugt ist. Vergl. zum Ganzen auch *Lenckner/Sternberg-Lieben*, in: Schönke/Schröder, StGB, 27. Aufl. 2006, § 130 Rn. 20.

[50] Schon bei einer kurzen Durchsicht der neueren strafrechtlichen Kommentarliteratur fällt auf, daß die Autoren einerseits oft selbst den Begriff „Auschwitz-Lüge" (soll heißen: Leugnung des Holocaust) verwenden (vergl. z.B. *Lackner/Kühl*, StGB, 26. Aufl. 2007, § 130 Rn. 8a m.w.N. auch aus der Rspr.), andererseits konstatiert wird, bereits der Gebrauch des (freilich ähnlich klingenden) Terminus „Auschwitz-Mythos" (durch die Falschen) erfülle ohne weiteres den Tatbestand des § 130 III StGB (so etwa *Krauß*, in: LK-StGB, Bd. 5, 12. Aufl. 2009, § 130 Rn. 4 a.E.; vergl. auch *Lenckner/Sternberg-Lieben*, in: Schönke/Schröder, StGB, 27. Aufl. 2006, § 130 Rn. 7; andeutungsweise skeptisch insofern auch *Fischer*, StGB, 56. Aufl. 2009, § 130 Rn. 25).

[51] Strafverteidiger, die in Wahrnehmung ihres Mandats derartige Beweisanträge stellen, laufen – nachdem sie bislang unter dem Gesichtspunkt der „Wahrnehmung berechtigter Interessen" als gerechtfertigt gegolten hatten – selber Gefahr, aus § 130 III StGB angeklagt zu werden. Nach neuerer Auffassung findet § 193 StGB auf strafbare Handlungen außerhalb der Strafvorschriften aus §§ 185 ff. StGB keine Anwendung (so ohne nähere Begründung *Fischer*, StGB, 56. Aufl. 2009, § 193 Rn. 4 m.w.N.). Dies leuchtet jedenfalls ohne weiteres nicht ein, da – bei Vorliegen der Analogievoraussetzungen – eine Analogie *zugunsten* des Beschuldigten eigentlich immer möglich sein müßte.

[52] Vergl. nur *Miebach/Schäfer*, in: MK-StGB, Bd. 2/2 (2005), § 130 Rn. 101 m.w.N.

[53] Vergl. BVerfGE 90, 241 (249); BGH, NStZ 2002, 538 (539); zum Ganzen auch *Hufen*, JuS 1995, 638.

nander-Verwiesensein von Recht und Wirklichkeit auf den Begriff. Die hier seitens der Rechtsprechung eindeutig und auch zutreffend zugrundegelegte Prämisse ist eine dem normativistischen Positivismus total entgegengesetze, gewissermaßen anti-kelsenianische Prämisse. Denn an Kelsen geschulte Richter dürften den Beweisantrag nicht etwa deswegen zurückweisen, weil die fragliche Tatsache bereits erwiesen sei; sondern sie müßten den Beweisantrag denknotwendig deswegen für überflüssig halten, weil die Berechtigung des Gesetzgebers, eine bestimmte Behauptung unter Strafe zu stellen, schon von ihrem Rechtscharakter her nichts mit der Richtigkeit oder Unrichtigkeit der fraglichen Behauptung zu tun habe. Jedenfalls nach dem kelsenschen normativistischen Positivismus wäre es ein methodisch verbotener Schluß vom Sein auf ein Sollen, wollte man die Strafbarkeit einer Behauptung von ihrem Wahrheitsgehalt abhängig machen. Das Aufkommen einer solchen Begründung für die Verwerfung eines Beweisantrages ist aber – auch nach einem Generationswechsel an den Gerichten – eigentlich nicht vorstellbar, allein aus praktischen Gründen. Denn eine breitere Öffentlichkeit würde eine solche Begründung – würde sie bekannt – nicht verstehen und schon gar nicht als das Ergebnis methodisch geläuterten Rechtsdenkens anerkennen; vielmehr würde eine solche Begründung vermutlich von nicht wenigen als die stillschweigende Einräumung des Gerichts mißverstanden, die durch den Angeklagten „geleugneten" Tatsachen seien tatsächlich nicht wahr, aber das Gericht verurteile ihn gleichwohl zynisch im Interesse der Mächtigen. Aber dieses einfache Gedankenexperiment zeigt schon, daß das an Kelsen geschulte Rechtsdenken aufgrund seiner Radikalität und Konsequenz innerhalb der juristischen Fakuläten einen gewissen intellektuellen Glanz verströmen mag, für die Bewältigung der Praxis aber ungeeignet ist; denn das allgemeine Rechtsgefühl ist sich des Aufeinanderverwiesenseins von Recht und Wirklichkeit im Ergebnis ganz zutreffend (wiewohl vielleicht theoretisch oft anspruchslos) bewußt.

4. Vom Notstand als etabliertem Institut des Öffentlichen Rechts zum nur durch dogmatische Manipulation erkauften Normativismus

Das klassische Öffentliche Recht hat sich die Kollision von Recht und Wirklichkeit ursprünglich viel einfacher gemacht als etwa das Zivilrecht und musste insofern auch nicht eine voraussetzungsreiche Methodik von Analogie und Rechtsgedanke entwickeln. Denn nicht nur war der Vorbehalt des Gesetzes schon von sich aus auf Ausnahmefälle, nämlich Beeinträchtigungen von Freiheit und Eigentum nur im Sinne des klassischen Eingriffsbegriffes, beschränkt, was seinerseits durch weitere Rechtslehren wie etwa die vom Sonderrechtsverhältnis weiter eingeschränkt wurde; sondern weiterhin waren Ausnahme- oder auch Belagerungszustand allgemein anerkannte und als unabdingbar vorausgesetzte Institute des Öffentlichen Rechts, die selbstverständlich zum Einsatz kommen konnten, wenn das Öffentliche Recht des Friedens- und Nichtkatastrophenfalles auf die Wirklichkeit nicht mehr passte. Noch die Weimarer Reichsverfassung dekretierte:

„Der Reichspräsident kann, wenn [...] die öffentliche Sicherheit und Ordnung erheblich gestört oder gefährdet wird, die zur Wiederherstellung der öffentlichen Sicherheit und Ordnung nötigen Maßnahmen treffen, erforderlichenfalls mit Hilfe der bewaffneten Macht einschreiten."[54]; dies wurde dahingehend interpretiert, daß der Reichspräsident auch zum Erlass von Notverordnungen berechtigt sein solle. Endlich lag es darüber hinaus auch in der Logik des staatsrechtlichen Positivismus, eine öffentlich-rechtlich nicht geregelte Situation eben „der Politik" zu überlassen, eben: „das Staatsrecht hört hier auf". Dogmatisch gewendet läuft dies ganz einfach darauf hinaus, das Schweigen der Verfassung nicht oder jedenfalls nicht zwingend als Handlungsverbot zu interpretieren.

In Rechtsprechung und Rechtslehre der neueren Zeit hat sich – etwa seit den 1960er Jahren – im Zeichen verstärkter Orientierung an Grundrechten und Rechtssaatlichkeit – indessen allmählich ein normativistischer Geist ausgebreitet, der das Schweigen der Verfassung ohne weitere Berücksichtigung der im übrigen von der Verfassung *positiv* ausgestellten und daher auch zu verteidigenden Grundwerte als *Handlungsverbot* begreift und daher den Notstand oder auch „Ausnahmezustand" nicht denken will.[55] Gleichwohl gibt es auch in der Bundesrepublik notstandsartige Lagen. Hierunter sind nämlich mitnichten nur bürgerkriegsartige Situationen oder auch die Bedrohung durch mörderische Terroristen zu verstehen (die es freilich auch gab). Unter einer notstandsartigen Lage ist im Öffentlichen Recht zunächst ganz undramatisch eine Lage zu verstehen, bei der einerseits eine staatliche Handlungspflicht besteht, weil ein Nichthandeln Leib, Leben und Freiheit von Menschen sehenden Auges preisgeben würde, andererseits aber keine einfach-gesetzliche Ermächtigung für die mit dem erforderlichen Handeln verbundenen Grundrechtseingriffe auffindbar ist, also die – im Bürgerlichen Recht ganz alltägliche – Situation des Normmangels. Der positivistische Normativist interpretiert die Abwesenheit von Ermächtigungsnormen vor dem Hintergrund des Vorbehalts des Gesetzes als Handlungsverbot. Dies kann aber jedenfalls dann nicht richtig sein, wenn durch das staatliche Nichthandeln Leib, Leben und Freiheit von Grundrechtsträgern sehenden

---

[54] Art. 48 II WRV.
[55] Kritisch *Böckenförde*, NJW 1978, 1881 ff.

Auges aufgeopfert werden, die bei gesetzesfreiem Rettungshandeln leicht hätten gerettet werden können.

Beispiele von notstandsartigen Situationen (manche wurden bereits erwähnt), also der Koinzidenz von staatlicher Handlungs- oder jedenfalls Verhaltenspflicht[56] und Ermächtigungsnormmangel, sind etwa unter dem Grundgesetz – ohne Anspruch auf Vollständigkeit:

- Hamburger Sturmflut 1962: um zehntausende Menschenleben in einer Februarnacht zu retten, unterstellt der Hamburger Polizeisenator Schmidt sämtliche erreichbare Bundeswehreinheiten sowie zusätzlich Nato-Truppen aus den Niederlanden seinem Kommando; bei der Rettungsaktion sterben fünf Helfer aus Polizei und Bundeswehr. Das Grundgesetz sieht (bis 1968) einen Einsatz der Bundeswehr im Innern nicht vor, diese darf ausschließlich zur Landesverteidigung gegen einen Angriff eingesetzt werden.

- Als der BdI-Präsident Schleyer im September 1977 entführt wird, glauben die Behörden nicht fernliegend, die in Stammheim inhaftierten Terroristen, die v.a. über ihre Anwälte rege Kontakte in die Sympathisantenszene unterhalten, könnten Näheres über die Entführung und den Aufenthaltsort Schleyers wissen. Daher werden die Zellen zeitweise abgehört. Eine Ermächtigungsnorm dafür gibt es nicht; in einem seitens des Baden-Württembergischen Innenministeriums gefertigten Rechtsgutachten wird der Rechtsgedanke aus § 32 StGB als Ermächtigungsnorm für einen staatlichen Grundrechtseingriff genannt. (Dies ist freilich nach heute allgemein anerkannter Grundrechtsdogmatik so abseitig, dass man besser gleich gesagt hätte, man macht es ohne Rechtsgrundlage bzw. *verfassungsunmittelbar*).

- Als der Bundesgesundheitsminister Hinweise darauf erhält, gewisse Weine aus Österreich seien mit Diethylenglykol vergiftet, und nicht pflichtwidrig davon ausgeht, dies impliziere schwere Gefahren für Leben und Gesundheit zahlreicher Konsumenten, warnt er in den Medien vor der Gefahr. Er ist weder für die Lebensmittelsicherheit zuständig, noch besteht eine Er-

---

[56] Im bundesverfassungsgerichtlichen Fall „Schleyer" (BVerfGE 46, 160 ff.) ging es gerade um die verfassungsrechtliche Rechtfertigung staatlichen *Unterlassens* einer möglichen Rettung Schleyers durch Freilassung mehrerer gefangener Terroristen; aber jedenfalls musste der Staat sich zu der Forderung irgendwie verhalten.

mächtigungsnorm für Eingriffe in die Berufsfreiheit der Hersteller der Weine.[57]

- Der Polizeivizepräsident von Frankfurt a.M. glaubt nicht pflichtwidrig, ein zweifellos überführter Kindesentführer, der den Aufenthaltsort des Kindes nicht bekannt geben will, spiele bewusst auf Zeit; das Kind lebe noch, werde aber jeden Augenblick verdursten oder erfrieren, und der Täter wolle erst den Tod des einzigen Tatzeugen abwarten, um sodann zu behaupten, bei der Entführung lediglich eine untergeordnete Rolle gespielt zu haben. Anders kann er sich das Schweigen des eigentlich überführten Kindesentführers nicht erklären. Zur Rettung des Kindes aus höchster Lebensgefahr lässt er dem Täter körperliche Misshandlung androhen.[58]

Für die Zwecke dieser Untersuchung ist der unspektakulärste der hier behandelten Fälle, nämlich „Diethylenglykol", am interessantesten, nämlich, weil er juristisch so gut aufbereitet worden ist; die Weinhersteller hatten durch alle verwaltungsgerichtlichen Instanzen geklagt und anschließend die Verfassungsbeschwerde erhoben. Die Gerichte gaben dem Minister im Ergebnis Recht – das gegenteilige Ergebnis wäre, ähnlich wie auch schon in der Helmut-Schmidt-Konstellation, darauf hinausgelaufen, der Minister habe *zu Unrecht* versucht, Leben zu retten, habe die Lebensrettung also besser unterlassen sollen – konnten sich dabei aber kaum auf das geltende Recht berufen. Um aber die aus normativistischer bzw. positivistischer Sichte etwas haarsträubende Aussage zu vermeiden, das geltende Recht habe zu der Gefahrsituation nicht gepasst, also lasse man es beiseite – Flume goes Gefahrenabwehrrecht –, haben die Gerichte dem geltenden Recht eine Rechtfertigung des Ministers zu entlehnen gesucht. Dazu musste dieses jedoch entgegen jeder bislang anerkannten Regel („unbeschränkt") ausgelegt werden: Reim' dich, oder ich leim' dich, lautet ein Satz von der Schwäbischen Dichterstraße.

- Das BVerwG[59] unterstellt zunächst eine Aufgabenkompetenz des Bundesgesundheitsministers auch für die Lebensmittelüberwachung aus einer allgemeinen Staatsleitungsfunktion der Bundesregierung heraus, die auch die Aufgabe der Produktwarnung umfasse. Dann folgte als eigentlicher Kern der Entscheidung[60] der Schluss von der Aufgabe auf die Befugnis: wenn der Minister die Aufgabe nun einmal habe (bis eben ahnte man noch nicht

---

[57] BVerfGE 105, 252 ff.
[58] LG Frankfurt a.M., NJW 2005, 692 ff.
[59] DVBl. 1991, 695 ff.
[60] Kritisch *Schoch*, DVBl. 1991, 667 ff.

einmal dies), dann sei er freilich auch zu mit der Aufgabenerfüllung verbundenen Grundrechtseingriffen befugt, sonst könne er sie ja nicht erfüllen.

- Das BVerfG schuf auf die Verfassungsbeschwerde der Weinhersteller hin eine neue Theorie der Berufsfreiheit, die jedoch auf den Einzelfall bezogen geblieben ist: staatliche Produktwarnungen seien für einen funktionierenden Markt unumgänglich (als sei es dem Minister um Wirtschaftspolitik oder allgemeine Verbraucherberatung gegangen; es ging aber darum, einer dringenden Gefahr schnellstens zu begegnen). Und jede Maßnahme, die zur Aufrechterhaltung funktionierender Verbrauchermärkte angezeigt sei, falle von vornherein nicht in den Schutzbereich der Berufsfreiheit.[61]

Wegen ihrer jeweils nur auf ein bestimmtes Ergebnis ausgerichteten, regelwidrigen dogmatischen Neuschöpfungen (die über den Einzelfall hinaus nicht wirksam geworden sind, was wiederum bestätigt, dass es sich offenbar um einen Ausnahmefall, eben eine notstandsartige Konstellation gehandelt hat), sind beide Entscheidungen auf die wohl einhellige, teils empörte Kritik des Schrifttums gestoßen. Diese wiederum – obwohl ihr grundrechtsdogmatisch gar nicht widersprochen werden kann – krankte daran, daß die Autoren zwar die zahlreichen Fehler der Entscheidungen schonungslos offenlegten, dem Leser aber nicht verrieten, wie die Gerichte denn stattdessen hätten entscheiden und begründen sollen. Hätten sie denn sagen sollen, die Lebensrettung hätte unterbleiben müssen?

IV. Die rechtstheoretische Gegenthese: der normativistische Positivismus Kelsens

Das Postulat, das Recht sei ein auf die positiven Gesetze und Entscheidungen nicht in allen Fällen reduzierbares, auf die staatliche Gemeinschaft bezogenes dynamisches Regelungssystem zum Zwecke des Gemeinwohlschutzes und der Arbeit an der Gerechtigkeit, in dessen Rahmen der Rechtsanwender – stets mit intersubjektiv vermittelbarem, argumentativem Bezug auf Rechts- und Verfassungsnormen gerade auch in deren systematischem Zusammenhang – die Wirklichkeit *auch dann* bewältigen können soll, wenn sie situativ über die unmittelbaren Vorkehrungen der geschriebenen Rechtsordnung scheinbar hinausgreift – kollidiert mit methodischen Postulaten, die sich in der jüngeren Zeit im Öffentlichen Recht steigender Beliebtheit erfreuen: dem normativistischen Positivismus im Banne der „Reinen Rechtslehre" Kelsens.

---

[61] BVerfGE 105, 252 ff.; Kritisch *Kahl*, Der Staat 43 (2004), 167 (173 ff., 194 mit Fn. 161).

Kelsen geht von dem auf Hume und Kant zurückgehenden Postulat des Verbots des naturalistischen Fehlschlusses, also des Schlusses von einem Sein auf ein Sollen aus, den er selbst nicht weiter begründet, sondern letztlich als Denkkategorie oder auch Seinskategorie voraussetzt.[62] Damit, also mit der formalistischen Prämisse, muss das Recht mit der Wirklichkeit *nichts* zu tun haben. Das Recht soll, wenn man es rational betrachtet, ganz und gar positiv sein und kann daher richtigerweise nicht mit Erkenntnissen, die außerhalb seiner selbst liegen, mit Inhalten gefüllt werden.[63] Denn die Ergebnisse solcher „Rechtserkenntnis" sind nach Kelsen eben nicht der Erkenntnis, sondern nur des (rechtspolitischen) Bekenntnisses fähig, und zu solchen Bekenntnissen ist der Rechtsanwender nicht berufen; denn er soll nur die Norm anwenden, nicht aber seine eigenen rechtspolitischen Wünsche an die Stelle derer des Normgebers setzen. Ursprünglich hatte Kelsen die Aufgabe des Rechtsanwenders immerhin noch darin erblickt, den durch die Norm eröffneten Spielraum zu ermitteln, also den Rahmen[64] abzustecken, den die Norm für mögliche Interpretationsergebnisse eröffnet. Mathematisch gesprochen, sollte der Normanwender also die Lösungsmenge einer Gleichung angeben, nachdem sich gezeigt hat, dass die Gleichung keine eindeutige, „richtige" Lösung hat (da diese „Richtigkeit" ja Bekenntnis, nicht Erkenntnis wäre). Aber dies hat ihn – angesichts der im normativistischen Positivismus von vornherein angelegten Rigidität und Radikalität, die ihrerseits in der strengen, von keiner Dialektik relativierten Trennung von Sein und Sollen beruht – am Ende selber nicht mehr überzeugt. Denn wenn schon über den Inhalt eines Rahmens keine richtigen, sondern allenfalls mögliche Aussagen getroffen werden können, dann doch wohl auch nicht über dessen Ränder[65], wenn die „richtige" Auslegung einer Norm nur des (unwissenschaftlichen) Bekenntnisses fähig ist, so muss dies konsequenterweise auch hinsichtlich von Aussagen

---

[62] Freilich ist Kant zuzugeben, dass man von der Existenz einer Regel, die gesellschaftlich faktisch befolgt oder auch mit Zwang durchgesetzt wird, nicht schließen kann, dass dies zu Recht geschehe. Umgekehrt gilt aber auch, dass fast allen Regeln eine gewisse Rationalität zugrunde liegt und etwas allgemein als vollkommen unvernünftig angesehenes sich schwerlich auf Dauer behaupten kann: „auf Bajonetten kann man nicht sitzen" (Talleyrand). Was wirklich ist, ist also meistens nicht vollkommen unvernünftig; Hegels Satz, nachdem das Wirkliche (schlechthin) vernünftig sei, klingt in modernen Ohren radikal, man muss aber bedenken, dass Hegel unter dem „Wirklichen" nicht alles Daseiende verstand, sondern mit seiner eigenen philosophischen Sprache nannte Hegel nur dasjenige „wirklich", was auf der Höhe der Zeit war und die jeweils gegenwärtige Entwicklungsstufe des objektiven Geistes widerspiegelte. Man müsste also übersetzen: vernünftig ist, was dem jeweils letzten Stand in Wissenschaft, Politik und Rechtsprechung entspricht! Dies ist freilich sehr fortschrittsoptimistisch gedacht.
[63] Vergl. Zum Ganzen schon *Vosgerau*, in: Depenheuer/Dogan/Can (Hrsg.), Der Schutz staatlicher Ehre und religiöser Gefühle und die Unabhängigkeit der Justiz (2008), S. 51 (52 ff.).
[64] Vergl. *Kelsen*, Reine Rechtslehre, 2. Aufl. 1960, S. 348 f.
[65] *Johann Braun*, Einführung in die Rechtsphilosophie: der Gedanke des Rechts (2006), S. 246 Fn. 251.

darüber gelten, welchen Interpretationsrahmen die Norm eröffnet (bzw. wann genau dieser überschritten wäre). Daher hat Kelsen seinen normativistischen Positivismus später – aufgrund seiner eigenen Prämissen eigentlich ganz folgerichtig – in einen radikalen Voluntarismus[66] umgedeutet.[67] Mangels einer „richtigen" Auslegung reduzieren sich interpretatorische Aussagen auf die Feststellung, ob es eine Norm, die die fragliche Feststellung konstituiert, gibt oder nicht.[68] Da aber für Kelsen jede Norm einen (gedachten) Willensakt des Normgebers voraussetzt, ist ihr Inhalt insofern nur noch durch den Willen des *historischen* Gesetzgebers bestimmbar; nur das rechtspolitische Bekenntnis des Gesetzgebers ist das „richtige".[69] Hier beißt sich aber übrigens auch die positivistische Katze in den Schwanz: denn ursprünglich war ja Kelsen von Kants Verbot des naturalistischen Fehlschlusses ausgegangen, d.h. aus einem Sein sollte kein Sollen folgen. D.h., die Wirklichkeit außerhalb der Norm sollte keine Rückschlüsse auf deren Inhalt oder dessen richtige Bestimmung zulassen. Hat man den Rechtsformalismus über den Rechtspositivismus bis zum Rechtsvoluntarismus durchdekliniert, kommt es aber, recht besehen, nur noch auf ein Sein, auf die Wirklichkeit an: nämlich die historisch zu ermittelnde Tatsache des Willens des Gesetzgebers. Das wirft die Frage auf, wo nun eigentlich das Recht geblieben ist. So sehr Kelsen dessen Eigenständigkeit und kategoriale Unterschiedenheit von der seinsmäßigen Wirklichkeit im Sinne des Rechtsformalismus betont, so ist es – nachdem man den Rechtsformalismus auch auf die unvermeidliche *Auslegung* von Normen bezogen und deren Ergebnissen damit denknotwendig jede innere Legitimation geraubt hat und man somit beim Rechtsvoluntarismus angekommen ist – auf einmal verschwunden und es geht wieder nur um Tatsachen. Die Tatsache, dass der Gesetzgeber etwas Bestimmtes will. Aber aus dem Sein soll doch kein Sollen folgen?

Das wesentliche Problem des positivistischen Normativismus ist nämlich bereits Kelsens Prämisse, man müsse das Recht selbstständig machen, indem man es von allen fremden, etwa moralischen Argumenten reinige und zu einer rein for-

---

[66] Diese spätere Entwicklung kündigte sich früh in seiner Aussage an, jeder Norm, die ja gelegentlich auch als „Rechtsbefehl" bezeichnet wird, liege ursprünglich ein Willensakt (der des Normgebers) zugrunde. Aber dem natürlichen Rechtsgefühl widerspricht dies: wenn es wirklich einen wollenden Normgeber gäbe (eine diktatorische Einzelperson), so wären ihre Befehle niemals „Recht"; um Recht zu sein, müssen zahlreiche Personen an der Normgebung beteiligt sein (so dass schon insofern nicht von einem bestimmbaren „Willen" z.B. aller Bundestagsabgeordneter gesprochen werden könnte), die aber überdies ohnehin auch nicht als Einzelpersonen etwas „wollen", sondern ihre gesetzgeberische Tätigkeit allein dadurch legitimieren, dass sie das ganze Volk repräsentieren.
[67] Vergl. *Kelsen*, Allgemeine Theorie der Normen (1979), S. 2, 179 ff., 186 f.
[68] Vergl. *Kelsen*, Reine Rechtslehre, 1. Aufl. 1934, S. 100.
[69] Vergl. *Kelsen*, Reine Rechtslehre, 2. Aufl. 1960, S. 4 ff., 7 f., 9 ff.; *ders.*, Allgemeine Theorie der Normen (1979), S. 10, 21 ff., 82, 136, 186 f., 202.

malen Struktur ohne inhaltliche Vorgaben erkläre; erst hierdurch sei das Recht rational zu denken. Zwar ist es richtig, daß das Recht schon vom technischen Ansatz her – also aus Sicht des Rechtsanwenders – einerseits von der Moral, andererseits von reinem Zwang und faktischer Machtausübung unterschieden werden muss (Kelsen freilich unterscheidet nur Recht und Moral und setzt die Rechtswirkung im übrigen, im Sinne der Imperativentheorie, mit Zwangswirkung in eins). Aber an der einerseits technischen, andererseits auch ethisch grundierten Aufforderung an den Rechtsanwender, sich in rechtlichen Urteilen an das Gesetz zu halten, statt herumzumoralisieren, und weiterhin nicht Macht für Recht zu nehmen, erschöpft sich nicht das Wesen des Rechts aus Sicht des Rechtswissenschaftlers. Vielmehr zeigt sich hier ein gewissermaßen „unwissenschaftlicher" Kurzschluss des Kelsenschen Rechtsdenkens: nämlich von den technischen und ethischen Regeln über die Methode der Erkenntnis eines Gegenstandes auf die Natur dieses Gegenstandes selber zu schließen.

Wenn man auf die Frage antworten sollte, was das Recht eigentlich ist, ohne sich aber auf technische oder auch ethische Regeln für den Rechtsanwender beschränken zu wollen, dann gilt: Recht ist eigentlich die Oberfläche das historisch-kontingenten Kultursystems. Man stelle sich einen Körper vor, dessen Inneres aus verschiedenen, sich durcheinanderwälzenden Komponenten oder „Systemen" besteht: Wirtschaft, Politik, Medien usw. mitsamt ihren geschichtlichen, psychologischen, sozialen Hintergründen, also in etwa das, was Luhmann „die Gesellschaft der Gesellschaft" nennt: die *Oberfläche* dieses Körpers wäre das Rechtssystem, das *jeden* Lebenssachverhalt berührt und umspannt, aber keinen ausschöpft.[70] Kelsen und seine Anhänger behaupten nun, die Oberfläche einer Kugel oder eines Würfels lasse sich erst dann rational denken, wenn man sich zunächst einmal den dreidimensionalen Körper wegdenkt, denn wenn nach einer zweidimensionalen Oberfläche gefragt werde, solle man Erwägungen zur Dreidimensionalität beiseitelassen: das ist die Reine Oberflächenlehre. Aber dies stimmt nicht: denkt man sich nämlich den Körper weg, so lässt sich auch dessen Oberfläche nicht mehr denken. Die Oberfläche eines Würfels kann man sich theoretisch auch zweidimensional nach Art eines Scherenschnittes denken, den man etwa aus Papier ausschneiden und zu einem Würfel zusammenfalten könnte (auch wenn dies freilich nur dann möglich ist, wenn man die plastische Vorstellung eines Würfels bereits hat!). Die Oberfläche einer Kugel ist hingegen nur theoretisch zweidimensional; wollte man sie praktisch (sei es auch nur in der konkreten Vorstellung) „abschälen", so kehrt diese Vorstellung nicht in die Zweidimensionalität zurück; die Oberfläche einer Kugel lässt sich nicht in der

---

[70] Vergl. Bereits *Häberle*, Verfassungslehre als Kulturwissenschaft (1982), S. 9: der Gesetzestext „indiziere" die [wohl: sozio-kulturelle] Wirklichkeit „oberflächlich".

Ebene ausbreiten.[71] Die Reine Rechtslehre ist nichts anderes als der Versuch, die gekrümmte Oberfläche einer Kugel zweidimensional in der Ebene ausbreiten zu wollen. Dies funktioniert aber nicht. Das Recht ist ein kollektives Kulturphänomen und als solches denknotwendig kategorial übergreifend, d.h. das Wesen des Rechts ist teils Zwang, teils Rhetorik, teils Politik, teils Psychologie, teils Moral, seine Anwendung ist teils Technik, teils Kunst, teils Gewalt und manchmal Betrug. Es erfasst jeden Lebenssachverhalt und schöpft keinen annähernd aus; nichts in der Welt ist weniger „rein" als gerade das Recht.[72]

---

[71] Das konstruktive *Annäherungsverfahren* dürfte darin bestehen, die Oberfläche der Kugel von Pol zu Pol in Streifen zu schneiden und diese dann nach Art einer Blüte zu öffnen und auszubreiten. Um wirkliche Zweidimensionalität zu erreichen, müssten die Streifen jedoch *unendlich dünn* sein.
[72] In der Tat postuliert Kelsen kein „reines Recht", sondern eben nur eine „reine Rechtslehre", es soll also eher die theoretische Befassung purifiziert werden als der Gegenstand selbst. Aber dies läuft eben darauf hinaus, räumliche Körper zweidimensional erfassen zu wollen.

Die sogenannte Begriffsjurisprudenz im 19. Jahrhundert – „reines" Recht?[*]

Hans-Peter Haferkamp, Köln

Denkt man an die Rechtswissenschaft des 19. Jahrhunderts, so denkt man an die Begriffsjurisprudenz. Die Begriffsjurisprudenz führte – da ist man sich seit langem einig – zu einer „Entfremdung zwischen Recht und Gesellschaft, zwischen Recht und Realität"[1], zu einer Abschneidung „der gesellschaftlichen, politischen und moralischen Wirklichkeit des Rechts"[2] bzw. der „Lebenswirklichkeit"[3], Begriffsjurisprudenz sei also ganz frei von „außerjuristischen Wertungen"[4]. Anscheinend also ganz „reines" Recht.

Die scheinbare Evidenz dieser Bilder verdeckt schwierige Fragen. Genauer betrachtet handelt es sich bei „Begriffsjurisprudenz" – wie auch bei „reinem Recht" (sieht man von einer Engführung dieses Begriffs auf Kelsens Reine Rechtslehre ab) – um gleichermaßen unklare Phänomene. Unter „Begriffsjurisprudenz"[5] werden sehr unterschiedliche Bilder subsumiert. Manche meinen damit schlicht weltfremde Liebe zu begrifflicher Konstruktion, andere beklagen nur „formale" Logik, also methodische Defizite, Dritte betonen Gerechtigkeitsdefizite. Manche beschreiben diese kritisierte Methode als Deduktion, andere als Induktion. Die einen identifizieren Begriffsjurisprudenz mit Gesetzespositivismus, die anderen mit rechtswissenschaftlichem Positivismus. Einflüsse und Vorbilder findet man teilweise im rationalen Vernunftrecht Christian Wolffs,

---
[*] Die Vortragsform wurde beibehalten.
[1] *Bernd Rüthers*, Rechtstheorie, 2. Aufl. München 2005, Rn. 462.
[2] *Adolf Laufs*, Rechtsentwicklungen in Deutschland, 4. Aufl. Berlin 1991, S. 193.
[3] *Hans Schlosser*, Grundzüge der Neueren Privatrechtsgeschichte, 10. Aufl. Heidelberg 2005, S. 154.
[4] *Rudolf Hoke*, Rechtsgeschichte, Wien 1992, S. 455.
[5] Eine Geschichte des Bildes einer „Begriffsjurisprudenz" ist noch nicht geschrieben. Die älteren Überblicke konstruieren zumeist ein einheitliches Bild, das sich historisch schnell als stark gestuft und uneinheitlich erweist, vgl. etwa *Werner Krawietz*, Art. Begriffsjurisprudenz in: HWPh 1, Darmstadt 1971, Sp. 809 ff. Eine teilweise Historisierung findet sich in: *Hans-Peter Haferkamp*, Georg Friedrich Puchta und die „Begriffsjurisprudenz", Frankfurt a. M. 2004, S. 26-101 (zu Puchtabildern), *Ulrich Falk*, Ein Gelehrter wie Windscheid, 2. Aufl. Frankfurt a. M. 1999, S. 4 f. (zu Windscheidbildern); einen Kurzüberblick habe ich versucht in: Art. Jurisprudence of concepts, in: Stanley Katz (ed.), The Oxford Encyclopedia of Legal History, Vol. 3, New York 2009, S. 432.

teilweise bei Kant, teilweise in der Mathematik, teilweise im sog. Naturalismus nach 1850[6]. Positivismus, Vernunftrecht, Naturalismus: Man hangelt sich schnell von einem unscharfen Ordnungsbegriff zum nächsten[7].

Kennzeichnend für die Bezeichnung „Begriffsjurisprudenz" ist denn auch weniger ein klares wissenschaftstheoretisches oder rechtspolitisches Profil, als die emotionale Reaktion, die dieser Terminus bewirkt. Begriffsjurisprudenz war und ist stets pejorativ gemeint und zwar seit 1884, als dieser Terminus erstmals auftauchte[8]. Niemand bekannte sich jemals zur Begriffsjurisprudenz. Man ist sich immer einig, „daß es sich hier um etwas Böses und Verwerfliches handelt"[9]. Begriffsjurisprudenz hat viele Feinde. 1997 konstatierte eine Durchsicht zentraler methodischer Konzeptionen im 20. Jahrhundert Einigkeit „lediglich darüber, was abzulehnen ist: die ... Begriffsjurisprudenz'"[10]. Begriffsjurisprudenz dient in diesem Sinne als Folie, von der sich viele Methodenkonzeptionen absetzen. Je nach gewünschtem Feindbild verändert sie ihre Konzeption. Monika Frommel bescheinigte dem Terminus „Begriffsjurisprudenz" daher zutreffend „hohen emotionalen Gehalt bei minimalem Aussagewert"[11].

Eine gewisse Orientierung gibt die verbreitete historische Verortung der Begriffsjurisprudenz. Es begann, so die üblichen Erzählungen[12], mit der Historischen Rechtsschule, ging auf die Pandektistik über und prägte von hier aus auch das Öffentliche Recht. Savigny war noch kein reiner Begriffsjurist, Puchta war

---

[6] Vertiefend und auch zur didaktischen Funktion dieser Bilder in der Historiographie bis heute mein Beitrag: Positivismen als Ordnungsbegriffe einer Privatrechtsgeschichte des 19. Jahrhunderts, erscheint in: Okko Behrends und Eva Schumann (Hgg.), Franz Wieacker - Historiker des modernen Privatrechts. Symposion zu Ehren des 100. Geburtstags von Franz Wieacker.
[7] Überblick über das begriffliche Elend im Bereich Naturrecht und Positivismus bei *Marietta Auer*, Normativer Positivismus – Positivistisches Naturrecht – Zur Bedeutung von Rechtspositivismus und Naturrecht jenseits von Rechtsbegriff und Rechtsethik, in: Andreas Heldrich u.a. (Hgg.), Festschrift für Claus-Wilhelm Canaris zum 70. Geburtstag, München 2007, S. 933 ff.
[8] Erstmals *Rudolf von Jhering*, Scherz und Ernst in der Jurisprudenz, Leipzig 1884, S. 337; vertiefend *Haferkamp*, Puchta (Fn. 5), S. 26 ff.
[9] *Eugen Bucher*, Was ist Begriffsjurisprudenz?, in: Zeitschrift des Bernischen Juristenvereins 02, 1966, S. 358 ff.; *Johann Edelmann*, Die Entwicklung der Interessenjurisprudenz. Eine historisch-kritische Studie über die deutsche Rechtsmethodologie vom 18. Jahrhundert bis zur Gegenwart, Bad Homburg v. d. Höhe 1967, S. 27 attestiert einen „'Gefühlswert' mit negativem Stimmungsgehalt".
[10] *Frank Laudenklos*, Rohls und Wolf, in: Joachim Rückert (Hg.), Fälle und Fallen in der neueren Methodik des Zivilrechts seit Savigny, Baden-Baden 1997, S. 315.
[11] *Monika Frommel*, Die Rezeption der Hermeneutik bei Karl Larenz und Josef Esser, Ebelsbach 1981, S. 184; vgl. auch Joachim Rückert, Handelsrechtsbildung und Modernisierung des Handelsrechts durch Wissenschaft zwischen ca. 1800 und 1900, Heidelberg 1993, S. 22: „ziemlich nebelhafte Vorstellung einer theorieversessenen Begriffsjurisprudenz".
[12] Ausgehend von: *Walter Wilhelm*, Zur Juristischen Methodenlehre im 19. Jahrhundert, 2. Aufl. Frankfurt a. M. 2003.

der erste wirkliche, Windscheid der praktisch bedeutsamste, Jhering, zunächst ebenfalls Begriffsjurist, hatte dann ein „Damaskus"-Erlebnis und wurde später ein Bekehrter, Gerber etablierte die Methode im Öffentlichen Recht und Laband vollendete diese Spielart[13]. Puchta, Windscheid, Gerber und Laband gelten als wissenschaftstheoretisch naiv, weltfremd und ungerecht. Kelsen wird schon mit dem Neukantianismus und der Wiener Schule in Verbindung gebracht, gilt wissenschaftstheoretisch als neu fundiert und ernstzunehmender, steht also für einen anderen Weg.

Nachfolgend werde ich nur über einen Teil dieser Geschichte sprechen, über den privatrechtlichen Flügel, also die Zeit der Pandektenwissenschaft zwischen etwa 1830 und 1871. Diese Beschränkung folgt aus einer schlichten Überlegung. Wie „reines" Recht aussieht und welche auch rechtspolitische Dimension damit verbunden ist, lässt sich nicht sinnvoll für Recht an sich diskutieren. Es liegt auf der Hand, dass die Eigenstruktur des Stoffs über die Art seiner „Reinheit" mitbestimmt[14]. Entscheidend für das Verfahren der Pandektenwissenschaft war die Tatsache, dass sie mit Ius Commune arbeitete, kaum mit Richterrecht[15], kaum mit Gewohnheitsrecht[16]. Reinigungs- und Reinhaltungsstrategien reagieren auf

---

[13] Grundlegend für dieses Bild wurde die in ihren Linien zweifelhafte Arbeit von *Walter Wilhelm*, Zur juristischen Methodenlehre im 19. Jahrhundert. Die Herkunft der Methode Paul Labands aus der Privatrechtswissenschaft, Masch. Diss. Frankfurt a. M. 1955, Druck: Frankfurt a. M. 1958; zu Jhering liegt nun eine gute Deutung vor von *Joachim Rückert*, Der Geist des Rechts in Jherings „Geist" und Jherings „Zweck", Teil 1, in: Rg, 5, 2004, S. 133 ff., Teil 2 in Rg 6, 2005, S. 122 ff.

[14] Man kann also nicht einfach von der Methode auf den Inhalt und umgekehrt schließen, klärend *Maximilian Herberger*, Zum Methodenproblem der Methodengeschichte: Einige Grundsatzreflexionen, in: Jan Schröder (Hg.), Entwicklung der Methodenlehre in Rechtswissenschaft und Philosophie vom 16. bis zum 18. Jahrhundert, Stuttgart 1996, S. 207 ff.

[15] Dies liegt vor allem daran, dass bis in die 1830er Jahre kaum verwendbare Urteilssammlungen vorlagen. Eine der ersten Sammlungen: Oberhofgericht Mannheim: Jahrbücher des Großherzoglichen Badischen Ober- Hofgerichts zu Mannheim, I-VII. Gesammelt mit Genehmigung des Großherzoglichen obersten Justizdepartements herausgegeben vom Staatsrath von Hohnhorst, Kanzler des Oberhofgerichts, Mannheim 1824-1832; Oberappellationsgericht Wiesbaden: Sammlung der merkwürdigeren Entscheidungen des Herzöglich Nassauischen Oberappellations-Gerichts zu Wiesbaden. Herausgegeben von Wilhelm von der Nahmer (Advokat und Procurator bei dem Herzöglichen Oberappellations-Gerichte, so wie bei dem Herzöglichen Hof- und Appellations-Gerichte in Wiesbaden), I-II, Frankfurt am Main, 1824-1825; Oberappellationsgericht Lübeck: Juristische Abhandlungen mit Entscheidungen des Oberappellationsgerichts der vier freien Städte Deutschlands. Von A. Heise (Präsidenten) und F. Cropp (Rath bei dem Oberappellationsgerichte) I-II, Hamburg 1827-1830; Obertribunal in Berlin: Entscheidungen des Königlich Geheimen Ober-Tribunals, herausgegeben im amtlichen Auftrage von August Heinrich Simon (geheimer Ober-Justiz- und Revisions-Rathe), und Heinrich Leopold von Strampff (Kammergerichts-Rathe), (später durch: Seligo, Ulrich, Rintelen u.a.), I-LXXXIII, Berlin 1837-1879.

[16] Die Vorliebe der historischen Rechtsschule für Gewohnheitsrecht war mit Blick auf das Ius Commune eine Vorliebe für das Juristenrecht, vgl. *Haferkamp*, Puchta (Fn. 5), S. 141 ff.

bestimmte Stoffe, die es entsprechend zu prägen gilt. Zudem ist es auch rechtspolitisch ein entscheidender Unterschied, ob ich Privatrecht oder Verfassungsrecht als „reines" Recht darstelle, also ob ich Willensfreiheit des Privatrechtssubjekts oder Willensfreiheit des Staates zum Ausgangspunkt nehme. Zeitgenossen haben immer mit Blick auf einen konkreten Stoff gedacht. Ich blicke nachfolgend daher auch konkret auf das Ius Commune, also auf die Pandektenwissenschaft, die nach gängigem Verständnis[17] die Historische Rechtsschule miteinbezieht.

Wie lauten meine Fragen an die Pandektenwissenschaft?

Auch der Terminus „reines Recht" ist ja eher emotional formuliert, was im wohl zunächst geplanten Gegenbegriff „schmutziges Recht" noch deutlicher wird. Hier schwingt Ironie mit, wobei zunächst offen bleibt, warum. Man muss sich Eckpunkte der eigenen Perspektive erst herausarbeiten.

Drei verschmutzende Faktoren will ich nachfolgend auf ihren Einfluss auf das Pandektenrecht befragen: „Realität" bzw. Wirklichkeit, Gerechtigkeit und Politik. Es wird mir dabei gehen um Wirklichkeitsbezug, Wertbezug und politische Immunisierung. Zwei Facetten sind für diese Grenzgänge wichtig: Wissenschaftstheorie und politischer Kontext.

Zunächst bedarf es jedoch eines Blicks auf den Stoff, der geformt wurde.

Stoff der Pandektenwissenschaft war das Ius Commune, das Gemeine Recht[18]. Dieses Recht hatte ein paar Eigenschaften, die es für unser heutiges Thema interessant machen. Das Ius Commune bestand im Wesentlichen aus rezipiertem Römischem Recht und, in deutlich geringerem Anteil, aus Kanonischem Recht, also Kirchenrecht. Während das in den Digesten bzw. Pandekten überlieferte antike Römische Recht eigentlich eine Diskussionskultur war, die anhand konkreter Fälle Probleme besprach, veränderte sich diese Struktur des Römischen Rechts durch die Rezeption im Mittelalter fundamental. Die mittelalterlichen Juristen betrachteten die antiken Texte ähnlich der Bibel als ratio scripta, als geschriebene Vernunft. Folge war, dass Widersprüche in den Texten eigentlich nicht vorkommen durften. Für die Römer waren Widersprüche gerade Ausdruck freier Diskussionskultur, für die mittelalterlichen Juristen Verschleierung der

---

[17] Zu den Unterschieden *Hans-Peter Haferkamp*, Art. Pandektenwissenschaft, in: Enzyklopädie der Neuzeit 9, Stuttgart 2009, Sp. 777 ff.
[18] Guter Überblick von *Klaus Luig*, Art. Gemeines Recht, in: HRG 2 (9. Lieferung), Berlin 2. Aufl. 2009, Sp. 60 ff.

dahinter stehenden Wahrheit. Mittels dialektischer und topischer Verfahren abstrahierten die mittelalterlichen Juristen aus den vielen Fällen übergreifende Definitionen und Merksätze. Aus dem antiken Fallrecht wurde ein begriffliches Recht. Folge war, dass das Ius Commune wissenschaftliches Recht wurde und nur von Spezialisten nach mehrjährigem Universitätsstudium beherrschbar war. Die daraus folgende weitgehende fachliche Autonomie des Ius Commune wurde von einer weitgehenden institutionellen Autonomie flankiert. Nach der rezipierten oberitalienischen Rechtsquellenlehre galt das Ius Commune im ganzen Reich subsidiär. Obwohl auch der Kaiser das Ius Commune nicht irgendwie als Gesetz in Kraft setzte, galt es als Reichsrecht, als „Kaiserrecht", und war so der Gestaltung der in der Neuzeit eingriffsfreudigen Territorialherren entzogen. Der Kaiser wiederum, der es hätte ändern können, verzichtete überwiegend auf gesetzgeberische Eingriffe und überließ die Weiterentwicklung der europäisch diskutierenden Rechtswissenschaft und der Rechtsprechung, insbesondere der des Reichskammergerichts. Das Ius Commune war damit kein eigentlich staatliches Recht. Es unterlag keiner geplanten politischen Einflussnahme. Es war ein Recht, das, so Gustav Hugo, „sich selbst macht"[19]. Sein großer Einfluss im Alten Reich resultierte vor allem aus zwei Aspekten. Daraus, dass die weitgehend einheitliche europäische Juristenausbildung in den leges einen europäischen Juristenstand schuf, mit gemeinsamer Fachsprache und Schriftkultur und daraus, dass das verwissenschaftlichte Römische Recht einen Rationalisierungsgrad erreichte, dessen Leistungsfähigkeit in der Problemlösung Zeitgenossen offenbar beeindruckte. Dieses Recht war – ohne, dass irgendwer dies bewusst geplant hätte – weitgehend autonom im Luhmannschen Sinne, d. h. es entwickelte sich nach einem eigenen wissenschaftlichen Code und unabhängig von direkter Fremdsteuerung durch seine Umwelt. Kennzeichnend waren ein hoher Rationalisierungsgrad, eine ausgebildete Fachsprache und ein spezialisierter Rechtsstab.

Dieses bereits wissenschafliche Recht bekam um 1800 nochmals einen Verwissenschaftlichungsschub[20]. Dies lag zunächst an der wissenschaftlichen Revolution, die Kant auslöste. Aus der Jurisprudentia, der Rechtsklugheit, wurde in 20 Jahren fast flächendeckend die Jurisscientia, die Rechtswissenschaft. Hatte man früher die Jurisprudenz im Sinne der antiken ars aequi et boni als Kunst verstanden, das geltende Recht zu kennen und gerecht anzuwenden, so formulierte etwa Gottlieb Hufeland 1797 den neuen Begriff einer Jurisscientia: „Rechtswissenschaft ist „eine in ein zusammenhängendes Ganzes verbundene Summe von Er-

---

[19] *Gustav Hugo*, Die Gesetze sind nicht die einzige Quelle der juristischen Wahrheiten, Civilistisches Magazin IV, Berlin 1815, 89 ff.
[20] Grundlegend zum Folgenden *Jan Schröder*, Wissenschaftstheorie und Lehre der „praktischen Jurisprudenz" auf deutschen Universitäten an der Wende zum 19. Jahrhundert, Frankfurt a. M. 1979.

kenntnissen"[21]. System wurde Signum von Wissenschaftlichkeit. Wer nicht systematisch arbeitete, betrieb nach Kants Methodenlehre keine Wissenschaft, weil er die Anforderungen kausalen Verknüpfens, die die reine Vernunft an das menschliche Denken stellte, nicht erfüllte[22]. Zwar geriet Kant bald vielen aus dem Blick und vor allem Hegel und Schelling, später die Naturwissenschaften, bestimmten die Debatte darüber, wie ein wissenschaftliches System auszusehen habe. Durchgängig blieb aber das Privatrecht des 19. Jahrhunderts darum bemüht, Rechtssysteme herzustellen. Gegenstand dieser Rechtssysteme war dabei durchweg das positive Recht. Kants Erkenntnistheorie verabschiedete jeden Versuch, durch Beobachtung anthropologischer Konstanten ein Idealrecht aufzubauen. Auch Hegelianer suchten das Vernünftige Recht daher im wirklichen, also positiven Recht. Die Privatrechtswissenschaft des 19. Jahrhunderts baute also Systeme des Positiven Rechts, weil dies der zeitgenössischen Wissenschaftstheorie entsprach[23]. Der Anspruch Wissenschaft zu betreiben forderte zur nochmaligen Verdichtung der rationalen Zusammenhänge des Ius Commune auf. Das Recht wurde noch wissenschaftlicher und damit gegenüber Fremdeinflüssen autonomer, wenn man so will, also „reiner".

Nach 1806 geriet die rechtspolitische Dimension dieser Entwicklung immer deutlicher in den Blick[24]. Zwischen dem Untergang des Alten Reiches und der Reichsgründung 1871 fehlte einem nationalen Recht die staatliche Struktur. Mit der Reichkammergerichtsordnung war 1806 das letzte Reichsgesetz weggefallen, das die Anwendung des Ius Commune vor Gericht ausdrücklich vorschrieb. Kritiker des Ius Commune meinten nun, es gelte nur noch territoriales Recht. Spreche sich ein Territorium, wie die meisten, nicht ausdrücklich für das Ius Commune aus, so gelte dieses Recht auch nicht mehr. In diesem Kontext beschwor Savigny 1814 die Vorstellung eines nationalen Rechts ohne Gesetzgeber[25]. Dieses Recht umfasse alles Recht, was national anerkannt sei, allen voran

---

[21] *Gottlieb Hufeland*, Abriß der Wissenschaftskunde und Methodologie der Rechtsgelehrsamkeit, Jena 1797, Einleitung § 2, S. 2.
[22] *Immanuel Kant*, Metaphysische Anfangsgründe der Naturwissenschaften, Königsberg 1786, Vorrede, AA IV f.
[23] Hierzu *Jan Schröder*, Wissenschaftstheorie (Fn. 20), S. 147 ff.
[24] Hierzu näher *Joachim Rückert*, Heidelberg um 1804, oder: die erfolgreiche Modernisierung der Jurisprudenz durch Thibaut, Savigny, Heise, Martin, Zachariä u. a., in: Friedrich Strack, Heidelberg im säkularen Umbruch. Traditionsbewußtsein und Kulturpolitik um 1800, Stuttgart 1987, S. 83 ff.; *Hans-Peter Haferkamp*, Die Bedeutung von Rezeptionsdeutungen für die Rechtsquellenlehre zwischen 1800 und 1850, in: *ders.* und *Tilman Repgen*, Usus modernus pandectarum. Römisches Recht, Deutsches Recht und Naturrecht in der frühen Neuzeit. Klaus Luig zum 70. Geburtstag, Köln 2007, S. 25 ff.
[25] *Friedrich Carl v. Savigny*, Vom Beruf unserer Zeit für Gesetzgebung und Rechtswissenschaft, Heidelberg 1814.

das Ius Commune. Träger dieses Rechts sei nicht der Gesetzgeber, sondern das gemeinsame Bewusstsein des Volkes bzw. der Volksgeist[26], den Savigny als metaphysische Wertegemeinschaft[27] beschrieb, die die Rechtsentwicklung vorantrieb. Träger des nationalen Rechts wurden nun die spezialisierten Repräsentanten dieser Wertegemeinschaft, die autonom agierende Wissenschaft des „heutigen Römischen Rechts" (Gustav Hugo) an den Universitäten und vor Gericht[28].

Politisch war diese Rechtswissenschaft nun deutlicher als im Alten Reich bewusst auf Autonomie bedacht. Das Pandektenrecht sollte insofern „rein" sein, als es direkter politischer Einflussnahme möglichst entzogen war. Gefährlich waren zunächst territoriale Gesetze, die seit 1814 vielerorts geplant und teilweise auch umgesetzt wurden[29]. Es ging aber nicht nur um die Verteidigung der Geltung des Ius Commune, sondern vor allem um die Sicherung des Privatrechts als staatsfreien Freiheitsraum. Diese Aufgabe übernahm der von den Pandektisten verwendete Rechtsbegriff. Recht wurde nicht mit Kant als Möglichkeit des Zwanges, sondern mit Hegel vom individuellen Freiheitsraum her als Möglichkeit des freien Wollens definiert[30]. Mit Willensmacht als Ausgangspunkt setzte das Privatrecht vorstaatlich an. Nicht der Staat weist Willensfreiheit zu, sondern er hat sie nur anzuerkennen. Im Versuch, alle juristischen Begriffe mit diesem obersten Rechtsbegriff zu verkoppeln, sollte das Privatrecht gegen den Staat immunisiert werden. Überscharf wurde getrennt zwischen der Stellung des unterworfenen Staatsbürgers im Öffentlichen Recht und der des freien Pri-

---

[26] Savigny sprach vom Bewusstsein des Volkes. Der Hegel entlehnte Terminus ‚Volksgeist' stammt von Georg Friedrich Puchta, Rez. *Eduard Gans*: Das Erbrecht in weltgeschichtlicher Entwicklung, Teil 1, Berlin 1824, Teil 2, Berlin 1825, in: (Schuncks Erlanger) Jahrbücher der gesammten deutschen juristischen Literatur 1, 1826, S. 14.

[27] Vertiefend zu diesen Denkmustern bei Savigny *Joachim Rückert*, Idealismus, Jurisprudenz und Politik bei Friedrich Carl von Savigny, Ebelsbach 1984, S. 240 ff., 312 ff.

[28] Zu dieser rechtspolitischen Dimension *Joachim Rückert*, Autonomie des Rechts in rechtshistorischer Perspektive, Hannover 1988, S. 77 ff.; *Hans-Peter Haferkamp*, The Science of Private Law and the State in Nineteenth Century Germany, in: Nils Jansen and Ralf Michaels (Hgg.), Beyond the State. Rethinking Private Law, Tübingen 2008, S. 245 ff.

[29] Aufzählung bei *Barbara Dölemeyer*, in: Helmut Coing (Hg.), Handbuch der Quellen und Literatur III 2, München 1982, S. 1409 ff.

[30] Vgl. *Hegel*, Rechtsphilosophie, § 45; zu den philosophischen Zusammenhängen *Michael Quante*, „Die Persönlichkeit des Willens" als Prinzip des abstrakten Rechts, in: Ludwig Siep (Hg.), G. W. F. Hegel, Grundlinien der Philosophie des Rechts, Berlin 1997, S. 73 ff.; *Joachim Ritter*, Person und Eigentum. Zu Hegels Grundlinien der Philosophie des Rechts, 1969, zitiert nach dem Abdruck in: Manfred Riedel (Hg.), Materialien zu Hegels Rechtsphilosophie, Bd. 2, Frankfurt a. M. 1975, S. 109 ff.; zu den Rezeptionswegen *Hans-Peter Haferkamp*, Die Bedeutung der Willensfreiheit für die Historische Rechtsschule, in: Ernst-Joachim Lampe, Michael Pauen und Gerhard Roth (Hgg.), Willensfreiheit und rechtliche Ordnung, Frankfurt a.M. 2008, S. 196 ff.

vatrechtssubjekts im Privatrecht. Puchta machte diese Position in einem Brief an den Staatsdenker Ludwig von Gerlach deutlich, der versuchte, das Privatrecht christlichen Vorgaben zu unterwerfen: „Der Staatsmann hat nicht das Bedürfnis, das Recht von den übrigen Elementen und Seiten des geistigen Lebens zu unterscheiden ... Der Jurist dagegen hat das Interesse, nur von vornherein den Begriff des Rechts streng und rein zu fassen und seine Übergänge in andere Gebiete als Modifikationen jenes Begriffs zu behandeln und damit zugleich in ihre erforderlichen Schranken einzuschließen. Dieses Interesse ist ein theoretisches – von ihrem Standpunkt aus ist ein Rechtssystem unmöglich –, und es ist ein praktisches, das Recht sicherzustellen, gegen die Staatskünstler, mögen sie in der Jakobinermütze oder in der Tiara auftreten."[31] In der Entscheidung, das Privatrecht durch fachwissenschaftliche Immunisierung zu schützen, war zugleich eine Entscheidung gegen die Alternative, die individuelle Freiheit durch Verfassungen zu schützen, enthalten. Nach dem Hannoverschen Verfassungsbruch 1837 und der Entlassung der Göttinger Sieben, schrieb Puchta mit Bezug auf einen der soeben Entlassenen: „ich finde eine Art Nemesis darin, daß sich an Dahlmann seine Constitution rächt, bey der er auch von der Abneigung der neueren Politiker gegen die Juristen und die juristische Behandlung der Sache geleitet worden zu seyn scheint. Nun sieht man, was dabey heraus kommt, wenn man alles auf solche in die Luft gebauten Stände baut; ... Es ist merkwürdig, daß in dem ersten Band der Politik von Dahlmann, der doch schon die Grundlage der Staatsverfassung enthält, die Gerichte nicht vorkommen"[32]. Deutlich wurde, worauf die Pandektisten im institutionellen Gefüge des Deutschen Bundes setzten. Nicht auf Gesetzgebung, sondern auf die Justiz. Ideal war eine selbstständig wissenschaftlich arbeitende Justiz. Dies bedeutete die Bereitstellung anwendungssicherer und leistungsfähiger Pandektensysteme, es bedeutete aber eben auch die Verwissenschaftlichung der Justiz, um auch hier die Immunisierung gegen politische Tageseinflüsse zu bewirken[33].

„Reinheit" bezog sich also zunächst auf eine Immunisierung des Pandektenrechts gegen staatliche und politische Steuerung. Zwei andere Aspek-

---

[31] *Hans Liermann/ Hans-Joachim Schoeps*, Materialien zur preußischen Ehescheidungsreform, Göttingen 1961, S. 501; Verwendung dieses Briefs bereits bei Wieacker, Privatrechtsgeschichte der Neuzeit, Göttingen 2. Aufl. 1967, S. 402; *Joachim Bohnert*, Beiträge zu einer Biographie Georg Friedrich Puchtas, in: ZRG GA 96 (1979), S. 229 - 242, S. 238; *Joachim Rückert*, Autonomie des Rechts, Hannover 1988, S. 80. Bohnerts gleichwohl gemeinsame Verankerung von Gerlach und Puchta in der „äußersten Rechten" verwischt m. E. die doch erheblichen Differenzen zwischen beiden.
[32] Brief an Hugo vom 14. 2. 1839; jetzt ediert bei Horst Heinrich Jakobs (Hg.), Georg Friedrich Puchta. Briefe an Gustav Hugo, Frankfurt a. M. 2009, S. 198.
[33] Näheres bei *Hans-Peter Haferkamp*, Private Law (Fn. 28), S. 251 ff.

te bleiben jedoch zu betrachten. Erstens: Bedeutete „Reinheit" auch eine Abschottung gegenüber der „Gerechtigkeit" des Privatrechtssystems und zweitens: Wie versuchte die Pandektenwissenschaft den Praxisbezug und die Tauglichkeit ihrer Ergebnisse in der Rechtswirklichkeit sicherzustellen. In neukantianischer Terminologie möchte ich also nach Wertbezug und Wirklichkeitsbezug der „Begriffsjurisprudenz" fragen.

Wie sah es also erstens mit der Gerechtigkeit, genauer mit dem Wertbezug dieser sog. Begriffsjurisprudenz aus? Apriorisches und Überpositives findet man in den Pandektenlehrbüchern nicht. Die etwa in der Methodenlehre von Karl Larenz zu findende Ansicht, insbesondere das Pandektensystem Puchtas habe das gesamte Recht wie ein Vernunftrechtssystem deduktiv aus einem obersten Begriff abgeleitet[34], ist unrichtig. Der Rechtsbegriff diente durchaus als logische Klammer der Pandektensysteme. Man versuchte das positive Recht zu rationalisieren, indem man es, falls möglich, mit dem obersten Begriff verknüpfte. Die Rechtsquellenlehre zeigte aber durchweg, dass die Ableitung eines Rechtssatzes aus übergeordneten Begriffen oder Prinzipien kein Recht schuf. Geltendes Recht war nur Positives Recht. Für den Fall der Lücke wurden von Pandektisten Rechtssätze konstruiert, die sich aus den Wertungszusammenhängen des Systems ergaben. Das sich nun Recht der Wissenschaft oder Juristenrecht nennende Verfahren der Lückenfüllung im Positiven Recht ging aber über die alte Analogiebildung nicht hinaus[35]. Man suchte einen ähnlichen Rechtssatz, benannte ein Prinzip als tertium comparationis und schlug einen neuen Rechtssatz vor. Gebunden war niemand an einen solchen Satz des wissenschaftlichen Rechts[36]. Er hatte nur die begrenzte Autorität wissenschaftlicher Schlüssigkeit, ganz der heutigen Analogie entsprechend. Sinn des wissenschaftlichen Rechts war es, die Rechtsfortbildung durch Betonung der Wertungszusammenhänge des bestehenden Positiven Rechts zu kontrollieren. Mehr nicht.

Sucht man nach apriorischem, quasi überpositivem Recht, so findet man in den Pandektensystemen nur den obersten Rechtsbegriff. Versuche, den Rechtsbegriff, Privatrecht als Willensmacht, philosophisch abzusichern, finden sich insbesondere im Vormärz und im Umfeld Savignys[37]. Zumeist wurde hierbei die Freiheit des Menschen von Gott her abgeleitet. Man bestand damit auf der Au-

---

[34] *Karl Larenz*, Methodenlehre der Rechtswissenschaft, 6. Aufl. Berlin 1991, S. 20 f.
[35] Hierzu *Jan Schröder*, Zur Analogie in der juristischen Methodenlehre der frühen Neuzeit, in: ZRG GA 114 (1997), S. 1 ff.
[36] Bei Puchta nicht, vgl. *Haferkamp*, Puchta (Fn. 5), S. 371 ff.; sonst schon deshalb nicht, weil nahezu niemand Juristenrecht als Rechtsquelle anerkannte, vgl. *Regina Ogorek*, Richterkönig oder Subsumtionsautomat? Zur Justiztheorie im 19. Jahrhundert, Frankfurt a. M. 1986, S. 211 ff.
[37] *Hans-Peter Haferkamp*, Willensfreiheit (Fn. 30), S. 209 ff.

tonomie des Privatrechts gegenüber dem Staat und auf der Allgemeinen Rechtsfähigkeit. Sonstiges überpositives Recht findet sich nicht, auch nicht abgeleitet aus der Willensmacht. Savigny nannte die Vorstellung eines „Vernunftsrechts, ohne Rücksicht auf etwas bestehendes" eine „völlig hohle Ansicht"[38].

Auch das Römische Recht war nicht apriorisch gesetzt. Die Rechtsquellenlehre des Ius Commune[39] ließ viele Möglichkeiten einer Derogation antiker Sätze zu. Zudem führte der lebendige Auslegungsdiskurs dazu, dass nur wenige Textinhalte unstreitig feststanden.

Das Fehlen überpositiver Argumente sagt freilich noch nichts über den Gerechtigkeitsgehalt des Pandektenrechts aus. Ebensowenig wie aus der Argumentationsstruktur kann man aus der Tatsache, dass dieses Recht rational verdichtet wurde, über den Inhalt dieses Rechtes etwas aussagen. Eine solche Annahme wäre logisch ein unzulässiger Schluss von der Form auf den Stoff. Man muss sich vielmehr auf eine andere Art, die Gerechtigkeit zu thematisieren, einlassen, um das spezifische der Pandektenwissenschaft zu verstehen. Dabei muss man die Jahre vor und nach 1848 unterscheiden.

Für den Vormärz, die Hochzeit der Historischen Rechtsschule, wurde die Gerechtigkeitsfrage im Volksgeistbegriff diskutiert. Der Volksgeist war nicht empirisch, gar durch Abstimmung zu ermitteln, sondern er war metaphysisch, eine Gesamtheit die mehr war als die Summe der Individuen, eher eine Art kollektives Empfinden. Das Recht war gerecht, wenn es dem Volksgeist entsprach, da dieser gerecht war. Puchta bezeichnete den Volksgeist freilich als eine „dunkle Werkstätte"[40]. Die Rechtsentstehung war eine black box. Das Recht wurde also – wenn auch in anderem Sinne als bei Kant – einem erkenntnistheoretischen Dualismus ausgesetzt. Sichtbar war nur das Positive Recht. Ob dieses Positive Recht dem Volksgeist entsprach, war jedoch unsicher. Es gab kein, wie es damals hieß, „äußeres" Kriterium, an dem die Richtigkeit eines Rechtssatzes gemessen werden konnte. Der Jurist war damit auf seine Überzeugung von der Übereinstimmung einer Ansicht mit dem Volksgeist verwiesen: „Es entsteht eine Vermutung für die Wahrheit einer Ansicht, wenn sie von den bewährtesten Rechtsgelehrten übereinstimmend vorgetragen wird (*communis opinio*), und wenn sie sich auch in der Anwendung constant geltend gemacht hat (*usus fori*) und ein gewissenhafter Richter wird im Zweifel dabei stehen bleiben. Aber diese Vermuthung muß der Wahrheit weichen; sowie ein Richter sich von ihrer

---

[38] *Carl-Friedrich v. Savigny*, Beruf (Fn. 25), S. 18.
[39] Zusammenstellung bei *Jan Schröder*, Recht als Wissenschaft, München 2001, S. 191 ff.
[40] *Georg Friedrich Puchta*, Cursus der Institutionen, Bd. 1, Leipzig 1841, S. 30.

Unrichtigkeit überzeugt hat, würde er pflichtwidrig handeln, wollte er sie noch ferner anwenden, und hätte man sie Jahrhunderte für wahr gehalten, und seit Menschengedenken in den Gerichten befolgt"[41]. Das Risiko liegt auf der Hand. Ein Jurist konnte die Freiheit missbrauchen und unter dem Mantel des Volksgeistes Unrecht behaupten. Hier setzte das tief religiöse Moment in der Historischen Rechtsschule an[42]. Hintergrund war die starke Beeinflussung von Savigny, Stahl, Bethmann-Hollweg, Puchta und anderen durch eine pietistische Spielart, die sog. Erweckungsbewegung. Savigny betonte: „Der Wille Gottes ist also der tiefere Grund der Sittlichkeit und des Rechts, der Liebe wie der Gerechtigkeit; die jedem Menschen mitgetheilte Gottesverwandtschaft ist der Grund des gemeinschaftlichen Denkens, Fühlens und Wollens, welches wir im Einzelnen, wie in den Völkern, wirken sehen, der Grund aller Einheit mitten in den Vielen"[43]. Der Volksgeist war ein Schatten des göttlichen Rechts. Ihn verstehen konnte der Jurist, so Bethmann-Hollweg, nicht durch „Speculation", sondern nur durch „den Weg des Glaubens, auf dem ein höheres Licht ihm entgegenstrahlt, und, indem es sein ganzes Wesen ergreift, verjüngt und belebt, jeder Kraft in ihm neuen Schwung verleiht. Was er dort sehnsüchtig zu schauen trachtet, empfängt er hier zu eigen, das ewige Recht, das göttliche Gesetz, nicht bloß als dunkles Gefühl, sondern als erleuchteten innersten Trieb seiner Seele. Nichts ist für den praktischen Juristen wichtiger als Entwicklung und Belebung dieses Rechtsgefühls, und wie sollte dieß geschehen, als durch Stärkung seines sittlichen Wesens überhaupt"[44]. Hinter dem Volksgeist stand ein Gemeinschaftsideal, das Ineinandergehen freier Seelen in der Liebe. Für Bethmann-Hollweg war der Staat „nur eine vorbereitende, pädagogische Anstalt, bestimmt, einst in einer höhern Einheit, der civitas Dei, aufzugehen".[45] Verstand man mit ihm das „Sittliche als Liebe"[46] so ging es um einen Aufbau einer christlichen Gemeinschaft, die eine Einwohnung Christi im Gläubigen bewirke, die allein Weg zur Sittlichkeit sei. Savigny meinte, man brauche „ein stilles demüthiges Herz, treue

---

[41] *Georg Friedrich Puchta*, Vorlesungen über das heutige römische Recht, Adolf August Friedrich Rudorff (Hg.), Bd. 1, Leipzig 1847, S. 44.
[42] Hierzu *Hans-Peter Haferkamp*, Der Einfluss der Erweckungsbewegung auf die „christlich-historische Schule", in: Konfession und Recht. Auf der Suche nachkonfessionell-geprägten Denkmustern und Argumentationsstrategien in Recht und Rechtswissenschaft des 19. und 20. Jahrhunderts. Symposion zum 65. Geburtstag von Michael Stolleis, Pascale Cancik, Thomas Henne, Thomas Simon, Stefan Ruppert und Miloš Vec (Hgg.), Frankfurt a. M. 2009, S. 71 ff.
[43] *Carl-Friedrich v. Savigny* in der ungedruckten Debatte um § 52 seines ‚Systems', Bl. 224 S. 6, im Internet greifbar unter http://savigny.ub.uni-marburg.de/.
[44] *Moritz August von Bethmann-Hollweg*, Grundriß zu Vorlesungen über den gemeinen und Preußischen Civilprozeß mit einer Vorrede zur Einleitung in die Civilpraxis, 3. Aufl. Bonn 1832, S. XIV.
[45] *Moritz August von Bethmann-Hollweg*, Rez. Savigny, System, Bd. 1, in: Göttingische gelehrte Anzeigen 1840, S. 1587 f.
[46] *Theobald v. Bethmann-Hollweg* in der Debatte um § 52, Bl. 218 S. 1.

Liebe zur Wahrheit und herzliches Gebet ... denn ... es [ist] doch am Ende der einfältige Kindersinn, dem allein die Wahrheit offenbart wird"[47]. Puchta schließlich betonte übereinstimmend, das Recht gelange „in das menschliche Bewußtseyn ... auf dem natürlichen Weg eines eingeborenen Sinnes oder Triebes." Dieser „natürliche Weg" der Rechtsentstehung sei einer, „bey welcher der eigentliche Schöpfer sich verbirgt, und das Recht als eine Schöpfung des menschlichen Geistes erscheinen ... läßt"[48]. Deus in nobis. Das Recht war Menschenwerk, Gott waltet aber immer in uns, wenn man das zuließ.

Nach 1848 findet sich diese christliche Aufladung des Volksgeistes nicht mehr[49]. Überhaupt verblasste die Volksgeistmetaphysik, ja die ganze philosophische Grundlage der Historischen Rechtsschule. Bei Jhering oder bei Windscheid muss man Gerechtigkeitsentscheidungen in der konkreten Dogmatik suchen. Windscheid trat vehement für eine „Verdeutschung des römischen Rechts"[50] ein. Er genoss bei Zeitgenossen den Ruf, auch klar gegen die antiken Quellen zu entscheiden, wenn er dies für notwendig hielt[51]. Jhering forderte ähnlich, den antiken Quellen auch das zu entnehmen, was „kein römischer Jurist ausgesprochen" habe und so „durch das römische Recht über das römische Recht hinaus"[52] zu gelangen. Wie fand man das richtige Ergebnis? Jhering persiflierte 1884 sein eigenes älteres Erkenntnisverfahren. Um durch die Lektüre der antiken Quellen heutige Gerechtigkeitsanforderungen befriedigen zu können, brauche er nur eine „Cigarre, nicht zu schwer, nicht zu leicht, außerdem ein Sofa oder Kanapee ... ob man dabei die Beine in die Höhe strecken will, wie ich es bei mir probat gefunden, hängt von der Individualität ab." Nun galt es nur

---

[47] Brief Savignys an Jacob Grimm; bei *Adolf Stoll*, Friedrich Karl v. Savigny – Ein Bild seines Lebens mit einer Sammlung seiner Briefe, Bd. II – Professorenjahre in Berlin 1810-1842, Berlin 1929, Nr. 338, S. 239; hierzu auch *Dieter Nörr*, Savignys philosophische Lehrjahre, Frankfurt a. M. 1994, S. 263; *Joachim Rückert*, Religiöses und Unreligiöses bei Savigny, in: Pascal Cancik u.a. (Hgg.), Konfession im Recht. Auf der Suche nach konfessionell geprägten Denkmustern und Argumentationsstrategien in Recht und Rechtswissenschaft des 19. und 20. Jahrhunderts, Frankfurt a. M. 2009, S. 49-69.
[48] *Georg Friedrich Puchta*, Cursus (Fn. 40), S. 23.
[49] Zu Neuausrichtung der Pandektistik im Umfeld der „Wendepunkte" Sten Gagnér Zielsetzungen und Werkgestaltung in Paul Roths Wissenschaft, in: ders., Hans Schlosser und Wolfgang Wiegand Festschrift für Hermann Krause, Wien 1975, S. 276 ff., ND mit hilfreichem Inhaltsverzeichnis in: *Sten Gagnér*, Abhandlungen zur europäischen Rechtsgeschichte, Goldbach 2004, S. 347 ff.
[50] *Bernhard Windscheid*, Lehrbuch der Pandekten, Vorrede zur 1. Aufl., Frankfurt a. M. 1862.
[51] Hierzu *Falk*, Windscheid (Fn. 5); ders., „Ein Gegensatz principieller Art", in: RJ 9 (1990), S. 221 ff.
[52] *Rudolph von Jhering*, Unsere Aufgabe, in: JhJb I, 1857, S. 4 f.

noch, „sein ganzes Denken mit aller Willenskraft auf die alte Zeit" zu richten. Freilich, so Jhering: „muss man zu rauchen verstehen!"[53]

In teilweise hoch spekulativem Umgang mit den Quellen bauten diese Pandektisten an einem liberalen Warenverkehrsrecht, ganz wie es dem liberalen Credo ihrer Zeit entsprach. Viel klarer als vor 1848 wurde in diesen Privatrechtssystemen das Bild einer gerechten Privatrechtsordnung deutlich. Man hat dieses Bild später als Willensformalismus[54] sehr schief dargestellt. Abstrakte Erwägungen zu diesen Entscheidungen, also etwa ökonomische Theorien oder philosophische Absicherungen finden sich nach 1848 jedenfalls nicht mehr. Im „reinen" Pandektenrecht wurde über Gerechtigkeit konkret, nicht abstrakt entschieden.

Vor 1848 suchte man gerechtes Recht in einer christlichen Lebensart. Diese galt es zu propagieren, um dem Volksgeist zurück zu Gott zu verhelfen. Die Anhänger der Historischen Rechtsschulen waren folglich intensiv kirchlich und, etwa in der Ehescheidungsfrage, auch rechtspolitisch christlich engagiert.

Nach 1848 sucht man Gerechtigkeit nicht mehr im Volksgeist, sondern in einer aktiven Umgestaltung der Pandektendogmatik. Außerwissenschaftliches Engagement war nun die Ausnahme. Nun wurde Gerechtigkeit von selbständig agierenden Spezialisten gemacht, nicht mehr gefunden.

Damit komme ich zur letzten noch ausstehenden Perspektive auf die sog. Begriffsjurisprudenz, auf den Wirklichkeitsbezug. Das alte Vorurteil, das „reines" Recht weltfremdes Recht ist, verdeckt, wie zu Beginn meines Vortrages bereits angedeutet, tiefgehende Probleme. Dazu gehört nicht nur das alte kantsche Dilemma zwischen Anschauung und Begriff. Dieser Dualismus prägte die Rechtswissenschaft vor allem unter neukantianischem Einfluss, also erst gegen Ende meines Untersuchungszeitraumes[55]. Vor allem die Hegelianer vertraten

---

[53] *Rudolf von Jhering*, Scherz und Ernst in der Jurisprudenz, hier nach 13. Aufl. Leipzig 1924, S. 125.
[54] Erstmals *Rudolf von Jhering*, Geist des römischen Rechts auf den verschiedenen Stufen seiner Entwicklung, Bd. III, Leipzig 1865, S. 334, 337 mit Fn. 441 und 442; Revidierung dieses Bildes bei *Sibylle Hofer*, Freiheit ohne Grenzen? Privatrechtstheoretische Diskussionen im 19. Jahrhundert, Tübingen 2001.
[55] Hierzu *Hans-Peter Haferkamp*, Neukantianismus und Rechtsnaturalismus, in: Rechtswissenschaft als Kulturwissenschaft?, Kongress der Schweizerischen Vereinigung für Rechts- und Sozialphilosophie, 15. und 16. Juni 2007, Universität Zürich, Marcel Senn und Dániel Puskás (Hgg.), (ARSP Beiheft B 115), Stuttgart 2007, S.105; *Hasso Hofmann*, „In Europa kann's keine Salomos geben." – Zur Geschichte des Begriffspaars Recht und Kultur, in: JZ 2009, S. 1 ff.

zuvor durchaus, dass nur eine begrifflich-rational arbeitende Philosophie die Wirklichkeit in ihrer Vernünftigkeit begreifen könne. Das Problem war damit auch für heute instruktiv verschoben: Es geht bei der steten Mahnung nach wirklichkeitsnahem Recht ja nie darum, Wirklichkeit im Recht nur irgendwie abzuspiegeln. Neben das Erkenntnisproblem tritt immer das Wertungsproblem. Nach einem etwas abgegriffenen Beispiel von Arnold Brecht: Aus der Tatsache, dass dem Mann ein Bart wächst folgt noch nicht, dass man ihn auch wachsen lassen soll. In einem wirklichkeitsnahen Recht müssen also Regelungsgegenstand und Regelungszweck, wenn man so will, Sein und Sollen, immer irgendwie verschmelzen. Gerechtigkeits- und Wirklichkeitsperspektive sind also nicht so leicht trennbar, wie das bisweilen suggeriert wird.

Wie gingen die Pandektenwissenschaftler dieses Problemfeld an?

Hierzu bedarf es nun eines näheren Blicks in das Geltungsproblem im Ius Commune. Das Gemeine Recht bestand 1814 aus einer kaum noch überschaubaren Fülle von Informationen: Schwer interpretierbare, teilweise widersprüchliche Textstellen im Corpus Iuris, wissenschaftliche Ansichten hierzu aus 600 Jahren, Gerichtsurteile und anderes mehr. Nicht jeder dieser Texte konnte als Recht angesehen werden. Wie also war zu entscheiden, welcher Satz gelten solle? Die Tatsache, dass ein Satz von der Mehrheit der Juristen für richtig gehalten wurde, war für Savigny, wie bereits angedeutet, kein Richtigkeitskriterium. Diese Ansicht hätte der Geltung einer communis opinio doctorum oder des usus fori entsprochen. Savigny hielt ironisch entgegen, bei einer solchen Auffassung könne „keiner möglichen Entscheidung ein Vorwurf gemacht werden ..., da jede Entscheidung die angesehensten Autoritäten für sich hat"[56]. Geltungsgrund war erneut nur der Volksgeist, nun aber in einer anderen Perspektive. Savigny betonte: „Das Recht nämlich hat kein Dasein für sich, sein Wesen ist vielmehr das Leben der Menschen selbst, von einer besonderen Seite angesehen"[57]. Über den Volksgeist hat man das Leben in den Rechtsbegriff hineinkonstruiert. Das Leben schuf also das Recht, nicht die Vernunft oder eine politische Instanz. Savigny meinte 1815, das Recht komme, „aus des Volkes ... Natur, Schicksal, Bedürfnis"[58]. Ein „oft wiederkehrendes Bedürfnis", mache auch ein „gemeinsames Bewußtseyn des Volkes selbst möglich"[59]. Das war für Savigny also das

---

[56] *Friedrich Carl Savigny*, Beruf (Fn. 25), S. 72.
[57] *Friedrich Carl Savigny*, Beruf (Fn. 25), S. 30.
[58] *Friedrich Carl v. Savigny*, Rezension von N. Th. v. Gönner, Über Gesetzgebung und Rechtswissenschaft in unserer Zeit, 1815; zitiert wird nach dem Wiederabdruck in: *Friedrich Carl Savigny*, Vermischte Schriften, Bd. 5, 1850, ND Aalen 1981, S. 141.
[59] *Friedrich Carl Savigny*, Beruf (Fn. 25), S. 13.

Bindeglied zwischen Recht und Leben, der weltliche Motor des Volksgeistes, das „Bedürfnis"[60]. Zwanglos ergab sich daraus die Aufgabe des Juristen. Aufgabe des Juristen sei es den „gegenwärtigen Zustand des Rechts allmählich von demjenigen zu reinigen, was ... ohne alles wahrhaft praktische Bedürfnis hervorgebracht worden ist"[61]. Juristen mussten also historisch arbeiten, indem sie die Bedürfnisse erkannten, die dem Rechtssatz bei seiner Entstehung zugrunde lagen. Sodann mussten sie die weitere Geschichte des Rechtssatzes und der zugrunde liegenden Bedürfnisse verfolgen um zu erkennen, ob der Rechtssatz auch heute noch einem Bedürfnis entsprach.

Blickt man auf die nachfolgenden Juristen, so zeigt sich, dass der Blick auf die „Bedürfnisse" fast Gemeingut war. Für Theodor Marezoll führte 1839 ein „Bedürfniß" in den bürgerlichen Verhältnissen zur Schaffung neuen Rechts[62]. Johann Christian Kierulff notierte im selben Jahr: „Das wirkliche Recht ist das befriedigte Bedürfnis"[63]. Rudolph v. Jhering meinte 1865, Rechtssätze wechselten „mit den Bedürfnissen des Lebens"[64]. Bernhard Windscheid betonte 1884, die Rechtswissenschaft orientiere sich an „praktischen Bedürfnissen"[65].

Der Gedanke war alt. Savigny selbst war bei seinen Gedanken möglicherweise durch die Lektüre der Politik von Aristoteles inspiriert[66]. In der Übersetzung Schlossers, die Savigny benutzte, findet sich der Satz, es sei „das, was die Sitten eines Volkes bestimmt, immer noch wichtiger und stärker als das, was die geschriebenen Gesetze gebieten"[67]. Übertragen auf das Gemeine Recht ging es also nicht um wissenschaftliche Sitten bzw. Gewohnheiten, sondern darum, was diese Sitten bestimmt. Savigny war dabei nicht der Einzige der diesen Bestimmungsgrund „Bedürfnis" nannte.

---

[60] Zur Geschichte dieses Topos im 19. und 20. Jahrhundert *Hans-Peter Haferkamp*, Der Jurist, das Recht und das Leben, in: Verein zur Förderung der Rechtswissenschaft (Hg.), Fakultätsspiegel Sommersemester 2005, Köln 2005, S. 83.
[61] *Friedrich Carl Savigny*, Beruf (Fn. 25), S. 119.
[62] *Theodor Marezoll*, Lehrbuch der Institutionen des Römischen Rechts, Leipzig 1839, S. 11.
[63] *Johann Friedrich Martin Kierulff*, Theorie des gemeinen Civilrechts, Altona 1839, S. 1.
[64] *Rudolf v. Jhering*, Geist III (Fn. 54), § 59, S. 314.
[65] *Bernhard Windscheid*, Die Aufgaben der Rechtswissenschaft, 1884, in: Paul Oertmann (Hg.), Gesammelte Reden und Abhandlungen. Von Bernhard Windscheid, Leipzig 1904, S. 109.
[66] Hierzu und zu den Traditionslinien: *Sten Gagnér*, Oersteds Wissenschaft, die deutschen Kriminalisten und die Naturrechtslehre, zunächst 1980 auf Schwedisch, nun übersetzt zugänglich in: Joachim Rückert, Michael Stolleis und Maximiliane Kriechbaum (Hgg.), *Sten Gagnér*, Abhandlungen zur Europäischen Rechtsgeschichte, Goldbach 2005, S. 521 ff., 589 ff.
[67] *Joahnn Georg Schlosser*, Aristoteles Politik und Fragment der Oeconomik, 1. Abteilung, Leipzig 1812, S. 344.

Erneut drängt sich freilich die Frage auf, wie der Jurist die Bedürfnisse erkennen soll, an denen das Gemeine Recht zu messen war?
Wieder zeigt sich die Funktion des Volksgeistes: Dass ein praktisches Bedürfnis existiert, erkennen wir immer erst, wenn ein Rechtssatz da ist, der es ausdrückt. Die Geschichte war das ‚Weltgericht'. Ein Bedürfnis musste sich also durchsetzen. Sichtbar ist nur „das Entstandene selbst"[68]. Freilich war dies nur eine scheinbare Sicherheit, ein Indiz. Nicht alles, was wir als Rechtssätze vorfinden, bezeugte ein Bedürfnis. Rechtssätze entstanden durch Menschen. Nicht jeder hatte gleichermaßen einfühlenden Anteil am Volksgeist. Eben deshalb blieb der Volksgeist dunkle Werkstätte. Ein verhängnisvoller Zirkel: Wir wissen erst, was gilt, wenn es da ist, nicht alles, was da ist, gilt jedoch. Daher also der behauptete einzige Ausweg: Wir wissen nicht wie die Bedürfnisse entstehen und können nicht beweisen, dass sie gelten. Daher müssen wir auf unser Rechtsgefühl vertrauen. Nur die Akzeptanz der Entscheidung durch andere konnte größtmögliche Sicherheit geben. Wirkliche Sicherheit gab es nie. Um die praktischen Bedürfnisse zu erkennen brauchte man daher, so Puchta, ein „natürliche[s] Gefühl der Billigkeit, welchem der Jurist ... das Gehör nicht versagen darf"[69]. Daher forderte Savigny als Ziel der universitären Erziehung „den Richterstand in eine Lage zu bringen, in welcher er mit lebendigem Denken und nicht auf mechanische Weise sein Geschäft vollbringe"[70].

Neben rationale Sinnzusammenhänge trat in der Arbeit des Rechtswissenschaftlers also ein bewusst intuitiver Zugang zum Recht als Ausfluss des Lebens. Nur dadurch, dass man hier auf Intuition setzte, blieb auch insofern die Reinheit des Rechts gewahrt. Die Juristen waren als Repräsentanten die Priester der Themis. Ihre Zugänge zur Rechtsoffenbarung waren der politischen Diskussion entzogen. Savigny wurde von Zeitgenossen als „Olympier" bezeichnet. Auch wenn die religiösen Ausgangspunkte dieser Vorstellung nach 1848 verschwanden, blieb dieser bewusst intuitive Zug in der Pandektenwissenschaft auch weiter signifikant. Jhering etwa wehrte sich stets dagegen, Wirklichkeit einfach nur zu betrachten. Dies sei bloßer „Handwerker-Positivismus". Er verstand Wirklichkeit als „Ursubstanz von Ideen, Anschauungen, Erwägungen, Zwecken"[71] und suchte hier nach dem richtigen Recht. Für die Begründung seiner Haftung aus

---

[68] *Georg Friedrich Puchta*, Cursus I (Fn. 40), S. 30.
[69] *Georg Friedrich Puchta*, Ueber die Negatorienklage, in: Rheinisches Museum für Jurisprudenz, Philologie, Geschichte und Griechische Philosophie 1, 1827, hier zitiert nach Nachdruck in: Adolph August Friedrich Rudorff (Hg.), Georg Friedrich Puchta. Kleine zivilistische Schriften, Leipzig 1851, ND Aalen 1970, S. 163 f.
[70] Savigny an Wilhelm von Gerlach vom 1. 3. 1934, abgedruckt bei *Hans Liermann/Hans-Joachim Schoeps*, Materialien zur preußischen Eherechtsreform", Göttingen 1961, S. 490.
[71] *Rudolf v. Jhering*, Geist III (Fn. 54), § 59, 315.

culpa in contrahendo bedeutete dies beispielsweise: „Wer fühlt nicht, dass es hier einer Schadensersatzklage bedarf?"[72]

Neben dieser offen korrigierenden Berufung auf das Rechtsgefühl wurde schon früh ein zweiter Weg der Verschmelzung von Recht und Anforderungen der Wirklichkeit durchdacht, der Weg durch die Quellen hindurch. Für Jhering wurde seine Zigarrenmethode bereits vorgestellt. Dahinter standen ernstzunehmendere hermeneutische Überlegungen. Schon Gadamer hat herausgearbeitet, wie intensiv vor allem Savigny die Schleiermachersche moderne Hermeneutik rezipiert hat[73]. Savigny lehnte bereits früh die Vorstellung ab, es gäbe, getreu der Parömie in claris non fit interpretatio, so etwas wie einen klaren Gesetzeswortlaut. Textarbeit war immer Verschmelzung von Objekt und Subjekt, Text und Interpret. Die Wirklichkeit der Gegenwart floss in die antiken Texte durch die – modern gesprochen - Vorverständnisse der Interpreten. Wie weit das ging und wann aus Interpretation Manipulation wurde, das war schon damals das eigentliche Problem.

Ich fasse die bisherigen Ergebnisse zusammen und komme dann zu einem abschließenden Ausblick.

Am klarsten fassbar wird das Bedürfnis nach Reinheit des Privatrechts, welches die Rechtswissenschaft der Historischen Rechtsschule und der Pandektistik durchaus prägte, in rechtspolitischer Perspektive. Es ging um nationales Recht ohne Staat, ohne Steuerung durch Thron, Ständeversammlung und Altar. Prägend waren Vorbilder, das antike Juristenrecht gleichermaßen wie das Ius Commune im Alten Reich. Privatrecht, entwickelt durch die Professoren, verwirklicht durch die Justiz, hatte hier Verfassungsersatz und lebte vom Glauben in die Herrschaft von Spezialisten über das Recht.

Weniger weiterführend ist dagegen die Frage, ob dadurch Gerechtigkeit ausgeklammert wurde. Apriorische Werte wurden im Dunkel des Volksgeists verborgen. Recht wurde als geschichtlich und in seiner Entstehung nur Gott einsichtig verstanden. Vor 1848 hieß die Devise, deus in nobis, das gerechte Recht offenbart sich dem, der sich auf Gott einlässt. Nach 1848 war der Volksgeist die

---

[72] *Rudolph Jhering*, Culpa in contrahendo oder Rechtsschutz bei nichtigen oder nicht zur Perfektion gelangten Verträgen, in: JhJb 4, 1861, S. 5.
[73] Hierzu vertiefend *Stephan Meder*, Missverstehen und Verstehen. Savignys Grundlegung der juristischen Hermeneutik, Tübingen 2004, S. 28 ff.; genauer zu Savignys Hermeneutik *Joachim Rückert*, Savignys Hermeneutik – Kernstück einer Jurisprudenz ohne Pathologie, in: Jan Schröder (Hg.), Theorie der Interpretation vom Humanismus bis zur Romantik – Rechtswissenschaft, Philosophie, Theologie, Stuttgart 2001, S. 288 ff.

schlichte Leerstelle, um individuelle Gerechtigkeitskonzeptionen in das Recht zu bringen. Ob das gerecht oder ungerecht war, lässt sich abstrakt nicht beantworten. Die Art der Argumentation, ob naturrechtlich, positivistisch, dogmatisch, lebensbezogen oder konfessionell, sagt nichts über die Gerechtigkeit des Ergebnisses. Was es freilich nicht gab war ein Diskurs über Gerechtigkeitskonzeptionen. Dies wäre die „Politik" gewesen, die man zugunsten der Fachautonomie aus dem Recht heraushalten wollte.

Die Frage nach dem Wirklichkeitsbezug zeigte, dass stets die Nähe zur Wirklichkeit, zu den „praktischen Bedürfnissen" gesucht wurde. Als Erkenntnisweg nutzte man erneut die intellektuelle und intuitive Teilhabe des Juristen am Volksgeist. Empirische Studien wurden nicht unternommen. In der Sprache des Rechtssystems ließen Argumente wie praktische Bedürfnisse, die Verkehrsübung, Treu und Glauben oder die guten Sitten viel Luft, im Recht gefühlte Wirklichkeitszwänge umzusetzen. Intuition als Erkenntnisweg war für die Pandektenwissenschaft Teil des Reinheitspostulats, sie waren als Priester der Themis Orakel, nicht Träger von bewusster Politik. Heute würde niemand behaupten, dass Intuition von Spezialisten über die Praxistauglichkeit von Rechtssätzen entscheidet. Die heute überall betonten praktischen Bedürfnisse der Wirtschaft etc. haben freilich nicht zu einer Herrschaft der Rechtssoziologie, also einer beobachtenden Wirklichkeitswissenschaft geführt. Rechtssoziologie wird auch an den Universitäten vielmehr abgeschafft. Auch heute dient die Berufung auf Praxis meist dazu, über kaum nachprüfbare Wirklichkeitsbehauptungen Wertvorstellungen zu transportieren. Hier setzen die Fragen ein, ob die Öffnung eines Wissenschaftsdiskurses Fremdsteuerung bedeuten muss.

Lohnend ist zum Schluss ein Ausblick. Wie wurde aus der zeitgenössisch hoch geachteten, weltweit erfolgreichen Pandektenwissenschaft das heutige Bild der Begriffsjurisprudenz? Zwei Aspekte sind interessant.

1888 beschrieb Jhering gegenüber Bismarck den Gesinnungswandel, der sich seit 1871 bei ihm entwickelt hatte. Er habe als Student 1837 den Hannoverschen Verfassungsbruch und die Vertreibung der Göttinger Sieben miterlebt, danach schlechte Könige und Misswirtschaft. Erst Kaiser Wilhelm habe seinen Glauben in den Staat und die Monarchie geweckt und zu einem „Umschwung in meiner ganzen Anschauungsweise und Gesinnung"[74] geführt. Nun fiel ein Schlüssel-

---

[74] Brief an Bismarck vom 15. 9. 1888, in: Helene Ehrenberg (Hg.), Rudolf von Jhering in Briefen an seine Freunde, Leipzig 1913, S. 442 f.; hierzu *Ulrich Falk*, Von Dienern des Staates und von anderen Richtern. Zum Selbstverständnis der deutschen Richterschaft im 19. Jahrhundert, in: André Gouron (Hg.), Europäische und amerikanische Richterleitbilder, Frankfurt a. M. 1996, S. 271 ff.

satz, der die Entwicklung nach 1871 gut umschreibt: „Gegenüber der öden Verherrlichung von Prinzipien und toten Formeln hoffe ich auf den Segen einer gewaltigen Persönlichkeit". Jhering war es, der 1884 den Terminus „Begriffsjurisprudenz" erfand und die Pandektenwissenschaft nachhaltig diskreditierte. Er startete mit seinem „Zweck im Recht" in einer diffusen Mischung aus Rechtsphilosophie, Rechtssoziologie und Rechtspolitik eine offene Debatte über den Inhalt und die Aufgabe des Rechts. Er öffnete das „reine Recht" gegenüber seiner Umwelt, insbesondere auch gegenüber der Politik. Er vertraute sich und sein Recht, wie die meisten Pandektenwissenschaftler nach 1871, nun dem Staat an[75]. Der Volksgeist als undurchsichtiger Träger des nationalen Rechts war plötzlich als Mystik abgetan[76] und verschwand aus der theoretischen Diskussion. Auch Windscheid suchte nationales Recht nun beim Gesetzgeber, nicht mehr in der Rechtswissenschaft. Er wurde konsequent Mitglied der Ersten Kommission zur Schaffung des BGB. Die Diskussion verlagerte sich von Lehrbüchern und Aufsätzen zunehmend in politische Gremien. Otto v. Gierke trug seine bedeutsamen Angriffe gegen das BGB vor dem Preußischen Landes-Ökonomie-Kollegium vor[77]. Die Schriften von Nationalökonomen bekamen starken Einfluss auf die Rechtswissenschaft[78]. Die Juristen begriffen sich als Teil des Staates, als Zuarbeiter staatlicher Rechtssetzung. Mit dem Verlust ihrer politischen Aufgabe begann man die Pandektenwissenschaft als naive Begriffsschieberei zu karikieren.

Hierzu trug ein zweiter Aspekt bei. Das liberale Credo nahm Mitte der 1870er Jahre durch den Gründerkrach empfindlich Schaden. 1878 begann Bismarck seine konservative Wende und begann die Politik des Staatsinterventionsismus. Der Rechtsbegriff, Recht als Willensmacht, verlor durch die Hinwendung zum Staat seine Aufgabe, ein staatsfreies Privatrecht abzusichern. Er wurde nun als Recht des formalen Anspruchsinhabers kritisiert, seine Rechte schikanös durchzusetzen[79]. Das Römische Recht galt nun als unsozial[80]. Begriffsjurisprudenz wurde jetzt nicht nur als naiv, sondern auch als ungerecht abgestempelt. Für die

---

[75] Zum Wandel des Rechtsbegriffs nach 1850 nun klärend *Jan Schröder*, Zur Geschichte der juristischen Methodenlehre zwischen 1850 und 1933, in: Rg 13, 2008, S. 160 ff.
[76] Etwa von *Ernst Landsberg*, Geschichte der deutschen Rechtswissenschaft, Abteilung 3 Halbband 2: 19. Jahrhundert bis etwa 1870, München 1910, Neudruck Aalen 1978, S. 446; *Erich Rothacker*, Einleitung in die Geisteswissenschaften, Tübingen 1919, S. 126 Anm. 1.
[77] Hierzu nun *Rüdiger Hansel*, Jurisprudenz und Nationalökonomie. Die Beratungen des BGB im Königlich Preußischen Landes-Ökonomie-Kollegium 1889, Köln 2006.
[78] Hierzu *Sibylle Hofer*, Jurisprudence, History, National Economics after 1850; in: Peter Koslowski (Hg.), The Theory of Capitalism in the German Economic Tradition. Historism, Ordo-Liberalism, Critical Theory, Solidarism, Berlin, Heidelberg 2000, S. 467 ff.
[79] Vertiefung bei HKK-Hans-Peter Haferkamp, §§ 226-231, Rn. 11 ff.
[80] *Sybille Hofer*, Freiheit (Fn. 54), S. 74 ff.

Vorstellung eines reinen Rechts war dies verhängnisvoll. Für die rationale Struktur der Pandektensysteme war entscheidend, dass mit Willensfreiheit als Ausgangspunkt eine Klammer bestand, die Gleichheit betonte. Hierdurch wurde die rationale Symmetrie getragen. Die vielen Sonderrechte der Neuzeit für Alte und Junge, Hörige und Freie, Männer und Frauen, Bürger und Nichtbürger, Adlige und Nichtadelige, für Soldaten, Geistliche, Handwerker, Studenten und so vieles mehr, hatten es lange unmöglich gemacht, einen übergreifenden Systemzusammenhang zu entwickeln[81]. Das Naturrecht konnte nur durch die Annahme von Rechtsgleichheit Gesamtsysteme unter übergreifenden Grundsätzen zustande bringen[82]. Nun ging man wieder daran, die verklammernden Gemeinsamkeiten immer stärker durch Sonderregelungen, etwa im Arbeits- oder Mietrecht auszuhebeln. Die Verfasser des BGB hofften diese Entwicklung dadurch abzumildern, dass man ein liberales Kerngesetz, das BGB, streng systematisch aufbaute, und die vielen Ausnahmen auf Sondergesetze verwies[83]. Gierke dagegen wollte weiter gehen und schlug vor, schon in der Feststellung eines Anspruchs auch öffentliche Interessen stets mitzubedenken[84]. Damit zeichneten sich bereits um 1900 die beiden Hauptwege im 20. Jahrhundert ab, die dem Weg der Pandektenwissenschaft entgegengehalten wurde: Intervention durch Sondergesetze und Richterrecht.

Max Weber hatte bereits 1902 davor gewarnt, dass „wenn einmal der rein formale Standpunkt des Rechts verlassen wird, aus solchen allgemeinen Empfindungen heraus je nach der persönlichen Weltanschauung auch das gerade Gegenteil deduzierbar ist"[85]. In „Wirtschaft und Gesellschaft" betonte er, die Be-

---

[81] Vertiefungen bietet nun *Thomas Duve*, Sonderrecht in der Frühen Neuzeit, Frankfurt a. M. 2008.
[82] Prägnant hierzu *Pio Caroni*, Art. Kodifikation, in: Enzyklopädie der Neuzeit Bd. 6, Stuttgart 2007, Sp. 857 f.
[83] *Gustav Planck*, Zur Kritik des Entwurfs eines bürgerlichen Gesetzbuchs, Archiv für civilistische Praxis 75, 1889, S. 327 f.; *Tilman Repgen*, Die soziale Aufgabe des Privatrechts, Tübingen 2001, S. 68 f., 112 f.
[84] *Otto v. Gierke*, Zusammenstellung der gutachtlichen Äußerungen zu dem Entwurf eines Bürgerlichen Gesetzbuches, Bd. IV, Berlin 1890, 207 ff.: „Es sind echt germanische und echt christliche Grundsätze, daß es kein Recht ohne Pflicht gibt, daß jedes Recht seine Schranke in sich trägt, daß die Befugnisse zum Schutze vernünftiger Interessen dienen und durch diesen ihren Zweck begrenzt sind."; hierzu HKK-Duve/Haferkamp, § 242, Rn. 54, 83 ff.; zu den rechtspolitischen und dogmatischen Folgen der Gegensätze von „Innen- und „Außentheorie" privatrechtlich *Joachim Rückert*, Zur Legitimation der Vertragsfreiheit im 19. Jahrhundert, in: Diethelm Klippel (Hg.), Naturrecht im 19. Jahrhundert. Kontinuität – Inhalt – Funktion – Wirkung, Goldbach 1997, S. 135 ff., 140 f.; staatsrechtlich *Otto Depenheuer*, Grundrechte und Konservatismus, in: Detlef Merten u.a. (Hgg.), Handbuch der Grundrechte in Deutschland und Europa, Band I, Heidelberg 2003, Rn. 52 ff.
[85] *Max Weber*, Rezension zu: Philipp Lotmar: Der Arbeitsvertrag nach dem Privatrecht des deutschen Reiches. 1. Bd. (1902), in: Archiv für soziale Gesetzgebung und Statistik 17 (1902), S. 723 ff., 730 Fn. 1; vgl. auch *ders.*: Wirtschaft und Gesellschaft (Fn. 135), Kap. VII, § 8; vgl. *Joachim Rück-*

rücksichtigung bestimmter ökonomischer Effekte und wirtschaftlicher Erwartungshaltungen im Privatrecht sei „rechtslogisch gesehen, irrational". Er warnte davor, eine Entrationalisierung des Rechts führe zu einer Instrumentalisierung des Rechts durch „materiale Gerechtigkeitsanforderungen sozialer Klasseninteressen und Ideologien, durch die auch heute wirksame Natur bestimmter politischer, speziell autokratischer und demokratischer Herrschaftsformen sowie derjenigen Anschauungen über den Zweck des Rechts, welche ihnen adäquat sind"[86]. Form als „Zwillingsschwester der Freiheit"[87]. Auch Max Weber träumte noch von einem „reinen Recht".

---

ert, Die Unmöglichkeit und Annahmeverzug im Dienst- und Arbeitsvertrag, ZfA 1983, 1 ff., 13 Fn. 49; *Rainer Schröder*, Die Entwicklung des Kartellrechts und des kollektiven Arbeitsrechts durch die Rechtsprechung des Reichsgerichts vor 1914, Ebelsbach 1988, 516 f.
[86] *Max Weber*, Wirtschaft und Gesellschaft. Grundriss der verstehenden Soziologie, hier nach 6. Aufl. Frankfurt a.M. 1976, Kap. VII, § 8: Die formalen Qualitäten des modernen Rechts (entstanden zwischen 1911 und 1913), S. 512 f.
[87] *Max Weber*: Rez. Lotmar (Fn. 85), S. 725; zu diesen Zusammenhängen *Peter Oestmann*, Die Zwillingsschwester der Freiheit. Die Form im Recht als Problem der Rechtsgeschichte, in: ders., Zwischen Formstrenge und Billigkeit. Forschungen zum vormodernen Zivilprozeß, Köln 2009, S. 1 ff.

Der Schein der reinen Auslegung – Topoi verdeckter Rechtsfortbildungen im Zivilrecht

Christian Fischer, Jena

> *„Wir werden am letzten den ältesten Bestand von Metaphysik los werden, gesetzt daß wir ihn loswerden können – jenen Bestand, welcher in der Sprache und den grammatischen Kategorien sich einverleibt und dermaaßen unentbehrlich gemacht hat, daß es scheinen möchte, wir würden aufhören, denken zu können, wenn wir auf diese Metaphysik Verzicht leisteten."*[1]

I. Reinheit des Rechts?

Gibt es reines Recht? Wird es durch die „Zumutungen der Wirklichkeit" verschmutzt? Oder ist (Gesetzes-)Recht als Produkt der Politik von Anfang an unrein? Kann und soll die Reinheit des Rechts eine Aufgabe von Rechtswissenschaft und Rechtspraxis sein? Hat die Jurisprudenz im Wege der Auslegung ein reines Recht zu bewahren bzw. durch Ausscheiden unreiner Elemente erst herzustellen? Oder führen unrealistische Reinheitsforderungen im Recht zu Wirklichkeits- und Steuerungsverlusten, zu Fremd- und Selbstbetrug „unter dem festen Panzer des Reinheitsgefühls" (*Dante*), zu einer wirklichkeitsfernen Tyrannei der Reinheit?

Die von *Otto Depenheuer* geschickt gewählte, heute ebenso ungewöhnlich wie provokant erscheinende Frage nach „Reinheit des Rechts" betrifft nicht nur das juristische Selbst- und Wissenschaftsverständnis (Stichwort: „reine Rechtslehre"), sondern eröffnet ungewohnte Perspektiven auf viele klassische rechtstheoretische Grundfragen. Aus der Sicht einer auf den Prozess juristischer Entscheidungen ausgerichteten Rechtstheorie und Methodenlehre der Praxis[2] fokussieren sich reines „sakrales" Recht und schmutzige „profane" Wirklichkeit in der sog.

---

[1] *Nietzsche*, Nachgelassene Fragmente, Sommer 1886 – Frühjahr 1887, 6 (13), in: Colli/Montinari (Hrsg.), Friedrich Nietzsche, Sämtliche Werke, Kritische Studienausgabe in 15 Bänden, Band 12, München 1980, S. 237.
[2] Zu wichtigen Eckpunkten einer solchen Theorie *Fischer*, Topoi verdeckter Rechtsfortbildungen im Zivilrecht, 2007, S. 405 ff.

Rechtsfindung bzw. Rechtsanwendung, die traditionell auch als Interpretation oder Auslegung (i.w.S.) bezeichnet wird[3]. Schon die scheinbar nur vorgegebene Rechtsnormen interpretierende Auslegung i.e.S. ist in Wirklichkeit immer auch ein produktiver, die rechtlichen Entscheidungsvorgaben konkretisierender und weiterentwickelnder Vorgang, was die sprichwörtliche, auf *Karl Engisch* zurückgehende Formulierung vom Hin- und Herwandern des Blickes zwischen Rechtsnorm und Lebenssachverhalt bildhaft zum Ausdruck bringt[4]. Noch größer ist der Anteil der Eigenwertungen bei der sog. Rechtsfortbildung[5], wenn der Rechtsanwender selbst die fehlende oder als fehlend empfundene gesetzgeberische Interessenbewertung (er-)setzt.

Die Frage nach der Reinheit des Rechts ist dort besonders drängend, wo das Gesetzesrecht keine (befriedigende) Antwort gibt und es um Rechtsfortbildungen geht. Verweigert der sog. Rechtsanwender die Entscheidung, weil er nichts anzuwenden hat? Greift er auf außerrechtliche Erkenntnisse zurück, etwa indem er eine wirtschaftliche Folgenbetrachtung anstellt? Beschwört er übergesetzliche „Rechts"-Quellen? Sucht er die Lösung in einem mystischen Rechtsgefühl, vielleicht auch im Fall? Oder verdeckt er die Rechtsleere durch vorgeschobene Begründungen und Leerformeln, um den Schein der reinen Auslegung, der rein rechtlich determinierten Entscheidung aufrecht zu erhalten und den Mythos des bloßen Gesetzesvollzugs zu wahren?

II. Der Mythos des bloßen Gesetzesvollzugs

Der Begriff Mythos ist mehrdeutig. Er steht zunächst für eine Überlieferung, Sage oder Fabel aus grauer Vorzeit, die fundamentale Fragen wie die Erschaffung der Welt oder einer archaischen Kultur behandelt. Mythos kann aber auch einen Gegenstand bezeichnen, der aus meist verschwommenen, irrationalen Vorstellungen heraus glorifiziert wird, ein Objekt mit legendärem Charakter.

Die Verbindung von Auslegung und Mythos irritiert viele Juristen. Sie sehen ihr professionelles Selbstverständnis angegriffen. Juristen sind logisch, sachlich, distanziert. Die Bedeutung einer gesetzlichen Vorschrift und der in ihr enthalte-

---

[3] Zur Terminologie *Fischer*, Topoi verdeckter Rechtsfortbildungen im Zivilrecht, 2007, S. 123, 38, 41.
[4] Vgl. *Fischer*, Topoi verdeckter Rechtsfortbildungen im Zivilrecht, 2007, S. 133 m.w.N.
[5] Zum schillernden Rechtsfortbildungsbegriff *Fischer*, Topoi verdeckter Rechtsfortbildungen im Zivilrecht, 2007, S. 34 ff.

nen Begriffe zu ermitteln, scheint vielen lediglich als eine fremde Wertungen nachvollziehende, wissenschaftliche und politisch neutrale Tätigkeit.

Worum geht es beim Mythos des bloßen Gesetzesvollzugs, kurz „Mythos Auslegung"? Die sog. Auslegung gilt in der Juristenausbildung seit Langem und auch heute immer noch als der Normalfall einer auf die Rechtsfindung verkürzten Entscheidungsfindung[6]. Die Aufgabe fast aller Juristen, Einzelfallurteile aus normativen Vorgaben herzuleiten oder zu prognostizieren, soll durch deren Auslegung und Anwendung erfüllt werden. Dabei ist man theoretisch-konzeptionell ganz auf das Gesetzesrecht fixiert. In der Universitätsausbildung nimmt man weder die wichtige Sachverhaltsbildung näher in den Blick, noch macht man sich über die Rolle der Präjudizien im Prozess der Rechtsfindung konkrete Gedanken. Präjudizien werden als schlichte Anwendungsfälle der Gesetze diskutiert und vermittelt. Aber auch gestandene Praktiker bezeichnen die Auslegung der Gesetze offiziell als Regel- und Idealfall der Rechtsfindung. Das zeigt beispielhaft ein Programmsatz des damaligen Präsidenten des Bundesgerichtshofs *Günter Hirsch* aus dem Jahre 2002: „Dreh- und Angelpunkt der Rechtsfindung ist die Auslegung des Gesetzes"[7].

Meine These lautet demgegenüber: Das, was im Ausbildungsbetrieb und in der Praxis Auslegung genannt wird, ist in wichtigen Teilen gar keine Auslegung der Gesetze, sondern deren Fortbildung unter dem Deckmantel des bloßen Gesetzesvollzugs. Insoweit ist die Auslegung ein Mythos.

1. Das Wesen der Ehe als Beispiel

Die Rechtsprechung des Reichsgerichts, des Bundesgerichtshofes und des Obersten Gerichts der DDR zum Wesen der Ehe belegt das meines Erachtens eindrucksvoll[8].

---

[6] Hierzu *Fischer*, Topoi verdeckter Rechtsfortbildungen im Zivilrecht, 2007, S. 142 ff.
[7] *Hirsch*, ZIP 2002, 501, 502 = MedR 2001, 599, 600.
[8] Zum folgenden eingehend mit detaillierten Nachweisen *Fischer*, Europäisierung der nationalen Zivilrechte – Renaissance des institutionellen Rechtsdenkens, 2002, S. 14 ff.; grundlegend *Rüthers*, „Institutionelles Rechtsdenken" im Wandel der Verfassungsepochen, 1970, S. 19 ff.; *ders.*, Wir denken die Rechtsbegriffe um ..., 1987, S. 45 ff.; *ders*, Die unbegrenzte Auslegung, 6. Aufl. 2005, S. 400 ff.

a. Die gesetzlichen Grundlagen

Der NS-Gesetzgeber verabschiedete 1938 ein Ehegesetz. Der alliierte Kontrollrat strich einige eindeutig nationalsozialistische Vorschriften und erließ das Ehegesetz von 1938 weitgehend unverändert als Ehegesetz 1946. Dieses Gesetz galt später in der DDR und in der Bundesrepublik. Dieselben Vorschriften sind also in drei[9] unterschiedlichen staatlichen Ordnungen interpretiert worden. Im Ehegesetz von 1938 und von 1946 wurde als Entscheidungsmaßstab für Ehescheidung und Eheaufhebung an mehreren Stellen das Wesen der Ehe genannt. Das Scheidungsbegehren war daraufhin zu prüfen, ob es bei richtiger Würdigung des Wesens der Ehe sittlich gerechtfertigt war.

Dem Erlass des Ehegesetzes von 1938 lag der „Geist des Nationalsozialismus" als zentrale Rechtsidee und eine neue, auf den Vorrang der nordischen Rasse gestützte bevölkerungspolitische Sicht der Ehe zugrunde. „Das wesentliche Interesse der Volksgemeinschaft am Institut der Ehe liegt darin, dass sie die sicherste Grundlage zur Schaffung und Erhaltung einer deutschblütigen erbgesunden Bevölkerung durch gesunden volksbewussten Nachwuchs ist." Die Ehe war „eben nicht mehr eine Privatangelegenheit der gerade Beteiligten, sondern eine Aufgabe im Dienste der Erhaltung der rassischen und kulturellen Kräfte des Volkes" zur Sicherung der „Ewigkeit des völkischen Lebens".

Der alliierte Kontrollrat hat das Ehegesetz 1946 ohne eine amtliche Begründung verabschiedet. Es existierte also keine materielle Wertentscheidung des Gesetzgebers zum Wesen der Ehe. Sicher war nur: Die gesetzgeberischen Motive für das Ehegesetz von 1938 waren spätestens mit dem Erlass des Ehegesetzes von 1946 entfallen.

b. Reichsgericht

Der zuständige Vierte Senat des Reichsgerichts interpretierte das Wesen der Ehe entsprechend der nationalsozialistischen Bevölkerungspolitik. Die Frage der Aufrechterhaltung einer zerrütteten Ehe müsse in erster Linie nach den völkischen Belangen beantwortet werden. Die für die Allgemeinheit nützliche Überführung ehebrecherischer Verhältnisse in volkspolitisch wertvolle Ehen sei zu ermöglichen. Dieser scheinbar trockene Satz des Reichsgerichts lässt sich folgendermaßen „übersetzen": Geliebte sind regelmäßig deutlich jünger als Ehe-

---

[9] Österreich bleibt hier außer Betracht.

frauen und damit meist länger gebärfähig. Besonders geringen Bestandsschutz genossen solche Ehen, die für die Volksgemeinschaft keinen Wert hatten. Sog. rassische Mischehen zwischen einem sog. deutschblütigen und einem jüdischen Ehegatten wurden leicht geschieden. Wenig schutzwürdig waren wegen des erwünschten Kindersegens auch Ehen, in denen die Frau älter war als der Mann. Ein Altersunterschied von drei Jahren wurde, am Maßstab vom Wesen der Ehe gemessen, bereits als naturwidrig und von vornherein ehegefährdend eingestuft. Die reichsgerichtlichen Sexualexperten begründeten dies mit der früher eintretenden „geschlechtlichen Erkaltung" der Frau. Auch volkswirtschaftliche Aspekte konnten die Scheidung begünstigen, so etwa, wenn nach Ansicht des Reichsgerichts die volkswirtschaftliche Ausnutzung der Schaffenskraft des Ehemannes durch eine von ihm als unglücklich empfundene Ehe behindert wurde. Wertlos, ja schädlich für die Volksgemeinschaft war eine Ehe, welche die für die deutsche Industrie wertvolle Arbeitskraft des Mannes durch sinnlose Streitereien beeinträchtigte. Das Reichsgericht folgte nach der Formulierung eines seiner Richter dem Grundsatz der gemäßigten Scheidungsfreudigkeit. Es hat das rassen- und volkspolitische Programm des NS-Gesetzgebers durch seine Ausdeutung des Wesens der Ehe im sog. Geist der nationalsozialistischen Weltanschauung konsequent verwirklicht.

c. Bundesgerichtshof

Interpretationshilfen zum Wesen der Ehe hatte der Gesetzgeber des Ehegesetzes von 1946 nicht gegeben. Dennoch wendete der Bundesgerichtshof dieselben Vorschriften ganz anders als das Reichsgericht an. Statt der gemäßigten Scheidungsfreudigkeit galt nun eine rigorose Scheidungsfeindlichkeit. Der Bundesgerichtshof begründete seine Rechtsprechung mit einer absoluten, vorgegebenen sittlichen Ordnung und dem in ihr wurzelnden Institut der Ehe, das diese wesenshaft unauflöslich mache. Die Folgen sind apodiktisch klar, die bestimmende Ordnung bleibt recht nebulös. Prägend dürfte die Renaissance eines christlichen Naturrechts in der Rechtsprechung der frühen Bundesrepublik gewesen sein, die bis in die Mitte der 60er Jahre wirkte. Dass ein einheitliches, religiös orientiertes idealtypisches Ehemodell in einer freiheitlichen, weltanschaulich pluralistischen Gesellschaft, in der Staat und Kirche getrennt sind, nicht existiert, bleibt ebenso unberücksichtigt wie die reale Vielfalt sittlicher Anschauungen.

d. Oberstes Gericht

Da das Ehegesetz des alliierten Kontrollrats bis 1965 in der DDR galt, äußerte sich auch das Oberste Gericht der DDR zum Wesen der Ehe. Maßgebend sei der Inhalt des Wesensbegriffs, den die Ehe in der antifaschistisch demokratischen Ordnung des neuen Staates habe. Die Ehe sei – so hieß es wieder – nicht nur eine individuelle Angelegenheit der Eheleute, sondern habe auch gesellschaftliche Ideale zu fördern, nicht zuletzt die Arbeitsfreude und das Streben nach persönlicher Vervollkommnung. Die Pflichten der Eheleute gegenüber der sozialistischen Gesellschaft wurden in den Vordergrund gestellt. So spielte der volkswirtschaftliche Gesichtspunkt der Erwerbstätigkeit der (geschiedenen) Ehefrau für den Aufbau, für die Erfüllung des Wirtschaftsplanes bei der Scheidung eine Rolle, und zwar mit dem Hinweis darauf, dass die Ehe ihren kapitalistischen Charakter als Versorgungsinstitut der Frau verloren habe; in der Deutschen Demokratischen Republik habe auch jede Frau ihre Arbeitskraft dem Aufbau zur Verfügung zu stellen. *Hilde Benjamin*, damals Vizepräsidentin des Obersten Gerichts, merkte an[10]: „Wir glauben, daß wir mit diesen … Entscheidungen im Sinne des Fünfjahrplanes dazu beigetragen haben, die Berufstätigkeit der Frau auf der einen Seite, auf der anderen Seite aber auch durch die Entlastung der Männer von unzeitgemäßen Unterhaltspflichten sicher in einer ganzen Reihe von Fällen die Arbeitsfreude unserer Aktivisten zu fördern". Wurde ein Ehegatte schließlich bei seinen gesellschaftlichen Funktionen (Teilnahme an einem FDJ-Lehrgang, Führungspositionen in der FDJ) behindert, so lag eine schwere Eheverfehlung vor, die den sonst möglichen Schluss, die Eheverfehlung sei durch späteren ehelichen Verkehr verziehen, nicht zulasse.

e. Methodenkritik

Vergleicht man die Auslegung des Wesens der Ehe in der NS-Zeit, in der DDR und in der Bundesrepublik, so verblüffen angesichts des identischen Gesetzeswortlauts die sehr unterschiedlichen Ergebnisse. Die Obergerichte hatten offensichtlich keine Schwierigkeiten, aus den unveränderten Gesetzestexten eine dem Willen der jeweils Herrschenden entsprechende Lösung herauszuholen. Derartig voneinander abweichende Auslegungen rufen beim sog. einfachen Bürger, aber auch bei vielen Fachjuristen ein gewisses Unbehagen und Misstrauen hervor. Die Funktionsweisen solcher „Interpretationsalchemie" erscheinen ihnen rätselhaft.

---

[10] *Benjamin*, NJ 1951, 150, 153.

2. Zum juristischen Alltagsgeschäft

Standardisierte Rechtfertigungsformeln für inhaltlich weitgehend beliebige „herrschende" Auffassungen spielen schon im Studium spätestens in der Vorbereitung auf die juristischen Staatsprüfungen faktisch eine zentrale Rolle. Entsprechendes gilt im rechtlichen Berufsalltag. Man verwendet Standardargumente und wird mit ihnen konfrontiert, und zwar auch im Zusammenhang mit Rechtsfortbildungen. Wer oft und über mehrere Jahre vor Instanzgerichten in der Zivil- und Arbeitsgerichtsbarkeit forensisch tätig war, der hat bei hinreichender Aufmerksamkeit praktisch automatisch gelernt, wie kreativ manche Richter den konkreten Entscheidungssatz bilden und wie eigenwillig sie den zu beurteilenden Sachverhalt herstellen, wenn sie der Meinung sind, eine „unangemessene" gesetzliche oder rechtsgeschäftliche Entscheidungsvorgabe sei an die konkreten Erfordernisse „anzupassen". Es sind aber keinesfalls nur Richter, die das Recht verdeckt fortbilden. Die Gerichte werden bei ihren Rechtsfortbildungen von der sog. praktischen Rechtswissenschaft unterstützt, welche den Gerichten konkrete Entscheidungsvorschläge für problematische oder problematisch gemachte Rechtsfragen unterbreitet. In weiten Teilen der Gerichtsbarkeit und der sie vorbereitenden und kommentierenden Theoretiker- und Praktikerliteratur herrscht bekanntlich eine pragmatische Methodenbeliebigkeit. Mal bedient man sich dieser, mal jener „Auslegungsmethoden". Gewisse Konstruktionen und begründungsersetzende Leerformeln wiederholen sich dabei auch in der gerichtlichen Praxis ständig, ohne dass die jeweils erzielten Ergebnisse deshalb vorhergesehen werden könnten. Selbst wer als Parteivertreter im Prozess seine jeweilige Methode am Begehren des Mandanten ausrichtet, die rechtlichen Vorgaben final interpretiert und um die Austauschbarkeit vieler juristischer Argumente weiß, kann bei dieser Art von „Entscheidungslotterie" von einem zunehmenden Unbehagen befallen werden.

Das gilt jedenfalls dann, wenn Richter das Recht mit leerformelartigen Begründungen und ornamentalen Floskeln fortbilden. Verdeckte Rechtsfortbildungen der Gerichte werden, wenn sie denn erkannt werden, als unwürdiger Taschenspielertrick, als charakterlose Unredlichkeit, ja geradezu als Sakrileg empfunden. Ursächlich dürfte das tief verwurzelte Idealbild vom „gerechten" Richter sein, der sich nach den Vorstellungen der jüngeren Neuzeit zunächst einmal dadurch auszeichnet, dass er die Gesetze beachtet, daher nicht ohne gute Gründe von diesen abweichen und klammheimlich ihn bindende normative Vorgaben manipulieren darf. Man kann vermuten, dass die verbreitete und teilweise sehr emotionale Ablehnung erkannter verdeckter richterlicher Rechtsfortbildungen trotz zwischenzeitlicher Veränderungen des Richterbildes mit dem Mythos des überparteilichen, gesetzesgebundenen Richters und der sakralen Idee der Gerechtigkeit („Gesetzesrechtsanwendungsgleichheit") zusammenhängt, also mit nach wie vor wirksamen rechtsphilosophischen Vorstellungen von hoher Emotionalität.

III. Das Phänomen der verdeckten Rechtsfortbildungen

Damit kommen wir zur tatsächlichen Ausgangssituation, zu dem Phänomen der verdeckten Rechtsfortbildungen. Verdeckte Rechtsfortbildungen gibt es, weil die Fortbildung des Rechts unausweichlich ist, in Ausbildung und Praxis aber am Mythos der Auslegung festgehalten wird.

1. Die Fortbildung des Rechts als juristische Daueraufgabe

Entgegen einer verbreiteten Sichtweise ist die Rechtsfortbildung der Sache nach nichts Neues. Jedenfalls im Zivilrecht stellt die Fortbildung des Rechts durch Auslegungen und Gesetzesrechtsfortbildungen eine juristische Daueraufgabe dar.

a. Strauss in Rom

Fortbildungen des Rechts existieren, seit es Rechtsnormen gibt[11]. Sobald sich das Recht vom Einzelfall löst und zu einer abstrakten normativen Regel erstarkt, stellt sich die Frage, wie diese richtig auf künftige Fälle anzuwenden ist. Anwendungsfragen werden in Streitfällen schnell zu Fortbildungsfragen.

Ein sog. klassisches Beispiel bietet die Haftung für vierfüßige Tiere nach dem Zwölftafelgesetz. Im Jahr 450 a.d. schrieb man das öffentliche und private römische (Gewohnheits-)Recht auf zwölf Tafeln nieder, die auf dem Forum aufgestellt wurden. Auf der achten Tafel fand sich laut *Ulpian* für die Schadenszufügung durch ein vierfüßiges Tier die Regel, dass entweder das schädigende Tier zu übergeben oder die Schadenssumme anzubieten sei. Nach den punischen Kriegen hielt – so heißt es – der große Vogel Strauss in Italien Einzug und verursachte Schäden; die „Tierhalterhaftung" für Vierfüßler soll mittels eines Ana-

---

[11] Zu den institutionellen Voraussetzungen verdeckter Rechtsfortbildungen *Fischer*, Topoi verdeckter Rechtsfortbildungen im Zivilrecht, 2007, S. 287 ff.

logieschlusses auf große Zweifüßler erstreckt worden sein. Das Beispiel[12] dürfte historisch falsch sein und tatsächlich aus dem Jahre 1951[13] stammen, ist aber ausgesprochen lehrreich. Es zeigt: Selbst bei einfachsten und konkreten Rechtsregeln mit scheinbar rein deskriptiven Voraussetzungen stellt sich stets die Frage nach ihrer Fortbildung, wenn neue Fallkonstellationen auftauchen oder nicht vorhergesehene Veränderungen eintreten.

b. Richterliche Zivilrechtsfortbildungen im 20. Jahrhundert

Das 20. Jahrhundert ist als Jahrhundert der Rechtsfortbildungen bezeichnet worden[14]. Unser sog. gelebtes (Zivil-)Recht ist zu einem wichtigen Teil rechtsfortbildendes Richterrecht. Es geht heute also nicht um die Frage „Gesetzesrecht *oder* Richterrecht". Schon im Jahresbericht von 1966 für den Bundesgerichtshof hieß es[15]: *„Darüber* ist jedenfalls unter Juristen kein Zweifel möglich, daß in allen übersehbaren Zeiträumen das verwirklichte Recht eine Mischung von Gesetzesrecht und Richterrecht gewesen ist und daß dasjenige Recht, das sich in den Erkenntnissen der Gerichte verwirklicht hat, sich niemals in allem mit demjenigen Recht gedeckt hat, das der Gesetzgeber gesetzt hatte. Zur Erörterung steht immer nur das Maß, nicht das Ob eines Richterrechts". Zu ergänzen ist: das Maß und das „Wie" des Richterrechts.

Zwei Hinweise zu richterlichen Zivilrechtsfortbildungen im 20. Jahrhundert müssen hier genügen[16]. Erstens: Schon in den Anfangsjahren nach Inkrafttreten des BGB sind zahlreiche Rechtsfortbildungen des Reichsgerichts nachweisbar, etwa die Anerkennung der vorbeugenden deliktischen Unterlassungsklage, von Verkehrssicherungspflichten, der publizitätslosen Sicherungsübereignung, des Vertrags mit Schutzwirkungen für Dritte, der positiven Vertragsverletzung, der cic usw. Die wilden 20er-Jahre brachten dann Judikate wie die spektakulären Aufwertungsurteile und die berühmte Kieler-Straßenbahn-Entscheidung des Reichsgerichts. Der bekannte Prozessualist *James Goldschmidt* sprach schon 1924 von „Gesetzesdämmerung"[17], bevor dann im Dritten Reich die Zivilrechtsordnung durch unbegrenzte Auslegungen umgedeutet wurde. Es begann also nicht erst mit dem Herrenreiter, der zum Sinnbild für den kühnen Sprung

---

[12] Hierzu *Fischer*, Topoi verdeckter Rechtsfortbildungen im Zivilrecht, 2007, S. 287 m.w.N.
[13] Vgl. *Bartholomeyczik*, Die Kunst der Gesetzesauslegung, 1951, S. 84 f.
[14] *Fischer*, Topoi verdeckter Rechtsfortbildungen im Zivilrecht, 2007, S. 209.
[15] NJW 1967, 816.
[16] Eingehende Darstellung richterlicher Zivilrechtsfortbildungen im 20. Jahrhundert bei *Fischer*, Topoi verdeckter Rechtsfortbildungen im Zivilrecht, 2007, S. 149 ff.
[17] *Goldschmidt*, JW 1924, 245.

geworden ist, mit dem der Bundesgerichtshof die gesetzliche Hürde des § 253 BGB a.F. nahm, um Schmerzensgeld auch für Ehrverletzungen zuzusprechen.

Zweitens: Entgegen verbreiteter Einschätzung bilden nicht ausschließlich die Revisionsgerichte das Recht fort. Die jüngst von *Adomeit* in einer Rezension wieder einmal aufgestellte Behauptung, Instanzgerichte würden kein Recht fortbilden[18], trifft weder faktisch noch rechtlich zu. Ein Blick in den Rechtsprechungsteil juristischer Praktikerzeitschriften jeweils in den ersten Jahren nach den zahlreichen Systemwechseln des letzten Jahrhunderts in Deutschland belegt das Vorkommen instanzgerichtlicher Rechtsfortbildungen anschaulich[19]. Die Rechtsfortbildungs- und Umdeutungsstrategien treten in den instanzgerichtlichen Entscheidungen mitunter sehr klar hervor, weil die Tatsachengerichte „näher am Fall" und nicht so routiniert im Überspielen individueller Lebensumstände sind. Auch hat es Fortbildungen des Gesetzesrechts gegeben, die weitgehend ohne Beteiligung der Revisionsgerichte erfolgt sind. Nur ein Beispiel: Als der Gesetzgeber der Zwischenkriegszeit seiner ihm durch Art. 109 der Weimarer Reichsverfassung auferlegten Verpflichtung, das Eherecht neu zu ordnen, nicht nachkam, „bemühte sich die Rechtsprechung, Unbilligkeiten, die sich aus der familienrechtlichen Regelung des BGB ergaben, durch rechtsschöpferische Entscheidungen – teilweise contra legem – zu mildern"[20]. Es waren vor allem die Instanzgerichte, welche die Entscheidungsgewalt des Ehemannes und des Vaters einschränkten, indem sie den Missbrauchsbegriff in den §§ 1354 Abs. 2 und 1666 BGB ausweiteten; sie erkannten zudem – entgegen der in § 1356 Abs. 2 BGB vorgesehenen Pflicht der Ehefrau zur unentgeltlichen Mitarbeit – unter bestimmten Voraussetzungen einen Verdienstanteil der im Geschäft oder Betrieb des Ehemannes mittätigen Ehefrau an. Beispiele für Fortbildungen des Gesetzesrechts durch die Tatsacheninstanzen gibt es in Hülle und Fülle. Im Übrigen ist die rechtsfortbildende Funktion der Instanzgerichte seit der umfangreichen Prozessrechtsreform des Jahres 2001 auch dem Text der Zivilprozessrechtsordnung zu entnehmen[21]. Freilich bleibt die Steuerungswirkung einzelner instanzrichterlicher Entscheidungen weit hinter denen höchstrichterlicher Urteile zurück.

Festzuhalten ist: Die Rechtsfortbildung lässt sich heute nicht mehr als ein pathologischer Fall der Rechtsfindung begreifen, den man dann in wenigen Grund-

---

[18] *Adomeit*, JZ 2008, 299, 300.
[19] Hierzu bereits *Fischer*, Topoi verdeckter Rechtsfortbildungen im Zivilrecht, 2007, S. 149 f.
[20] So BGHZ 11 Anhang, S. 34, 69. Es handelt sich um ein insgesamt lesenswertes Zeitdokument.
[21] § 511 Abs. 4 Nr. 1 ZPO: „wenn ... die Fortbildung des Rechts ... eine Entscheidung des Berufungsgerichts erfordert"; s. auch § 522 Abs. 2 S. 1 Nr. 3 ZPO.

satzentscheidungen isolieren kann[22]. Die Fortbildung des Rechts ist eine juristische Daueraufgabe. Darüber, dass die Rechtsfortbildung zu den legitimen Aufgaben der Zivilrechtsprechung zählt, herrscht heute im Grundsatz auch Einigkeit.

c. Die „Soraya"-Entscheidung als Epochenschnitt

Der „Soraya"-Beschluss vom 14. Februar 1973[23] war, wenn man den Berichten von Zeitgenossen Glauben schenken darf, für das allgemeine juristische Rechtsfindungsverständnis in Deutschland von geradezu epochaler Bedeutung[24]. Zwar war die Steuerungs- und Breitenwirkung von Rechtsfortbildungen spätestens seit der Umdeutung der Zivilrechtsordnung durch die Rechtsprechung im Nationalsozialismus und der Revision dieses Richterrechts in der Nachkriegszeit deutlich sichtbar. Das noch frische Trauma der „Perversion der Rechtsordnung" (*Fritz v. Hippel*) scheint jedoch bei Vielen zunächst eine realistische Betrachtung verhindert zu haben. Die Rechtserneuerung im Nationalsozialismus wurde als einmaliger Betriebsunfall in der (Rechts-)Geschichte angesehen, und als in jeder Hinsicht unvergleichbar eingestuft. Man erklärte den Positivismus zum methodischen Sündenbock[25], was den nationalsozialistischen Gesetzgeber zum allein Verantwortlichen machte und die Richter und Rechtswissenschaftler weitestgehend entlastete. Nicht die schmerzhaften Erfahrungen der damals jüngsten Vergangenheit prägten die in den fünfziger Jahren einsetzende Diskussion über die richterliche Rechtsfindung und ein zeitgemäßes Richterbild, sondern *Theodor Viehwegs* Anleihen in der weit zurückliegenden Philosophie- und Rechtsgeschichte[26] und *Josef Essers* Vergleich mit dem problemorientierten Denkstil anderer Rechtsordnungen[27].

Spätestens seit der „Soraya"-Entscheidung des Bundesverfassungsgerichts war aber für jeden Juristen in der Bundesrepublik Deutschland erkennbar, dass der Zivilrichter zur schöpferischen Fortbildung des Gesetzesrechts berufen und befugt ist.

---

[22] *Lames*, Rechtsfortbildung als Prozesszweck, 1993, S. 135.
[23] BVerfGE 34, 269 ff.
[24] *Fischer*, Topoi verdeckter Rechtsfortbildungen im Zivilrecht, 2007, S. 214 ff.
[25] Hierzu *Rüthers*, Rechtstheorie, 4. Aufl. 2008, Rn. 483.
[26] *Viehweg*, Topik und Jurisprudenz, 1953.
[27] *Esser*, Grundsatz und Norm in der richterlichen Fortbildung des Privatrecht, 1956.

2. Die Auslegung als Normal- und Idealfall der Rechtsfindung

Dennoch gilt die sog. Auslegung in der Juristenausbildung seit Langem und auch heute immer noch als der Normalfall einer auf die Rechtsfindung verkürzten Entscheidungsfindung[28]. Anschaulich belegt das der bereits zitierte Programmsatz des damaligen Präsidenten des Bundesgerichtshofs *Günter Hirsch*: „Dreh- und Angelpunkt der Rechtsfindung ist die Auslegung des Gesetzes"[29].

Im juristischen Tagesgeschäft kann der Umfang des richterrechtlichen Anteils am tatsächlich geltenden Recht erfolgreich verdrängt werden, weil die Präjudizien, die im Prozess der Rechtsfindung längst die Funktion der Gesetze übernommen haben, immer noch als deren Ausführungsakte begriffen werden. Die Präjudizien werden in der Praxis und im dogmatischen Lehrbetrieb als schlichte Anwendungsfälle der Gesetze und als Konkretisierungen der Gesetzes- und Rechtsbegriffe diskutiert und vermittelt. Rechtsfindung erscheint daher als Auslegung der Gesetze, die mit maximal vier Auslegungselementen unschwer zu bewältigen ist – wenn man denn die Präjudizien kennt.

So ist es möglich, dass sich die Rechtsfindung trotz der theoretischen Anerkennung der Rechtsfortbildung im 20. Jahrhundert und der allmählichen Durchsetzung des Begriffs Rechtsfortbildung ab etwa 1960[30] praktisch meist in der Anwendung der ausgelegten Gesetze erschöpft.

3. Die Begründungspraxis der Gerichte

Der Paradigmenwechsel in der Theorie der Rechtsfindung[31] hat keine Entsprechung in der Begründungspraxis der Gerichte. In ihr herrscht der „Mythos Auslegung". Zwar bilden die Zivilgerichte das Gesetzesrecht auf breiter Front fort, aber im Gewand seiner Auslegung. Das lässt sich anhand der Begründungspraxis des BGH in Zivilsachen belegen[32].

Der Bundesgerichtshof benutzt den Begriff Rechtsfortbildung – gemessen an der Gesamtzahl seiner zivilrechtlichen Entscheidungen oder auch an der Ver-

---

[28] Hierzu *Fischer*, Topoi verdeckter Rechtsfortbildungen im Zivilrecht, 2007, S. 142 ff.
[29] *Hirsch*, ZIP 2002, 501, 502 = MedR 2001, 599, 600.
[30] Zur Begriffsgeschichte *Fischer*, Topoi verdeckter Rechtsfortbildungen im Zivilrecht, 2007, S. 67 ff.
[31] Hierzu *Fischer*, Topoi verdeckter Rechtsfortbildungen im Zivilrecht, 2007, S. 137 ff.
[32] Vgl. insoweit *Fischer*, Topoi verdeckter Rechtsfortbildungen im Zivilrecht, 2007, S. 221 ff. mit detaillierten Nachweisen.

wendung des Wortes Auslegung – sehr selten. Diese These, die im Widerspruch zu gängigen Bewertungen im Schrifttum steht, wird durch eine Sprachgebrauchsanalyse des Bundesgerichtshofs in Zivilsachen anhand der ersten 154 Bände der amtlichen Sammlung bestätigt. Von den insgesamt 7.813 Entscheidungen enthalten ganze 104 das Wort „Rechtsfortbildung". In einem Großteil der Entscheidungen wird die angesprochene „Rechtsfortbildung" als unzulässig verworfen oder schlicht abgelehnt. In 28 Entscheidungen fällt der Begriff im Zusammenhang mit einer positiv bewerteten juristischen Lösung. Achtmal geht es dabei um schon länger zurückliegende Entscheidungen und Entscheidungsreihen, die rückblickend als Rechtsfortbildungen eingestuft werden. Es verbleiben 20 Entscheidungen, in denen die gerade getroffene Rechtsfolgenbestimmung (auch) Rechtsfortbildung genannt wird. Das sind knapp 0,26 % des Grundwerts. Überspitzt kann man als Ergebnis der Analyse des Sprachgebrauchs in den ersten 154 Bänden der amtlichen Entscheidungssammlung des Bundesgerichtshofs in Zivilsachen Folgendes sagen: Der Bundesgerichtshof erfüllt seine abstrakt allgemein anerkannte Aufgabe der Rechtsfortbildung konkret durch Auslegung der Gesetze. Demgegenüber ist Rechtsfortbildung in den Entscheidungsgründen des Bundesgerichtshofs vor allem das, was andere fordern, aber nicht bekommen. Gelegentlich wird mit dem Begriff noch bezeichnet, was man seit jeher so praktiziert. Nur ganz ausnahmsweise steht die Rechtsfortbildung in der amtlichen Entscheidungssammlung des Bundesgerichtshofs in Zivilsachen für das, was das Gericht gerade macht.

Das Phänomen ist im Übrigen altbekannt. Die Fortbildung des Rechts erfolgt traditionell verdeckt. Die näher Interessierten seien auf die Skizze „Streiflichter der Geschichte verdeckter Rechtsfortbildungen" verwiesen, die – historisch angreifbar – mit König Salomos Urteil beginnt[33]. Hier und heute muss ein klassisches Zitat genügen: In Goethes „Zahmen Xenien", die überwiegend im noch vorhandenen und auch von meiner Fakultät genutzten Schillerschen Gartenhaus in Jena entstanden sein sollen, heißt es im 2. Buch: „Im Auslegen seid frisch und munter! Legt ihr`s nicht aus, so legt was unter". Der Mythos des bloß auslegenden Gesetzesvollzugs lässt sich aufrechterhalten, wenn erforderliche Rechtsfortbildungen verdeckt werden.

---

[33] *Fischer*, Topoi verdeckter Rechtsfortbildungen im Zivilrecht, 2007, S. 273 ff.

IV. Mögliche Ursachen verdeckter Rechtsfortbildungen

Den verstreuten Äußerungen im Schrifttum lassen sich verschiedene Ursachen für verdeckte Rechtsfortbildungen entnehmen[34]. Mit verdeckten Rechtsfortbildungen kann man die Verantwortung für eine eigene Interessenbewertung auf den Gesetzgeber abwälzen („die schmutzigen Hände in Unschuld waschen"), das Urteil gegen Kritik immunisieren, sich die Begründungsarbeit erleichtern und die Rechtsprechung durch Leerformeln flexibel halten. Vereinzelt wird eine autoritätserschleichende, gesetzesrechtsfortbildende Auslegung sogar ausdrücklich empfohlen oder als unausweichlich dargestellt. Nach *Walter Wilburg* ist es das „Schicksal der Rechtswissenschaft, daß sie Geist und Mühe zum größten Teil auf die Kunst verschwenden muß, das Gesetz mit allen Mitteln auszulegen und, zur Vermeidung untragbarer Folgen bona mente zu »überlisten«"[35].

Aus dem Kreis der subjektiven Beweggründe für verdeckte Rechtsfortbildungen sind der verbreitete „horror vacui", der profane Aspekt der Bequemlichkeit und ein gelegentlich feststellbares elitäres richterliches Selbstverständnis hervorzuheben. Der wichtigste subjektive Beweggrund für verdeckte Rechtsfortbildungen scheint der „horror vacui", also die Furcht bzw. das Grauen vor dem gesetzlich nicht geregelten Raum zu sein. Hierfür sprechen soziologische Erhebungen, die vereinzelten veröffentlichten Berichte über das Verhalten von Richtern bei Rechtsfortbildungen und zahlreiche tabuisierende und warnende Umschreibungen der Aufgabe der richterlichen Rechtsfortbildung aus dem Mund von Bundesrichtern. Richter sollen aufgrund ihrer Ausbildung und beruflichen Sozialisation und des Stands ihrer methodischen Kenntnisse stets nach normbestimmter Determination suchen. Die richterliche Rechtsfortbildung gelte deshalb – einige Zitate – als „Ausnahme", als „abweichendes Verhalten", als „gefährliches Gewässer", als „verminte Grenzzone", als „dunkler Wald" usw.

Ein elitäres richterliches Selbstverständnis kann als weiterer subjektiver Beweggrund zu verdeckten Rechtsfortbildungen führen. Als Fachleute wissen die Richter manchmal eher als der Gesetzgeber, was die „richtige" gesetzliche Regelung wäre. Im Konflikt zwischen der allgemeinen Norm und der individuellen Billigkeit fühlen sie sich oft mehr der Einzelfallgerechtigkeit verpflichtet. Als Spezialisten wissen sie auch besser als die Parteien, was für diese aus rechtlicher Perspektive gut ist oder gut gewesen wäre. Die faktische Herrschaft über den Sachverhalt und die Vieldeutigkeit von Parteierklärungen und Parteiverhalten

---

[34] Zu möglichen Ursachen verdeckter Rechtsfortbildungen *Fischer*, Topoi verdeckter Rechtsfortbildungen im Zivilrecht, 2007, S. 295 ff.
[35] *Wilburg*, FS Larenz, 1973, S. 661, 670.

eröffnen zahlreiche Möglichkeiten, den unwissenden Parteien durch eine wohlmeinende „Auslegung" oder andere Instrumente einer richterlichen Vertragskorrektur helfend beizuspringen. Weiterhin werden Rechtsfortbildungen nach höchstrichterlichen Bekundungen deshalb nicht als solche bezeichnet, weil das die Parteien verunsichere und die Fachgemeinde den rechtsfortbildenden Charakter einer Entscheidung doch ohnehin erkenne. Hier klingt eine archaische und mystische Vorstellung von Rechtsfindung an: Rechtsprechung als Mysterium, als Geheimkult für Erleuchtete, Rechtsfortbildungen als durch esoterische Scheingründe verdeckte Geheimnisse der Eingeweihten. *Heinrich Lange* hat 1934 vom Gesetz als „Kinderschreck" gesprochen[36]: „die Harmlosen glauben an seine Kraft, die Auguren lächeln".

Die tieferen Ursachen für verdeckte Rechtsfortbildungen liegen in bestimmten methodischen Vorstellungen und in der Ausgestaltung unserer deutschen Juristenausbildung.

Nach richterlichen Mitteilungen soll das methodische Allgemeinwissen in der Justiz nicht über die traditionelle, auf den Normtext fixierte Interpretatorik hinausgehen und Rechtsfindung als Auslegung der Gesetze begriffen werden[37]. Andere bedienen sich bewusst mal dieser, mal jener Auslegungsmethoden. *Wolfgang Zeidler* schreibt man den Ausspruch zu: „Ach wissen Sie, bei uns hat halt jeder Fall seine eigene Methode." Verbreitet ist die seltsame Vorstellung, jeder Fall trage seine Lösung in sich[38]. Entsprechende Zeugnisse praktisch tätiger Juristen gibt es zuhauf. Der ehemalige Vizepräsident des Bundesarbeitsgerichts *Dirk Neumann* hat das von Praktikern oft thematisierte Auseinanderfallen von Entscheidung und Begründung unter dem Titel „Urteilskünste", gestützt auf *Heinrich Lehmann*, sogar öffentlich als anzustrebendes Ideal gepriesen: Der wirkliche Richter sieht den Fall, überlegt die Lösung und sucht dann im Gesetz die passende Begründung. Inhaltliche Rechtfertigungen für diese Vorgehensweise sucht man regelmäßig vergeblich. Immerhin hat sich *Hermann Isay* 1929 ausdrücklich auf die damals moderne Phänomenologie und insbesondere auf *Max Schelers* Wertfühlen gestützt. Die Idee eines schöpferischen Erschauens, das einem Kraftüberschuss der Persönlichkeit entspringt, hat irrational-mystische Züge und befremdet heute. Freilich wird auch im rechtswissenschaftlichen Schrifttum seit etwa 1970 im Anschluss an *Hans Reichenbach* und *Karl*

---

[36] *Lange*, Vom alten zum neuen Schuldrecht, 1934, S. 48.
[37] So *Berkemann*, KritV 1988, 29, 33; ähnlich *Dieterich*, RdA 1993, 67, 69. – Zwar lässt sich diese Einschätzung in Ermangelung repräsentativer rechtstatsächlicher Erhebungen nicht widerlegen; Gespräche mit Richtern vermitteln aber oft einen anderen Eindruck.
[38] Vgl. *Fischer*, Topoi verdeckter Rechtsfortbildungen im Zivilrecht, 2007, S. 446 ff. m.w.N.

Popper (Stichwort: Entdeckungs- und Begründungszusammenhang) zunehmend die Trennung von Entscheidung und Begründung gefordert[39], meines Erachtens aufgrund eines wissenschaftstheoretischen Missverständnisses[40].

Zur zweiten tieferen Ursache: In der Ausbildung spielt das Rechtsfortbilden keine nennenswerte Rolle. Die Dogmatik der Teilrechtsgebiete beherrscht die Universitätsausbildung. Der Nährboden verdeckter Rechtsfortbildungen ist die seit Generationen beklagte Grundlagen- und Ausbildungskrise der Rechtswissenschaft[41]. Da die Grundsatzfragen und die Grundlagenfächer im Studium meist vernachlässigt werden, konzentrieren sich die Studierenden auf sachlich-rechtliche Detailfragen, Einzelfälle und Präjudizien. Da die Präjudizien im Lehrbetrieb als Konkretisierungen der Gesetzesbegriffe vermittelt werden, erscheint ihnen die Rechtsfindung – wie bereits gesagt – als Auslegung der Gesetze, die mit wenigen Auslegungselementen problemlos bewältigt werden kann, wenn man nur die Präjudizien kennt. Dieses bescheidene methodische Auslegungsinstrumentarium wird im Laufe des Studiums durch eine überschaubare Zahl vielfältig verwendbarer und verwendeter Standardargumente ergänzt, zu denen bestimmte Topoi zählen, mit denen sich das Gesetzesrecht im Gewand der Auslegung fortbilden lässt. Würde die jüngere Rechtsmethodengeschichte im Studium behandelt, wären viele dieser scheinbar bewährten, tatsächlich aber leerformelhaften Begründungen längst durch ihre historischen Anwendungsbeispiele bloßgestellt und entmythologisiert. Die Grundlagenkrise ist auch eine Krise der Grundlagenfächer, die sich stärker mit der Rechtspraxis und deren Problemen und weniger mit Welt- und Supertheorien beschäftigen sollten. Die heutigen akademischen Rechtstheorien sind – so *Klaus Röhl* – mittlerweile in Regionen der Abstraktion und Praxisferne abgehoben[42], in denen sie für Studierende und praktisch tätige Juristen nicht mehr zu vermitteln sind. Man spricht von einer entmaterialisierten Rechtstheorie, von einer Rechtstheorie ohne Recht[43]. Die juristischen Methodenlehren bieten gleichfalls kaum Hilfe. Sie sind vor allem „Methodenlehren der Rechtswissenschaft" – so der Titel des sog. Methodenklassikers von *Karl Larenz*, der mit anderen Klassikern das Schicksal teilt, als Fundgrube für gelehrte Zitate verwendet, aber selten als Ganzes gelesen zu werden. Die heutigen Methodenanleitungen stellen weder ein praktizierbares ausgearbeitetes Rechtsfortbildungsmodell noch eine konkrete, die Entscheidungsvorgaben einbeziehende Entscheidungsbegründungslehre zur Verfügung.

---

[39] Hierzu *Fischer*, Topoi verdeckter Rechtsfortbildungen im Zivilrecht, 2007, S. 456 ff.
[40] Dazu gleich unter VII.2.
[41] Hierzu *Fischer*, Topoi verdeckter Rechtsfortbildungen im Zivilrecht, 2007, S. 324 f., 397 ff.
[42] *Röhl*, Allgemeine Rechtslehre, 2. Aufl. 2001, S. 3.
[43] *H.-P. Schneider*, FS Erik Wolf, 1972, S. 108, dort noch als Frage formuliert.

Die Sachverhaltsarbeit wird in der gesamten Universitätsausbildung ignoriert. Die Relationsliteratur wird verbreitet belächelt, aber kein Ersatz geliefert. Veranstaltungen zur juristischen Argumentation, zum „praktischen Prozessrecht" und zur Urteilskritik sowie eine eigenständige wissenschaftliche Urteilstheorie fehlen weitestgehend.

V. Verdeckte Rechtsfortbildungen – Für und Wider

Verdeckte Rechtsfortbildungen werden im rechtswissenschaftlichen Schrifttum durchaus unterschiedlich bewertet[44]. Die Befürworter der Offenlegung von Fortbildungen des Gesetzesrechts argumentieren ethisch und „aufklärerisch". Sie fordern einen vorurteilsfreien, auf Vernunft gegründeten Umgang mit lückenhaften und überholten Gesetzen. Das Wahrheitsprinzip gebiete es, die Rechtsfortbildung als solche offen zu legen und die wirklich ausschlaggebenden Überlegungen zu nennen. Man könnte insoweit auch an die von *Kant* aufgestellte „transzendentale Formel des öffentlichen Rechts" erinnern[45]: „Alle auf das Recht anderer Menschen bezogenen Handlungen, deren Maxime sich nicht mit der Publizität verträgt, sind unrecht". Demgegenüber fällt es den Befürwortern verdeckter Rechtsfortbildungen erkennbar schwer, ihre Position als Gebot der reinen Vernunft zu legitimieren. Sie argumentieren pragmatisch und psychologisch-emotional: Untragbare Folgen der Gesetze sollen durch listiges Verhalten des Richters verhindert werden. Der Richter werde durch verdeckte Rechtsfortbildungen vor ideologischer Kritik, insbesondere durch Interessenverbände, geschützt. Die Rechtsprechung bleibe durch unterschiedlich füllbare Topoi verdeckter Rechtsfortbildungen flexibel. Rechtsmittel sollen im „wohlverstandenen Interesse" der Parteien verhindert werden, damit die Rechtspflege gut funktioniert. Die Würde und Autorität des Gerichts, die auf dem Ableitungszusammenhang zum Gesetz beruhe, werde durch eine – scheinbar – gesetzesdeterminierte Entscheidung gewahrt und bekräftigt.

Insoweit gilt: Topoi verdeckter Rechtfortbildungen ermöglichen eigenständige Interessenbewertungen des Rechtsanwenders im Gewand einer Anwendung der Gesetze. Sie versehen gesetzesfremde gerichtliche Entscheidungen mit dem Schein der gesetzgeberischen Billigung. Solange die Fortbildung des Gesetzesrechts dem Richter offiziell verboten war, sind verdeckte Rechtsfortbildungen praktisch unverzichtbar gewesen. Täuschungen und Tricks waren wegen der in früheren Jahrhunderten verbreiteten gesetzlichen Interpretations- und Fortbil-

---

[44] Hierzu *Fischer*, Topoi verdeckter Rechtsfortbildungen im Zivilrecht, 2007, S. 423 ff.
[45] *Kant*, Zum ewigen Frieden (1795), Anhang II, 1976, S. 69.

dungsverbote notwendig, um überkommene Gesetze an neue Gegebenheiten anzupassen. Mittlerweile ist die Befugnis des Richters, das zivile Gesetzesrecht fortzubilden, seit vielen Jahrzehnten im Grundsatz allgemein anerkannt. Dass Rechtsfortbildungen besonderen Begründungsanforderungen unterliegen, entschuldigt keine pragmatischen Ausflüchte und Verdeckungsstrategien. Seit offene Rechtsfortbildungen möglich sind, können verdeckte Rechtsfortbildungen nicht mehr gerechtfertigt werden.

VI. Rechtsfragen verdeckter Rechtsfortbildungen

Dass man verdeckte Rechtsfortbildungen als reine Frage der Ethik diskutiert, ist bemerkenswert, weil Juristen sich regelmäßig erst dann auf sittlich-moralische Gebote berufen, wenn sie über keine entsprechenden rechtlichen Vorgaben verfügen. Verdeckte Rechtsfortbildungen werfen indessen auch zahlreiche Rechtsfragen auf, die bislang noch nicht im Zusammenhang betrachtet und erörtert worden waren[46]. Ursächlich für dieses zunächst unverständliche Forschungsdesiderat dürften das weitgehend unverbundene Nebeneinander von juristischer Methodenlehre und Prozessrechtswissenschaft, die zunehmende Verselbständigung von Entscheidung und Begründung sowie die generelle Vernachlässigung von Begründungsfragen in der traditionellen Methodenlehre und in der Wissenschaft vom Zivilprozess sein.

Die im Hinblick auf Topoi verdeckter Rechtsfortbildungen durchgeführte Untersuchung der normativen Vorgaben begründeten Entscheidens hat gezeigt, dass verdeckte Rechtsfortbildungen geltende Gesetze verletzen und rechtliche Folgen haben. Hier müssen einige Andeutungen genügen. Topoi verdeckter Rechtsfortbildungen verstoßen gegen die – in Art. 20 Abs. 3 GG auch verfassungsrechtlich vorgeschriebene – Gesetzesbindung des Richters und zudem gegen die zivilprozessgesetzlichen Vorschriften über die Begründung gerichtlicher Entscheidungen, weil sie nicht die Erwägungen erkennen lassen, auf denen die Entscheidung in rechtlicher Hinsicht beruht (§ 313 Abs. 3 ZPO). Außerdem verletzen bestimmte Topoi bei der Bildung des Sachverhalts nach der Rechtsprechung des Bundesverfassungsgerichts das rechtliche Gehör (Art. 103 Abs. 1 GG) und das Willkürverbot des Art. 3 Abs. 1 GG.

Insbesondere das zivilprozessuale Rechtsmittelrecht eröffnet wirksame und abgestufte Möglichkeiten, verdeckten Fortbildungen des Gesetzesrechts und den

---

[46] Hierzu jetzt *Fischer*, Topoi verdeckter Rechtsfortbildungen im Zivilrecht, 2007, S. 440 – 533.

Der Schein der reinen Auslegung 119

sie verschleiernden Topoi zu begegnen[47]. Es ist daher weder nötig noch sachgerecht, Topoi verdeckter Rechtsfortbildungen als eine rein ethische Frage zu behandeln. Topoi verdeckter Rechtsfortbildungen stellen auch und vor allem eine rechtliche Problematik dar.

VII. Folgerungen

Die Beschäftigung mit verdeckten Rechtsfortbildungen legt meines Erachtens fünf weitergehende Folgerungen für den Weg zu einem rationaleren Modell begründeten Entscheidens nahe.

1. Entmythologisierung von Topoi verdeckter Rechtsfortbildungen

Ein erster Schritt ist die „Entmythologisierung" (*Rudolf Bultmann*) von Topoi verdeckter Rechtsfortbildungen: Verschleiernde Rechtsfortbildungsfiguren sollen entmystifiziert, sollen entzaubert werden. Zersetzt man Scheinargumente und Leerformeln durch rechtswissenschaftliche Kritik, so zwingt man ihre Verwender dazu, die realen Wertungsgesichtspunkte offen zu legen und damit der Diskussion zugänglich zu machen. Die gebräuchlichsten Topoi verdeckter Rechtsfortbildungen[48] finden über das „Sein" bzw. „die richtig verstandene Wirklichkeit", über gesetzliche und außergesetzliche „Begriffe", über die „Dogmatik" bzw. „das innere System" und über die „Methodik" Eingang in juristische Begründungen. Das gängigste und effektivste Instrument, um das Gesetz im Gewand seiner Auslegung fortzubilden, ist die sog. objektive Auslegung. Es gibt aber zahlreiche weitere methodische und sonstige Topoi verdeckter Rechtsfortbildungen wie die wirtschaftliche Betrachtungsweise, Umgehungs- und Strohmanngeschäfte, das Wesen oder die Natur einer Sache usw.

2. Entscheidung und Begründung

Die in der Praktikerliteratur und von Teilen des jüngeren rechtstheoretischen Schrifttums propagierte vollständige Entkopplung der Entscheidungsbegründung von der sog. Entscheidungsfindung verbietet sich[49]. Sie beruht auf einer

---

[47] Hierzu *Fischer*, Topoi verdeckter Rechtsfortbildungen im Zivilrecht, 2007, S. 510 ff.
[48] Ein erster grober, an gängige Typen juristischer Argumente anknüpfender Topoikatalog findet sich bei *Fischer*, Topoi verdeckter Rechtsfortbildungen im Zivilrecht, 2007, S. 546 ff.
[49] Hierzu *Fischer*, Topoi verdeckter Rechtsfortbildungen im Zivilrecht, 2007, S. 460 f.

unzutreffenden Gleichsetzung primär naturwissenschaftlicher und juristischer Entdeckungsvorgänge. Sie klassifiziert zum einen die ursprüngliche Entscheidungshypothese irrtümlich als die endgültige Entscheidung, obwohl ein intuitiver Einfall beim juristischen Entscheiden nur dann Bestand hat, wenn die Prüfung ergibt, dass er von Rechts wegen überzeugend begründet werden kann. Mein Fakultätskollege *Eberhard Eichenhofer* hat einmal anschaulich formuliert: „Manchmal sträubt sich die Feder, es geht einfach nicht, man muss zurück an den Anfang". Juristische Entscheidungen werden eben – anders als naturwissenschaftliche Entdeckungen – erst mit den sie tragenden Gründen gefunden. Zum anderen haben Entscheidungsbegründungen auch nicht die Aufgabe, das Zustandekommen der ursprünglichen Entscheidungshypothese nachzuzeichnen. Vielmehr soll die rechtlich überprüfte Entscheidung erläutert werden. Die gefundene Entscheidung steht nicht am Anfang, sondern am Ende des Prozesses begründeten Entscheidens. Die Entscheidungsgründe müssen deshalb die Erwägungen enthalten, auf denen die – letztlich getroffene – Entscheidung in tatsächlicher und rechtlicher Hinsicht beruht (vgl. § 313 Abs. 3 ZPO). Die Vergötterung des intuitiven Einfalls durch manche Praktiker und Theoretiker ist praktizierter Gesetzesnihilismus.

3. Zwei Stufen der Rechtsfindung

Bei der Rechtsfindung sind – stark vereinfacht – zwei Stufen bzw. Schritte zu unterscheiden[50]. Ausgangspunkt der Rechtsfindung ist stets die Auslegung der Gesetze. Zunächst muss auf erster Stufe versucht werden, die gesetzgeberische Interessenbewertung zu ermitteln. Gelingt das nicht oder bestehen Zweifel an der Gültigkeit der historischen Interessenbewertung, dann ist in einem zweiten Schritt zu prüfen, ob die gesetzgeberische Interessenbewertung und damit das Gesetzesrecht fortzubilden ist. Die Rechtsfortbildung hat besondere, nach Bereichen verschiedene Voraussetzungen[51]. Auch deshalb muss die Auslegung von rechtsfortbildenden Elementen möglichst frei gehalten werden.

Diese Unterscheidung in zwei Stufen der Rechtsfindung ist nicht neu. Sie lag dem traditionellen, schon bei *Christian Thomasius* zu findenden Grammatik-Logik-Schema der Rechtsinterpretation zugrunde, das bis zur Mitte des 20. Jahrhunderts in Deutschland vorherrschend war und in Frankreich noch heute allgemein praktiziert werden soll. Erst die Savigny-Rezeption durch *Karl Larenz* und *Ernst Forsthoff* hat zur Folge gehabt, dass die vier Elemente der Aus-

---

[50] Hierzu *Fischer*, Topoi verdeckter Rechtsfortbildungen im Zivilrecht, 2007, S. 559 f.
[51] *Fischer*, ZfA 2002, 215, 228 ff.

legung ihren späten Siegeszug antraten[52]. Heute ermöglichen vor allem zu weit verstandene systematische und teleologische Auslegungen die Fortbildung des Gesetzesrechts im Gewand seiner Anwendung. Die Rückkehr zu einem Zwei-Stufen-Modell der Rechtsfindung, das möglichst klar zwischen Auslegung und Fortbildung des Gesetzesrechts unterscheidet, könnte zu einer rationaleren juristischen Argumentation beitragen.

4. Die vernachlässigten Präjudizien und der Fall

Die in vielen Rechtsfindungsmodellen vernachlässigten Faktoren „Präjudiz" und „Fall" können ohne größere Probleme in ein Zwei-Stufen-Modell der Rechtsfindung integriert werden. Präjudizien entfalten ihre Entlastungswirkung auf beiden Stufen der Rechtsfindung. Der Fall findet durch das Hin- und Herwandern des Blickes zwischen Lebenssachverhalt und Gesetzesbegriff (*Karl Engisch*) bei der konkretisierenden Begriffserläuterung Eingang in das Rechtsfindungsmodell. Die in der Praxis zentrale Arbeit am Sachverhalt, mit der sich die akademische Methodenlehre und Prozessrechtswissenschaft bislang kaum beschäftigt haben, lässt sich mit dem traditionellen Relationsschema bewältigen, sofern dieses endlich auf den durch Verhandlungsmaxime *und* materielle Prozessleitung des Gerichts gekennzeichneten Zivilprozess abgestimmt wird[53].

5. Begründetes Entscheiden als Aufgabe

Hans Hattenhauer hat schon vor fast 40 Jahren in seiner „Kritik des Zivilurteils" eine eigenständige Urteilstheorie gefordert. Diese steht trotz wertvoller Vorarbeiten immer noch aus. Eine der wichtigsten Aufgaben im Überschneidungsbereich von Methodenlehre und Prozessrecht ist eine konkrete und praxisbezogene, die normativen Entscheidungs-, Sachverhaltsbildungs- und Begründungsvorgaben berücksichtigende juristische Argumentations- und Entscheidungslehre. Wir brauchen nach meiner Überzeugung endlich eine Methodenlehre der Rechtspraxis, die Teil einer umfassenden Rechtstheorie der Praxis ist. Freilich bekundet die fortlaufende Einsparung rechtstheoretischer Lehrstühle,

---

[52] Vgl. *Vogenauer*, Die Auslegung von Gesetzen in England und auf dem Kontinent, 2001, S. 441 m.w.N.
[53] Zur Relationstechnik eingehend *Fischer*, Topoi verdeckter Rechtsfortbildungen im Zivilrecht, 2007, S. 347 ff.

wie *Neuner* in seiner Besprechung in der AcP treffend anmerkt, einen anderen Zeitgeist[54].

VIII. Resümee

1. Zu verdeckten Rechtsfortbildungen

Verdeckte Rechtsfortbildungen sind im Bürgerlichen Recht weit verbreitet. Sie kommen aber auch in sog. modernen Teildisziplinen des Zivilrechts wie dem Gesellschaftsrecht oder dem Arbeitsrecht vor, in denen die Rechtsfortbildung im Prinzip allgemein als normale Aufgabe der Gerichte anerkannt ist[55]. Sie lassen sich sogar in Zeiten nachweisen, in denen die Richter bei der Rechtsfindung „offiziell" unmittelbar auf die jeweilige totalitäre Basisideologie durchgreifen durften, also insbesondere nach der sog. Säuberung der Justiz im Nationalsozialismus sowie – in geringerem Umfang – in der Aufbauphase der DDR, in welcher die Auslegung der Gesetze zunächst als „politische Tat" galt und theoretisch unbegrenzt möglich war[56]. Die verdeckte Fortbildung des Gesetzesrechts ist ein tief verwurzeltes Verhaltensmuster juristischer Entscheider, das vermutlich mit dem ursprünglich sakralen Charakter der Rechtssetzung und Rechtsprechung zusammenhängt[57].

Verdeckte Rechtsfortbildungen verändern den Inhalt und die Geltung der Gesetze, ohne diese als solche anzutasten. Topoi verdeckter Rechtsfortbildungen ermöglichen es dem Rechtsanwender, außergesetzliche Ordnungs- und Wertvorstellungen in die Gesetzesanwendung einfließen zu lassen. Als bloße, meist seit langem gebräuchliche Argumente berühren die Topoi den Bestand und die Geltung der Gesetzesordnung scheinbar nicht. Tatsächlich wird mit ihnen der Gesetzesordnung eine parallele außergesetzliche Ordnung zur Seite gestellt oder auch übergeordnet. So wahren Topoi verdeckter Rechtsfortbildungen den Mythos der rein rationalen, gesetzesdeterminierten und unpolitischen richterlichen Entscheidung, also den „Mythos Auslegung". Sowohl der Einsatz echter Leerformeln als auch die leerformelhafte Verwendung juristischer Argumente[58] halten den Schein der reinen Auslegung aufrecht, weil überkommene Begrün-

---

[54] *Neuner*, AcP 207 (2007), 802.
[55] *Fischer*, Topoi verdeckter Rechtsfortbildungen im Zivilrecht, 2007, S. 178 ff.
[56] *Fischer*, Topoi verdeckter Rechtsfortbildungen im Zivilrecht, 2007, S. 273 ff.
[57] Hierzu *Fischer*, Topoi verdeckter Rechtsfortbildungen im Zivilrecht, 2007, S. 289 ff.
[58] Zu dieser Differenzierung *Fischer*, Topoi verdeckter Rechtsfortbildungen im Zivilrecht, 2007, S. 554 f.

dungsfiguren die Illusion erzeugen, die tatsächlich fortgebildeten Gesetze würden lediglich ausgelegt und angewendet. Solange die Fortbildung des Gesetzesrechts dem Richter offiziell verboten war, sind verdeckte Rechtsfortbildungen praktisch unverzichtbar gewesen. Seit offene Rechtsfortbildungen von Rechts wegen möglich sind, können verdeckte Rechtsfortbildungen aber nicht mehr gerechtfertigt werden. Topoi verdeckter Rechtsfortbildungen sind Relikte einer Zeit, die nicht mehr die unsere ist. Sie erscheinen – um mit *Ernst Topitsch* zu sprechen – als Überbleibsel eines archaischen, mystisch-vorwissenschaftlichen Denkens, welches sich pathetischer Kult- und Prestigeformeln und willkürlich manipulierbarer Leerformeln bediente[59], oder auch als Metaphysik im abwertenden neuzeitlichen Verständnis. Es ist an der Zeit, dass die Jurisprudenz ihre Leerformeln entmythologisiert und juristische Argumente nicht mehr leerformelhaft einsetzt. Die in den Leerformeln verborgenen realen Wertungsgesichtspunkte sind zu ermitteln und anhand der normativen Vorgaben auf ihre Berechtigung zu überprüfen. Halten sie der rationalen Kontrolle, die immer auch eine Begründbarkeitsprobe ist, stand, müssen sie in der Begründung dargelegt werden. Andernfalls sind sie bei der Entscheidungsfindung außen vor zu lassen. Ich plädiere daher für eine (relativ) reine Auslegung als erste Stufe der Rechtsfindung, die durch eine die Zumutungen der Wirklichkeit stärker berücksichtigende offene Rechtsfortbildung zu ergänzen ist, und gegen den bloßen Schein der reinen Auslegung durch Topoi verdeckter Rechtsfortbildungen.

2. Zur Reinheit in der Auslegung

Die Forderung nach einer möglichst reinen, rechtsfortbildungsfreien Auslegung, deren Ziel die (historische) gesetzgeberische Interessenbewertung ist, wird gerne missverstanden und als naiv, gelegentlich auch als verwirrt („Don Quijote"), eingestuft. Deshalb erscheinen einige kurze abschließende Bemerkungen zur Reinheit der Rechtsfindung und zum Generalthema „Reinheit des Rechts" angezeigt.

Wenn der Rechtsanwender nicht zunächst den historischen Regelungszweck einer Norm zu ermitteln sucht, kann er nicht einmal beurteilen, ob seine Entscheidung das Gesetzesrecht fortbildet oder nicht. Ohne Kenntnis der jeweils maßgebenden Interessenbewertungen laufen die Gesetze als inhaltliche Entscheidungsvorgaben faktisch leer. Die Gesetzesbindung zwingt in ihrer Ausprägung

---

[59] *Topitsch*, Vom Ursprung und Ende der Metaphysik, 1958, S. 5 ff., 291 ff.; *ders.*, FS Kraft, 1960, S. 233 ff., 244, 264.

als Berücksichtigungsgebot[60] dazu, in einem ersten Schritt der Rechtsfindung durch „reine" Auslegung den „historischen" Normzweck des einschlägigen Gesetzes, die diesem zugrunde liegende Interessenbewertung zu ermitteln. Insoweit geht es um ein Rechtsgebot und nicht um einen idealistischen Wunsch. Ausgelegtes Gesetzesrecht darf ggfs. in einem zweiten, an besondere Voraussetzungen gebundenen Schritt der Rechtsfindung fortgebildet werden.

Gesetze sind geronnene Politik. Die Rechtspraxis und Rechtswissenschaft betreiben daher ein politisches Geschäft. Juristen vollstrecken und gestalten das jeweilige System mit. Da die Gesetzesordnung zwingend lückenhaft ist, hat sich die Tätigkeit des „rechtsanwendenden Personals" zu keiner Zeit in der reinen Auslegung der Gesetze erschöpft. Politische Beliebigkeit bei der Rechtsfindung wird durch die Gesetzesbindung verhindert, soweit diese denn reicht und sofern man sie denn endlich ernst nimmt[61].

„Reines Recht"[62] existiert ebenso wenig wie die eine rechtlich richtige Lösung[63]. Die Annahme, dass das geltende Recht für jeden zur Entscheidung stehenden Fall stets die eine rechtliche Lösung vorgibt, so dass sich jede auftretende Frage rein rechtlich beantworten lässt, ist ein wirklichkeitsfernes Dogma juristischer Metaphysik. Wer den Rechtsanwender auch dort, wo das gesetzte geltende Recht keine Antworten gibt, an Recht bindet, vertritt entweder einen vom geltenden Recht abweichenden Begriff von „Recht" oder „bindet" den Rechtsanwender an nicht existierende Vorgaben und führt ihn damit zwangsläufig in die Irre.

Wird der Rechtsanwender verpflichtet, stets ausschließlich rechtliche Argumente zu verwenden, so gaukelt man ihm entweder erfolgreich eine falsche Sicherheit in nicht vom Recht determinierten Bereichen vor oder zwingt ihn, falls er die Täuschung erkennt, zu vorgeschobenen Begründungen. Das Postulat reinen Rechts begünstigt mithin stets rechtliche Scheinbegründungen für tatsächlich aus außerrechtlichen Gründen getroffene Entscheidungen. Das Phänomen der verdeckten Rechtsfortbildungen zeigt anschaulich, dass unrealistische Reinheitsforderungen im Recht zu Wirklichkeits- und Steuerungsverlusten sowie zu Fremd- und Selbstbetrug führen. Der Mythos des bloßen Gesetzesvollzugs be-

---

[60] *Fischer*, Topoi verdeckter Rechtsfortbildungen im Zivilrecht, 2007, S. 492.
[61] Eingehend zu den verschiedenen Erscheinungsformen der Gesetzesbindung und der einschlägigen verfassungsrechtlichen Judikatur *Fischer*, Topoi verdeckter Rechtsfortbildungen im Zivilrecht, 2007, S. 482 ff., 486 ff., 532 ff.
[62] Hierzu *Fischer*, ZfA 2002, 215, 224 f.
[63] Ausführlich gegen die „one right answer thesis" in ihren unterschiedlichen Spielarten *Fischer*, ZfA 2002, 215, 225 ff.

dingt eine realitätsferne Tyrannei der Reinheit bei der Rechtsfindung. Fortbildungen des Gesetzesrechts verhindert der Mythos Auslegung nicht. Er erschwert lediglich die Erkennbarkeit und wissenschaftliche Kontrolle der durch den falschen Schein der reinen Auslegung verdeckten Rechtsfortbildungen.

Von „unreiner" Gesetzgebung und guten Gesetzen – Impressionen aus der parlamentarischen Wurstküche

Günter Krings, Mönchengladbach[1]

I. Einleitung: Reines Recht und unreine Gesetzgebung?

Das mir gestellte Vortragsthema der „Reinheit der Gesetzgebung" scheint mir in seiner Problematik gegenüber dem überwölbenden Thema der „Reinheit des Rechts" noch einmal merklich gesteigert. Reinheit und Recht sind zwei Begriffe, die in der akademischen Welt noch zusammengehen mögen. Und auch in der Spruchpraxis der Gerichte werden Kriterien der Reinheit zumindest dort erfüllt werden können, wo der Richter sich eben nicht durch externe, gesellschaftliche oder politische Strömungen beeinflussen lässt, sondern seine Entscheidungen und vor allem deren Gründe nur innerhalb des Rechtssystems findet.

Ganz anders nimmt sich demgegenüber die Gesetzgebung aus. Schon prima facie wird sie wohl nur selten mit dem Attribut der Reinheit in Verbindung gebracht. Nur allzu rasch fällt manchem in diesem Kontext das bekannte Zitat Otto von Bismarcks ein, wonach man bei der Herstellung von Würsten und Gesetzen besser nicht zuschaue, könne man andernfalls doch den Appetit auf beide verlieren. Nicht erst seit den Fleischskandalen der letzten Jahre ist der Vergleich mit Würsten für die Gesetzgebung wenig schmeichelhaft und vor allem wenig angetan, Gesetze in die Nähe von Reinheitsvorstellungen zu rücken. Die Gesetzgebung ist aus Sicht vieler Laien wie Juristen eher ein schmutziges Geschäft denn ein Gebiet der Reinheit.

Andererseits stellt sich im Umfeld der hier vorliegenden Beiträge zur „Reinheit des Rechts" die Frage, ob wir von einer solchen Reinheit überhaupt sprechen können, wenn wir zugleich den Gesetzen und dem Vorgang der Gesetzgebung das entsprechende Attribut verweigern müssen. Problematisch ist diese Dichotomie zwischen der (jedenfalls postulierten) Reinheit des Rechts und der (angenommenen) Unreinheit der Gesetzgebung jedenfalls dann, wenn wir dem im 19.

---

[1] Der Text folgt mit geringfügigen Änderungen dem mündlichen Vortrag auf dem Seminar „Reinheit des Rechts" der Schleyer-Stiftung am 17.1.2009. Er gibt die persönliche Meinung des Autors wider.

Jahrhundert aufkommenden positivistischen Ansatz der Rechtsphilosophie folgen. So stellte schon zu Beginn des 19. Jahrhunderts der Begründer der modernen Strafrechtslehre in Deutschland, Anselm von Feuerbach, fest: „Der Rechtsgelehrte im Staat ist Diener des Positiv-Gesetzes, und er schändet seinen Beruf, wenn er gegen die Heiligkeit dieses Gesetzes auch nur im mindesten sich vergisst."[2] „Heiligkeit" bei Feuerbach lässt sich dabei ohne weiteres mit Reinheit übersetzen, denn nicht nur in der Theologie werden beide Begriffe zumindest weitgehend synonym gebraucht.[3]

Bei aller rhetorischen Renaissance des Naturrechts gerade anlässlich wesentlicher politischer Zäsuren des 20. Jahrhunderts, etwa nach 1945 und 1990, bleibt auch unsere aktuelle deutsche und europäische Rechtswissenschaft im Kern einem solchem Rechtspositivismus verpflichtet. Dies bedeutet aber, dass mindestens eine von drei Voraussetzungen erfüllt sein muss, wenn die Idee von der „Reinheit des Rechts" einen Sinn haben soll:

Die Annahme von der Unreinheit der Gesetzgebung müsste sich – erstens falsifizieren oder mindestens relativieren lassen.

Zweitens müsste das Endprodukt des „schmutzigen" Gesetzgebungsprozesses zumindest ein leidlich sauberes Gesetz sein. Wir müssten also eine Differenz zwischen dem unreinen Prozess und seinem reinen Ergebnis ausmachen können. Das aber hieße zugleich, dass der Reinheitsgrad des Gesetzes die maximal zu erzielende Reinheit der Rechtsanwendung und der Rechtswissenschaft im Übrigen markieren würde.

Oder wir müssten in einer dritten Variante davon ausgehen können, dass selbst ein unreiner Entstehensprozess mit einem ebenso unreinen Gesetzesprodukt dennoch eine reine Rechtsanwendung und eine reine Rechtswissenschaft zulassen könnte. „Rein" wäre die Jurisprudenz dann schon insoweit, als sie mit ihrem wie auch immer geschaffenen oder entstandenen Gegenstand sodann „de lege artis" und frei von unzulässigen Einflüsterungen umginge. Die Reinheit würde hiernach neu – oder gar erstmals –mit dem Abschluss des Gesetzgebungsprozesses definiert werden: Der unheilige Gesetzgeber fertigt ein ebenso unheiliges Produkt, das aber dann dem Rechtsgelehrten heilig wäre. Wir gingen somit von

---

[2] *Anselm von Feuerbach*, Über Philosophie und Empirie in ihrem Verhältnis zur positiven Rechtswissenschaft, Antrittsvorlesung Landshut 1904.
[3] Vgl. *M. Frenschkowski*, Artikel „heilig/rein", in: L. Coenen/K. Haacker, Theologisches Begriffslexikon, 1997, Bd. I, S. 898 ff.

einem relativen Begriff von Reinheit oder Heiligkeit bei der Anwendung und Beobachtung des Gesetzes aus.

Dies läuft auf die Frage hinaus, ob es – salopp formuliert – ein „reines Leben im schmutzigen" gibt, oder genauer: Ob es die reine Auslegung eines „schmutzigen" Gesetzes geben kann, eine Auslegung also, bei der der Betrachter sich nicht vom Gegenstand kontaminieren lässt.

Nachgehen möchte ich dieser und den dazu logisch vorrangigen Fragen wie folgt: Zunächst will ich einen Versuch der begrifflichen Klärung von „Reinheit des Rechts" machen. Es gilt den möglichen Inhalt der Konzeption von Reinheit in Bezug auf den Regelungsgegenstand der Gesetze und der Gesetze selbst auszuloten. Hier geht es im Einzelnen um den Maßstab für Reinheit, also die Definition des Reinheitsbegriffs. Damit eng verbunden ist die Definitionshoheit und damit die Frage, wer bestimmen darf, was rein ist. Dem korrespondiert sodann die Fahndung nach den Verunreinigern des Rechts. In diesem Kontext wird insbesondere zu klären sein, ob jede Form einer interessegeleiteten Politik schon das Attribut „unrein" verdient hat. Gerade aus Sicht des Politikers und Praktikers der Gesetzgebung sind ferner die Fragen nach der Möglichkeit einer „reinen Gesetzgebung" und nach deren Wünschbarkeit zu behandeln. Soweit wir wenigstens bei einer dieser beiden Fragen zu einem skeptischen oder gar ablehnenden Urteil kommen, drängt sich die Erörterung alternativer Qualitätsmerkmale und -maßstäbe der Gesetzgebung auf.

II. Bedeutung von Reinheit

Wenn es also um Maßstab und Definitionsinhalt von Reinheit gehen soll, müssen wir bildlich gesprochen klären, ob die Gesetzgebung „nur sauber" ablaufen soll, oder ob ihr Ergebnis zudem auch „porentief rein" zu sein hat. Beides macht einen erheblichen Unterschied, wie uns die deutsche Waschmittelwerbung, auf die sich ein metaphorischer Rückgriff bei diesem Thema förmlich aufdrängt, schon in den achtziger Jahren des letzten Jahrhunderts eindrücklich demonstrieren wollte.

1. Das gute alte Recht

Denkbar wäre zunächst ein im wahrsten Wortsinne radikaler Reinheitsmaßstab, wonach jedwede Willkür der Rechtsetzung, also jede Gesetzgebung durch ein legiferierendes Staatsorgan bereits eine Verunreinigung ist, weil sie zwangsläufig Fremdstoffe in den ansonsten natürlich dahinfließenden Strom des Rechts einführt. Dieser Strom speist sich nach diesen Vorstellungen aus fernen, weit zurückliegenden Quellen und bewegt und verändert sich auf natürliche, also „reine" Weise, aus sich selbst heraus. Recht kann danach nicht einfach gesetzt oder geändert werden, sondern entwickelt sich und bleibt nur dadurch identisch mit sich selbst.

Dieses Konzept entspricht den Vorstellungen mittelalterlicher Rechtsbetrachtung, wonach nur altes Recht gutes Recht sei.[4] Die Gesetzgeber des Mittelalters waren daher in der Regel bemüht, ihre Gesetze nur als Restatuierungen „alten Rechts" zu deklarieren, da es eben für sie keine allgemein anerkannte Legitimation zur Rechtsetzung gab. Und noch in der Neuzeit berufen sich etwa in den Bauernaufständen viele Untertanen auf das „gute alte Recht", um Freiheits- und Eigentumspositionen durchzusetzen oder zu erhalten.

Aber auch in der historischen Rechtsschule des 19. Jahrhunderts galt der Grundsatz, dass das Recht nicht als ein Bestand an Vorschriften zu betrachten sei, die willkürlich von einem Gesetzgeber geschaffen werden können.[5] Vielmehr bilde sich das Recht im Bewusstsein des Volkes als eine lebendige Überzeugung und sei insoweit vergleichbar mit der Sprache oder den Sitten und Gebräuchen eines Volkes.

Solche Konzepte denken den Maßstab für reines Recht mithin „radikal" aus historischen Wurzeln. Sie entziehen die Maßstabsbildung der aktuellen Zeit. Der Hinweis, dass solche Konzepte heute längst überwunden sind und nicht mehr zu einer Maßstabsbildung für die Beurteilung von Gesetzen taugen, ist ebenso richtig wie die Feststellung, dass manche „Rundumschläge" in der öffentlichen Debatte im Sinne einer allzu pauschalen Kritik an der Gesetzgebung wohl unwissentlich Anleihen bei diesem Bild von guten alten Recht nehmen. Manche generelle Kritik erfasst eben nicht einzelne Gesetzgebungsprojekte, sondern verdammt gleich die Gesetzgebung einer gesamten Legislaturperiode als unzureichend durchdacht oder handwerklich verfehlt und sieht sie als eine grobe Beschädigung der bisherigen rechtlichen Ordnung. Das alte Recht mag nicht perfekt sein, aber allemal besser als das neue Gesetz.

---

[4] Vgl. hierzu *R. Grawert*, Artikel „Gesetz", in: O. Brunner/W. Conze/R. Koselleck, Geschichtliche Grundbegriffe, 1975, Bd. 2, S. 863 (870).
[5] Vgl. nur *J. Schröder*, „Historische Rechtsschule", in: Staatslexikon, 7. Aufl. 1986/1995, Sp. 1280 (1281).

Die Vorstellung eines Überzeugungsrechts und die Auffassung, dem Gesetzgeber obliege es nicht, das Recht in seinen Grundstrukturen zu reformieren, sucht dabei regelmäßig Zuflucht im Verfassungsrecht. Unter dem Vorwand, die Verfassung schützen zu wollen, wird dann in Wahrheit Rechtskonservierung gegen den Gesetzgeber betrieben. Was neu ist und missfällt, wird mit dem Etikett der Verfassungswidrigkeit versehen. Das Grundgesetz gerät so zu einer generellen Gesetzesänderungsbremse. Entsprechende rechtskonservierende Instrumentalisierungen der Verfassung haben wir in den letzten Jahren insbesondere erlebt bei den Reformen bzw. verginderten Reformen vor allem im Bereich des Sozial- und Arbeitsrechts,[6] bei den Umstrukturierungen der öffentlichen Verwaltung und des Beamtenrechts, aber auch anlässlich von Novellierungen des Prozessrechts. Überall wird das „gute alte Recht" unter Zuhilfenahme der Verfassung verteidigt. Die Berufung auf die Verfassung geschieht natürlich nicht immer zu Unrecht; in der Mehrzahl der Fälle muss die Verfassungsgerichtsbarkeit die Differenz von Überzeugungsrecht und Verfassungsrecht aber erst wieder herstellen.

Als Reinheitsmaßstab ist eine solche radikale Sichtweise im demokratischen Verfassungsstaat denkbar ungeeignet, eben weil sie eine Differenzierung zwischen reinen und unreinen Gesetzen ja von vornherein ausschließt und dem Gesetzgeber seinen verfassungsrechtlichen Daseinszweck abspricht.

2. Reinheit als „moralisch-sittliche Projektion"

Wenn wir über Reinheit sprechen, so schwingt sehr leicht und fast zwangsläufig eine moralisch-sittliche Konnotation mit. Rein ist das Anständige, Lautere, Tugendhafte und Sittliche oder Heilige. Es ist daher naheliegend, dass Reinheitsvorstellungen im Recht gespeist werden von einer inhaltlichen Bewertung des gesetzgeberischen und damit notwendigerweise politischen Programms hinter dem Gesetzestext. Unrein wäre dann aber nicht das Gesetz im engeren Sinne, sondern die mit ihm verfolgten Ziele und die Wertvorstellungen, aus denen heraus der Gesetzgeber tätig geworden ist.

Je nach dem, welche Vorstellungen wir von dem „Anständigen" haben und welche Lauterkeitshöhe wir zur Maßstabsbildung verwenden, erhalten wir hierdurch sehr leicht problematische Stigmatisierungen von Gesetzen als „unrein". Hierdurch werden sie der an sich angemessenen politischen Bewertung zuguns-

---

[6] Siehe etwa zur jahrzehntelangen, nicht zuletzt mit (vermeintlich) verfassungsrechtlichen Argumenten geführten Diskussion über eine Reform des Tarifvertragsrechts die Darstellung bei *C. Burkiczak*, Grundgesetz und Deregulierung des Tarifvertragsrechts, 2006, S. 80 ff.

ten einer moralischen Verurteilung entzogen. Aus einem rechtspolitischen Streit wird dadurch der gefährliche Streit zwischen anständigen und unanständigen Gesetzgebungsprogrammen. Es ist von einer solchen sittlich überhöhten Gesetzesbewertung nurmehr ein kleiner Schritt, der uns gegenüber einem solchen „unreinen" Gesetz den Rechtsgehorsam verweigern lässt. Mit dem Absprechen der Reinheit würden wir dem Gesetz dadurch zugleich seinen Geltungsgrund entziehen oder wenigstens den einzelnen Rechtsunterworfenen vorschnell vor die (Gewissens-)Frage stellen, ob er einem unreinen Gesetz folgen darf und soll. Solche überhöhten Bedeutungsinhalte von Reinheit und Unreinheit sind hier ebenso unbrauchbar wie für den Rechtsstaat gefährlich.

Ebenso untauglich wäre – als Variante einer moralisch-sittlichen Bedeutung von Reinheit – das Postulat, bestimmte Gegenstände von der Gesetzgebung auszuschließen, weil es sich um „unreine" Materien handelt, also Fragestellungen, die sich einer ethisch einwandfreien Regelung widersetzen. Das träfe insbesondere für existentielle Konfliktlagen zu, die der Gesetzgeber nicht regeln kann, ohne sich „moralisch zu beflecken". Als Beispiel für Konfliktsituationen im Umfeld der Sicherheit des Staates sei der Streit um das Luftsicherheitsgesetz der Regierung Schröder genannt.[7] Vergleichbare Konfliktlagen lassen sich bei bioethischen Fragen am Lebensanfang und vor allem am Lebensende ausmachen, zumal seit alttestamentarischer Zeit primär der Tod, also die Leiche sowie alles was mit ihr in Berührung kam als „unrein" galt.[8] Eine solche Tabuisierung ganzer Gesetzgebungsmaterien kann den modernen Gesetzgeber indessen nicht von seiner thematisch unbegrenzten Regelungsaufgabe entlasten. Er mag sich aus politischen Gründen für die Nicht-Regelung eines bestimmten Themas entscheiden; seine moralische Unschuld oder „Reinheit" verliert er aber bereits mit dieser Entscheidung. Reinheit kann nicht durch Tabuisierung gewährleistet werden.

3. Reinheit als Verfassungsgemäßheit der Gesetzgebung

Ein sauberes oder „reines" Gesetzgebungsverfahren muss ein Verfahren sein, das zumindest ohne Verfassungsverstöße auskommt. Dieser Minimalkonsens im

---

[7] Gesetz vom 11.1.2005 (BGBl. I S. 78). Siehe hierzu die das Gesetz – wegen der Möglichkeit eines Abschusses von mit unschuldigen Passagieren besetzten Flugzeugen – insoweit aufhebende Entscheidung: BVerfGE 115, 118 ff.
[8] Siehe *Frenschkoswski*, aaO., S. 900, der in diesem Kontext darauf hinweist, dass sich deshalb bereits im alten Israel die Gräber außerhalb der Siedlungen (also auch außerhalb des rechtlich besonders umhegten Bereiches) befanden.

Hinblick auf die Anwendung des Reinheitsgedankens auf das Gesetzgebungsverfahren lässt sich ausweiten auf die formelle Verfassungsmäßigkeit im übrigen sowie die Anforderungen an die materielle Verfassungsgemäßheit der Gesetze. Die Verfassung wirkt gleichsam als Reinigungsmittel, das bestimmte Regelungsinhalte vom Gesetz fernhält oder per verfassungsgerichtlicher Gesetzeskontrolle wieder „heraus wäscht".

Die Deutung von Reinheit als Verfassungsmäßigkeit mag man als „Persil-Variante" des Reinheitsbegriffs verstehen, denn hier gilt: „Da weiß man, was man hat." Auf einen besonderen Erkenntnisgewinn von Reinheit müssen wir hier aber verzichten, denn verfassungsgemäß müssen die Gesetze ohnehin sein – unabhängig davon, wie man zu legislativen Reinheitsvorstellungen steht.

4. Reinheit in der Gesetzestechnik

Das Reinheitskriterium ließe sich ferner auf die Regelungstechnik von Gesetzen beziehen. Reinheit lässt sich insoweit als Klarheit in der Sprache, in der Verweisungstechnik und in der Systematik der Gesetze begreifen. Das reine Gesetz darf nicht komplizierter, länger oder unübersichtlicher sein als die Erfüllung seines Regelungszwecks es erfordert.

Die Gesetzessprache bleibt klar, wenn der Text lesbar und verständlich abgefasst ist. Zwar erfordert die Regelung komplexer Lebenssachverhalte oft komplexe gesetzliche Regelungen. Es lassen sich aber mühelos Beispiele aus der Gesetzgebung finden, die das notwendige Maß an Komplexität übersteigen.[9] Insbesondere das Steuerrecht bietet eine Reihe eindrückliche Beispiele. Aus der jüngeren Gesetzgebungsgeschichte sei nur auf § 4 h Abs. 2 Unternehmenssteuerreformgesetz 2008 hingewiesen:

> „Bei der Ermittlung der Eigenkapitalquote des Betriebs ist das Eigenkapital um einen im Konzernabschluss enthaltenen Firmenwert, soweit er auf den Betrieb entfällt, und um die Hälfte von Sonderposten mit Rücklagenanteil (§ 273 des Handelsgesetzbuches) zu erhöhen sowie um das Eigenkapital, das keine Stimmrechte vermittelt – mit Ausnahme von Vorzugsaktien – die Anteile an anderen Konzerngesellschaften und um Einlagen der letzten sechs Monate vor dem maßgeblichen Abschlussstichtag, soweit ihnen Entnahmen oder Ausschüttungen innerhalb der ersten

---

[9] Siehe zu den folgenden Beispielen die instruktive Studie von *U. Karpen/I. Breutz/A. Nünke*, Die Gesetzgebung der Großen Koalition in der ersten Hälfte der Legislaturperiode des 16. Deutschen Bundestages, 2005 – 2007, S. 73 ff.

sechs Monate nach dem maßgeblichen Abschlussstichtag gegenüberstehen, zu kürzen."

Kritikwürdig ist die Vorschrift freilich nicht nur wegen der komplizierten Sprache, sondern auch weil ihr Regelungsprogramm, also das konkreten gesetzgeberische Ziel wenig übersichtlich ist. Gesetzestechnische und rechtpolitische Beurteilung lassen sich eben gerade im Steuerrecht nicht scharf von einander trennen.

Ein Beispiel mangelnder Klarheit der Gesetzgebung, welches regelmäßig ohne Abstriche im Hinblick auf das Erreichen des Regelungszweckes zu korrigieren wäre, sind verunglückte Legaldefinitionen.[10] Verunklarend bis irreführend sind ferner viele Gesetzestitel. So verbirgt sich hinter dem „Gesetz zur Vereinheitlichung von Vorschriften über bestimmte elektronische Informations- und Kommunikationsdienste"[11] im Kern eine Novelle des Telemediengesetzes. Das „Gesetz zur Fortentwicklung der Grundsicherung für Arbeitsuchende"[12] sah insbesondere die Absenkung von Leistungen, von Vermögensfreibeträgen sowie verschärfte Sanktionen bei Leistungsmissbrauch und eine teilweise Beweislastumkehr zu Lasten des Leistungsempfängers vor. Schließlich bedeutet das „Zweite Gesetz zur Änderung des Gesetzes zur Verbesserung der personellen Struktur bei der Bundeseisenbahnverwaltung und in den Unternehmen der Deutschen Bundespost"[13] im Wesentlichen eine Stellenreduzierung bei den genannten Einrichtungen.

Unklar und unrein im Sinne von gesetzestechnisch missglückt sind ferner immer wieder überkomplexe Verweisungen in Gesetzen. Als Beispiel mag hier – stellvertretend für viele weitere[14] – die Neunte Verordnung zur Änderung der Binnenmarkt-Tierseuchen-Schutzverordnung" dienen, die ihren Anwendungsbereich wie folgt bestimmt:

---

[10] Vgl. aus jüngerer Zeit nur die – aufgrund einer EU-Entscheidung notwendig gewordene – Verordnung über das Inverkehrbringen kindergesicherter Feuerzeuge (vom 3.5.2007, BGBl. I, S. 486), hier § 2 Nr. 1: „Feuerzeug: ein zur Erzeugung einer Flamme unter Verwendung eines Brennstoffs gefertigtes Gerät, das von Hand betätigt wird und bei dem die Brennstoffversorgung, die nachfüllbar sein kann, eingebaut ist. Es dient in der Regel zum beabsichtigten Anzünden insbesondere von Zigaretten, Zigarren und Pfeifen, und wird vorhersehbar auch zum Anzünden anderer Materialien verwendet."
[11] Gesetz vom 26.2.2007 (BGBl. I S. 179).
[12] Gesetz vom 20.7.2006 (BGBl. I S. 1706).
[13] Gesetz vom 10.11.2006 (BGBl. I S. 2589).
[14] Vgl. zu weiteren Beispielen gleichfalls *Karpen/Breutz/Nünke*, aaO., S. 77 f.

"Die Verordnung regelt auch das innergemeinschaftliche Verbringen sowie die Einfuhr nicht in Satz 1 Nr. 1 aufgeführter Tiere, die für Zoos, Wildparke oder sonstige Einrichtungen bestimmt sind, die nach den zur Umsetzung des Artikels 13 der Richtlinie 92/65 EWG des Rates vom 13. Juli 1992 über die tierseuchenrechtlichen Bedingungen für den Handel mit Tieren, Samen, Eizellen und Embryonen in der Gemeinschaft, soweit sie diesbezüglich nicht den spezifischen Gemeinschaftsregelungen nach Anhang A Abschnitt I der Richtlinie 90/425 EWG unterliegen (ABl. EG Nr. L 268 S. 64) in der jeweils geltenden Fassung erlassenen jeweiligen innerstaatlichen Vorschriften zugelassen sind."

Vor dem Hintergrund dieses Satzungetüms stellt der den juristischen Erstsemestern oftmals als Beispiel verunglückter Formulierungskunst des Gesetzgebers demonstrierte § 164 Abs. 2 BGB geradezu ein Muster an Klarheit und Verständlichkeit dar.

Die gesetzestechnische „Unreinheit" zeigt sich ferner an der mangelnden Systematik in Aufbau und Gliederung von Gesetzen. Positive Beispiele für einen klugen Aufbau, der das Durchdringen der Regelung erleichtert, ist zweifellos das am römischen Recht orientierte Bürgerliche Gesetzbuch. Aber auch aus jüngerer Zeit lassen sich gelungene Beispiele finden; genannt wird in diesem Zusammenhang etwa die Neufassung des Versicherungsvertragsgesetzes.[15] Vieles misslingt dem Gesetzgeber aber auch: Für die Neufassung des Arzneimittelgesetzes[16] belegt dies bereits ein Blick ins Inhaltsverzeichnis. Zum Teil enthalten die Abschnitte nicht die erwartete Regelungsthematik und die Übergangsvorschriften stellen ein Dickicht aus zehn Unterabschnitten dar. Für in Jahrzehnten immer wieder ergänzte Gesetze mag das angehen, für eine Gesetzesneufassung ist das nicht akzeptabel.

Die vielfache Unfähigkeit zu übersichtlichen Gesetzesstrukturen setzt sich schließlich in der weitgehenden gesetzgeberischen Kapitulation fort, wenn es um die in sich geschlossene Kodifikation eines Rechtsgebietes geht. Hätten wir das BGB nicht seit über einem Jahrhundert als Grundlage des Zivilrechts, so würden wir juristisch heute wohl aus mehreren Dutzend zivilrechtlichen Spezialgesetzen leben. Es ist daher auch positiv hervorzuheben, dass es zu Beginn unseres Jahrhunderts gelang, eine Reihe zivilrechtlicher Spezialgesetze – vom AGB-Gesetz bis zum Verbraucherkreditgesetz – in das BGB zu reintegrieren. Das im Koalitionsvertrag der Großen Koalition 2005 noch vereinbarte und seit vielen Jahren diskutierte Umweltgesetzbuch scheint zumindest für die 16.

---

[15] Gesetz vom 23.11.2006 (BGBl. I S. 2631). Hierzu: *Karpen/Breutz/Nünke*, aaO., S. 76.
[16] Gesetz vom 12.12.2006 (BGBl. I S. 3394).

Wahlperiode des Deutschen Bundestages an unüberbrückbaren umweltpolitischen Positionen von CDU/CSU und SPD gescheitert zu sein. Dieses Scheitern ist umso bedauerlicher, weil in der Föderalismusreform des Jahres 2006 eigens Gesetzgebungskompetenzen des Bundes erweitert wurden, um eine kohärente Regelung des Umweltrechts zu ermöglichen. Zumal der Bund in den entsprechenden Materien dafür das – in der Handhabung nicht unproblematische – Instrument der „Abweichungsgesetzgebung" akzeptieren musste. Ebenso einer Verwirklichung harrt das nicht minder angejahrte Projekt eines Arbeitsgesetzbuches. Auch hier gibt es aktuell wieder neue Hoffnungen aufgrund des sehr ausgewogenen und preisgekrönten Entwurfs der Kölner Ordinarien *Martin Henssler* und *Ulrich Preis* für eine Kodifikation des Arbeitsvertragsrechts.[17] Der Gesetzgeber wird spätestens in der kommenden 17. Wahlperiode des Deutschen Bundestages beweisen müssen, ob er noch die Kraft zu größeren, kodifikatorischen Bauwerken besitzt oder ob er sich dauerhaft mit legislatorischen Ausbesserungsarbeiten und kleinen Anbauten bescheiden will. Eine klare und „reine" Linie der Gesetzgebung kann er aus solchen kleinformatigen Arbeiten sicherlich nicht gewinnen.

Die skizzierten Anforderungen akzeptieren den Regelungszweck und die rechtspolitische Grundentscheidung für ein Gesetz und vermeiden ein radikale oder moralisch-sittliche Postulate. Wir haben in den in diesem Abschnitt dargelegten Qualitätsanforderungen daher ein legitimes und sinnvolles Beurteilungskriterium gefunden, das anders als die Deutung von Reinheit als Verfassungsmäßigkeit auch einen zusätzlichen Erkenntnisgewinn für die Evaluation von Gesetzen bietet. Dieses Kriterium kann unter dem Begriff der „Reinheit" subsumiert werden, ließe sich aber zweifellos ebenso mit einer anderen Nomenklatur beschreiben.

5. Reinheit als Maßstab der Gesetzeswirkung

Das „Reinheitsgebot" können wir ferner auf die Wirkung eines Gesetzes beziehen.

Zunächst muss sichergestellt sein, dass das mit dem Gesetz angestrebte Ziel auch tatsächlich erreicht oder jedenfalls Schritte in die richtige Richtung unternommen werden. Gegenstand der Betrachtung kann darüber hinaus der Gesamtaufwand sein, der durch ein Gesetz bei staatlichen Stellen und bei Bürgern und

---

[17] Vgl. zu dem von der Bertelsmann-Stiftung geförderten und im Jahre 2006 abgeschlossene Projekt im Internet: *www.arbvg.de*.

Unternehmern entsteht. Dieser wiederum ist in Relation zu dem Erfolg zu setzen, der mit dem Gesetz angestrebt wird. Hier geht es nicht zuletzt um die Minimierung der verwaltungsinternen und -externen Bürokratiekosten im Sinne eines effizienten Staatshandelns. Für diese Aufgabe hat die Bundesregierung inzwischen einen Normenkontrollrat konstituiert und nimmt eine Messung der Bürokratiekosten in der Wirtschaft vor.

Diese Anforderungen einer effizienten Zielerreichung sind allerdings eng verknüpft und teilidentisch mit den Vorgaben des Übermaßverbotes: Dieser verfassungsrechtlich verbindliche Grundsatz wäre bei völliger Zielverfehlung ebenso verletzt wie bei einem übermäßig belastenden Gesetz.

Eine eigenständige Bedeutung kann man dem Reinheitsbegriff in Bezug auf die Wirkung von Gesetzen lediglich zubilligen, wenn man aus ihm den Anspruch einer klaren Definition und Abgrenzung der Gesetzesziele sowie eine klare Ausrichtung des Gesetzes exakt auf diese Ziele ableitet. Damit wäre zugleich gefordert, dass der Gesetzgeber die parallele Verfolgung nicht identifizierter, oftmals nur diffuser oder gar sachfremder Nebenziele unterlässt. Steuerrechtliche Normen und Subventionsgesetze, aber nicht nur diese, sind besonders anfällig dafür, dass ein Grundanliegen, welches Anlaß für ein Gesetz war, im Lauf des Gesetzgebungsverfahrens in Regierung, Parlament oder im Rahmen der Ländermitwirkung im Bundesrat mit gänzlich anderen, schlimmstenfalls gar gegenläufigen Zielen befrachtet wird.

6. Reinheit als Freiheit von nicht-rechtlichen Einflüssen

Zuletzt möchte ich mich einer Reinheitsdefinition zuwenden, welche sich – prima facie – im Lichte des Kelsenschen Begriffs der „Reinen Rechtslehre" für eine inhaltliche Füllung des Konzepts der Reinheit der Gesetzgebung geradezu aufdrängt. Wenn Kelsen die Reinheit der Rechtslehre als Freiheit von aller politischen Ideologie und von allen naturwissenschaftlichen Elementen – einschließlich der Psychologie und Soziologie – versteht,[18] so ließe sich die Reinheit der Gesetzgebung ebenso als Unabhängigkeit von solchen „sachfremden" Elementen beschreiben.

Positiv gewendet muss sich nach Kelsen die Rechtstheorie ihrer Eigenart und der Eigengesetzlichkeit ihres Gegenstandes bewusst bleiben. Dabei will er nicht

---

[18] *H. Kelsen*, Reine Rechtslehre, 1. Aufl. 1934, Vorwort S. I f. und S. 1.

die inhaltlichen Zusammenhänge mit den genannten anderen Themenbereichen leugnen, sondern es geht ihm um eine klare Abgrenzung der unterschiedlichen wissenschaftlichen Methoden. Für die Gesetzgebung lässt sich als „gefährlicher" und „fachfremder" Einflussbereich unschwer die Politik ausmachen. Eine reine Gesetzgebung nach dem Vorbild der reinen Rechtslehre müsste die Gesetzgebung also vor dem schädlichen Einfluss der (Rechts-)Politik schützen.

Kelsens Theorie trägt eine solche Schlussfolgerung aber gerade nicht. Für ihn bedeutet die Reinheit des Rechts zwar zum einen den Schutz der Rechtsanwendung vor politischer Einflussnahme, zum anderen aber auch den Schutz der Politik vor einer anmaßenden Rechtswissenschaft. Er lehnt es ab „im Namen der Wissenschaft vom Recht, unter Berufung also auf eine objektive Instanz, politische Forderungen zu vertreten, die nur einen höchst subjektiven Charakter haben können"[19]. Die Rechtslehre könne, wenn sie die Eigengesetzlichkeit ihres Gegenstandes ernst nimmt, nicht wissen, wie Interessenkonflikte richtig zu lösen sind; dies genau ist die Aufgabe der Politik. Kelsen hat diese Rollenverteilung zwischen Politik und Rechtslehre selbst gelebt, als er nach dem ersten Weltkrieg mehrere unterschiedliche politische Parteien bei der Abfassung der neuen österreichischen Verfassung beriet: Der Jurist kann im Gesetzgebungsverfahren Normtexte entwerfen und Alternativen und Varianten aufzeigen; der politische Gesetzgeber hat sich zwischen diesen zu entscheiden.

Die Normerzeugung kann mithin nicht wie die Rechtstheorie, die auf die Auslegung und Anwendung des Rechts angelegt ist, von politischen Einflüssen geläutert werden. Mehr noch: die spezifische Aufgabe der Gesetzgebung ist es, die strukturelle Kopplung zwischen Rechtssystem und politischem System gerade herzustellen. Gesetzgebung ist zwangsläufig das Produkt der Rechtspolitik. Und die Gesetzgebung folgt gerade darin *ihrer* Eigengesetzlichkeit, dass sie politische Entscheidungen aufnimmt und im Normtext abbildet. Nur indem sie diese Aufgabe einer strukturellen Kopplung beider Systeme, Recht und Politik, wahrnimmt, kann jedes für sich in seiner Eigenart und seiner eigenen Methodik „rein" arbeiten. Somit ist die politische Kontamination der Gesetzgebung nicht nur in Kauf zu nehmen, sondern sie ist gerade die notwendige Voraussetzung für die Reinheit des Rechts. Die Reinheit des Rechts wird durch die Verunreinigung der Gesetzgebung erst ermöglicht.

An dieser Stelle lässt sich für die Maßstäblichkeit von Reinheit folgendes Fazit ziehen: Sinnvoll lässt sich der Reinheitsbegriff für die Gesetzgebung allenfalls

---

[19] *Kelsen*, aaO., Vorwort S. IV.

insoweit verwenden, als wir ihn im Sinne guter Gesetzestechnik (bezogen insbesondere auf die Gesetzessprache, die Systematik von Gesetzen einschließlich der kodifikatorischen Zusammenfassung von Rechtsgebieten) oder einer effektiven Gesetzeswirkung (bezogen auf die Identifikation von Zielen und die Ausrichtung des Gesetzes darauf) verstehen.

III. Definitions- und Konkretisierungshoheit von Reinheit

Verknüpft mit der Frage des Definitionsinhalts von Reinheit ist die Frage nach der Definitionshoheit bzw. nach der Kompetenz zur Konkretisierung des Reinheitsbegriffs.

Gingen wir vom „guten alten Recht" oder „Überzeugungsrecht" aus, so wäre diese Definitionshoheit gegenüber der Arbeit des parlamentarischen Gesetzgebers eigentlich obsolet. Jedwede gewillkürte Gesetzgebung wäre per se eine Verunreinigung des im Volksbewusstsein gewachsenen Rechts. Die Definitionsmacht über die Reinheit läge alleine in der Geschichte. Allerdings begegnete uns die Definitionshoheit hier in anderer Gestalt wieder, nämlich als Frage, wer dieses Volksbewusstsein bestimmt und dessen Verletzung durch Recht, das dem Volksbewusstsein fremd ist, festzustellen hat. In einem entwickelten Rechtssystem kann – nach der Auffassung der historischen Rechtsschule – nur der Juristenstand das Volksbewusstsein repräsentieren, indem er das geltende Recht durch seine wissenschaftliche Analyse gewinnt.

Aber auch ohne einen Rückgriff auf die historische Rechtsschule und bei Anerkennung einer Koexistenz von reinem und unreinem gesetzten Recht sind es die Juristen, die als erste ins Blickfeld geraten, wenn es um die Kompetenz für die Definition und Konkretisierung von Reinheit in der Gesetzgebung geht. Soweit der Richter im Rechtsstaat Normen aber bewerten oder gar als „mangelhaft" verwerfen oder unangewendet lassen darf, muss er sich stets im Rahmen der Normenpyramide auf einen höherrangigen Rechtssatz berufen. Eine Gesetzesbewertung außerhalb dieser Normenpyramide durchbräche rechtsstaatliche Prinzipien. Sie würde eine seltsame Rollenverkehrung bedeuten: Der Jurist würde zum (rechtsstaatlich) unkonditionierten Wächter und Bewerter des Gesetzes. Das Bewertungsschema „rein/unrein" wäre dabei zugleich so abstrakt, dass es auch schwerlich als unmittelbarer Ausfluss seiner besonderen Expertise und Praxiserfahrung angesehen werden kann.

So bleibt uns als Schiedsrichter über Reinheit schließlich die Rechtswissenschaft. Ihre Aufgabe ist in der Tat die Bewertung von Recht und Gesetzen auch anhand von Kriterien, die über die Normenpyramide hinausgehen. Zwar wird die vorwiegend positivrechtliche Methodik der Rechtswissenschaft durch eine immer stärkere Ausdifferenzierung dieser Disziplin noch weiter verstärkt. Allerdings versucht sie zumindest im Rahmen der Gesetzgebungslehre auch wissenschaftliche Impulse für bessere Rechtsetzung zu geben. Die Bewertung von Recht auch anhand von „Reinheitskriterien" kann also durchaus im Aufgabenkreis der Rechtswissenschaft liegen. Die wissenschaftliche Pluralität lässt aber wenig Raum für die Hoffnung, dass hierdurch ein zumindest halbwegs homogener Bewertungsmaßstab zu gewinnen wäre.

IV. Identifikation der Verunreiniger

Noch spannender als die Frage nach den „Richtern" über die Reinheit ist die Frage nach den Verunreinigern. Denn wenn wir die Reinheit als mögliche oder gar erstrebenswerte Qualität der Gesetzgebung akzeptieren, dann muss es in der Differenz zum Reinen auch das Unreine in der Gesetzgebung geben und es müssen sich Akteure identifizieren lassen, die es in der Hand haben, entweder die Reinheit zu bewahren oder stattdessen „unreine" Elemente in den Gesetzgebungsprozess einzubringen.

Die Suche nach den Verunreinigern ist auch deshalb so zentral für das Reinheitskonzept, weil mit ihm unwillkürlich der Verdacht verbunden ist, nicht alle handelnden Personen würden im Zuge des Gesetzgebungsverfahrens ihrer Reinheits-Verantwortung gerecht. Das Postulat der Reinheit lässt sich daher leicht als nur schwach verklausulierter Ausdruck des Misstrauens gegen bestimmte Akteure des Gesetzgebungsverfahrens (oder in dessen Umfeld) verstehen.

1. Das Parlament als Verunreiniger?

Den ersten Verdacht der Verunreinigung trifft ohne Zweifel das Parlament, auf Bundesebene also den Deutschen Bundestag. Er beruht auf der Annahme, dass das mit hoch spezialisierten und aufgrund ihrer Sachkunde ausgewählten Beamten besetzte Ministerium einen Gesetzesentwurf verfertigt, der nach rein fachlichen Kriterien erstellt wird, während der Parteienstreit des parlamentarischen Beratungsverfahrens eben diese diese Sachlichkeit vermissen lässt. Die Reinheit des Beamten-Entwurfs wird danach durch Parteiinteressen beschmutzt.

Gegen diese These spricht schon die von der Verfassung vorgesehene Rolle des Parlaments als zentralem Organ der Gesetzgebung. Diese in der Geschichte der Konstitutionalisierung und Demokratisierung mühsam gewonnene – oder in einem größeren zeitlichen Zusammenhang besser: zurück gewonnene – Stellung im Gesetzgebungsverfahren hieße es zu ignorieren, wollte man die parlamentarische Beratung und Veränderung von Gesetzentwürfen unter den Generalverdacht der Verunreinigung im Kontrast zur angeblichen Reinheit des ursprünglichen Regierungsentwurfs stellen. Damit würde das ohnehin schon bedenkliche faktische Primat der Exekutive in der Gesetzgebung noch rechtsphilosophisch unterfüttert und verstärkt – auf Kosten der grundgesetzlich und demokratietheoretisch geforderten Rolle des parlamentarischen Gesetzgebers. Die These unterschätzt zugleich die Politisierung der Arbeit von Regierung und Ministerien. Der Gesetzentwurf ist spätestens im Kabinett, wenn er die Hürde vom Referentenentwurf zum Regierungsentwurf nehmen will, einer „politischen Kontamination" ausgesetzt, wenn etwa die Interessen unterschiedlicher Koalitionspartner aufeinanderstoßen. Und sogar vorher, innerhalb des Ministeriums stoßen sich – wie auch immer definierte – sachliche mit politischen Interessen mitunter hart im Raum. Die Transmission dieser politischen Interessen wird dabei sowohl über die politische Leitung des Hauses als auch über eine zumindest in Teilen politisierte Beamtenschaft erfolgen.

Der Verdacht der Verunreinigung gegenüber dem Parlament wird allerdings nicht nur auf das Spannungsverhältnis von sachlichen und politischen Gesetzesgründen zurückgeführt, sondern zudem auf den Gegensatz von „reinen" problem- und fachbezogenen Zielen und den mitunter widerstreitenden fachfremden Zielen anderer politischer Facharbeitsgruppen bezogen. Als zuständiger Berichterstatter meiner Fraktion für das auch gesellschaftspolitisch kontrovers diskutierte Feld des Geistigen Eigentums erlebe ich diese Kontamination insbesondere im Urheberrecht, wenn das – in der Regel schon im Gesetzestitel vorgegebene – Ziel eines Gesetzentwurfes, die eigentumsrechtliche Stellung des Urhebers zu stärken, etwa durch Bildungspolitiker empfindlich zugunsten einer kostenlosen oder nahezu kostenlosen Nutzung von Werken an Schulen und Hochschulen eingeschränkt wird. Dieses Beispiel ist auch insoweit typisch als es wie auch hier vielfach um einen Konflikt zwischen fachlich vertretenen Interessen von bestimmten Bürgern und den (oftmals kurzsichtigen) fiskalischen Interessen des Staates geht: Für den Staat ist die Enteignung billiger als die Entgeltung.

Aber auch diese These kann schwerlich auf das Parlament fokussiert werden. Divergierende Fach-Interessen – wie zwischen Rechts- und Bildungspolitik oder zwischen Kultur- und Haushaltspolitik – treffen ebenfalls bereits innerhalb der

Gubernative im Konflikt zwischen zwei Ministerien bei der Abstimmung eines Gesetzentwurfes im Vorfeld der Kabinettsberatung oder spätestens am Kabinettstisch aufeinander. Diese Art der „fachfremden" Verunreinigung existiert somit jedenfalls parallel in Regierung und Parlament.

2. Der verunreinigende Bundesrat

Der Begriff des Verunreinigers trifft deutlich besser für den Bundesrat und vor allem für den aus Bundesrat und Bundestag gebildeten Vermittlungsausschuss zu. Der Bundesrat nutzt insbesondere seine starke Stellung im Gesetzgebungsverfahren bei Zustimmungsgesetzen nicht selten dazu, sach- oder fachfremde Zugeständnisse im Hinblick auf den Inhalt von Gesetzen zu erwirken. Die Zielsetzung des Gesetzes und dazu quer liegende Länderinteressen, die in der Regel sehr einseitig Administrationsfragen in den Vordergrund rücken, werden hierdurch oft unglücklich vermengt.

Der Bundesrat lässt sich allerdings nicht immer nur von Landesinteressen leiten. Obwohl er im Grundgesetz erkennbar zur Artikulation und Durchsetzung von Länderinteressen bestimmt ist, betreibt der Bundesrat vielfach Oppositionsarbeit, sofern sich seine Mehrheitsverhältnisse parteipolitisch spiegelbildlich zu denen im Bundestag verhalten.

Vor allem im Vermittlungsausschuss werden Gesetzentwürfe – begünstigt von seiner nicht-öffentlichen Tagungsweise – mitunter in basarähnlichen Verhandlungen verändert, um ein gänzliches Scheitern zu verhindern. Die Themen- und Interessenvermengung findet dabei auch nicht unbedingt im eigentlichen Vermittlungsverfahren, sondern zum Teil auch in informellen Verhandlungsrunden von Regierungsvertretern aus Bund und Ländern statt; so kann nicht ausgeschlossen werden, dass schon einmal Fragen des „Allgemeinen Gleichbehandlungsgesetzes" gegen Zugeständnisse bei der Unterstützung der Landwirtschaft zueinander in Bezug gesetzt werden. Ob eine jüngere Entscheidung des Bundesverfassungsgerichts, welche die Einbeziehung neuer, im Gesetzentwurf nicht enthaltener Gegenstände in das Vermittlungsverfahren erschwert,[20] hieran grundlegend etwas ändert, wird sich erst noch erweisen müssen. Informelle Absprachen am Rande oder außerhalb des Vermittlungsverfahrens selbst wird das ansonsten sehr begrüßenswerte Judikat kaum unterbinden können, sofern sich das Vermittlungsergebnis thematisch innerhalb der in Bundestag oder Bundesrat

---

[20] BVerfGE 120, 56 ff.

angesprochenen Fragen hält. Eine gewisse disziplinierende Wirkung könnte sich hingegen ergeben, wenn die Organe, die den Vermittlungsausschuss anzurufen berechtigt sind, die Punkte präzisieren müssten, die sie an dem Gesetz verändern möchten, und die heute üblichen sog. „offene" Anrufungsbegehren ausgeschlossen würden.

3. Der unreine Lobbyismus

Der traditionelle Hauptverdächtige unter den potentiellen Verunreinigern ist der Lobbyist. Die Vertreter von Verbänden und Unternehmen werden gerade dafür bezahlt, ohne Rücksicht auf die Ratio oder Struktur eines Gesetzes die Interessen ihres Arbeitgebers einzubringen und sich für deren maximale Verwirklichung im Gesetzgebungsverfahren stark zu machen. Ihre schiere Zahl muss schon als Beleg für die Unangemessenheit ihres Einflusses auf die Gesetzgebung und ihre Dominanz gegenüber den von der Verfassung bestellten Gesetzgebungsorganen herhalten.

Auch diese Sichtweise leidet indes an einer Verkürzung. Zunächst einmal kommt nicht jede interessegeleitete Einflussnahme auf das Gesetzgebungsverfahren einer „Verunreinigung" gleich.[21] Die Verfolgung von Verbandsinteressen kann Gesetze in dem oben beschriebenen Sinne einer Wegführung von ihrem eigentlichen Zweck oder einer übermäßigen Verkomplizierung verunreinigen. Sie kann aber auch genau das Gegenteil bewirken: Ein Großteil der Aktivitäten von Verbandsvertretern konzentriert sich nicht auf den Erlass oder die Veränderung von Gesetzen, sondern auf die Verhinderung von Gesetzentwürfen, mit denen ihre Branche reguliert werden soll. Manche dieser Regulierungsansätze kann man als Verunreinigung des geltenden Rechts qualifizieren, weil sie ein Rechtsgebiet überkomplex oder gar in sich widersprüchlich gestalten, um beispielsweise einzelnen Missständen oder Missbrauchsfällen Rechnung zu tragen. Der Lobbyisten-Einsatz gegen eine kasuistische Rechtszersplitterung oder eine aktionistische Gesetzgebung dient in diesen Fällen der Bewahrung der unternehmerischen Freiheit, aber so ganz nebenbei kann er bewusst oder unbewußt auch der Reinheit des Rechts dienen.

Anders zu beurteilen ist sicherlich die Mitarbeit von bezahlten Lobbyisten bei der Erarbeitung von Gesetzentwürfen. Wenn Ministerien nicht den unabhängigen Rat beispielsweise von unabhängigen Anwaltskanzleien im Gesetzgebungs-

---

[21] Dazu siehe sogleich sub 5.

verfahren für eine bestimmte Frage einkaufen, sondern Verbands- oder Unternehmensvertreter gleichsam als „Ghostwriter" ihre Gesetze schreiben lassen, ist nicht nur eine politisch-ethische Grenze überschritten.[22] Dies ist zugleich ein Verstoß gegen die Hygiene des Gesetzgebungsverfahrens, weil dadurch unmittelbar Personen an der Gestaltung von Gesetzen beteiligt werden, die nicht dem Profil entsprechen, welches die Verfassung für eine solche Mitwirkung beschreibt: Sie sind weder als Beamte oder sonstige öffentliche Bedienstete zur Objektivität und Rechenschaft verpflichtet noch als Politiker in Parlament oder Regierung mit einer besonderen demokratischen Legitimation ausgestattet. Ihre bloße Mitwirkung bei der Gesetzgebung stellt damit einer Verunreinigung des Verfahrens per se dar.

4. Gerichte und andere Rechtsanwender als Verunreiniger?

Auch wenn wir bei den Verunreinigern weniger an den Rechtsanwender denken, müssen wir uns doch auch dieser – scheinbar gänzlich unschuldigen – Gruppe zuwenden. Die Rechtsanwender im allgemeinen und im Besonderen diejenigen Rechtsanwender, die das letzte Worte in der Rechtsanwendung haben, nämlich die Gerichte, dürfen aus dem Kreis der Verdächtigen dann nicht entlassen werden, wenn man das Reinheitspostulat über das Gesetzgebungsverfahren hinaus auch auf das Gesetz selbst bezieht. Das Gesetz steht ja nicht nur für sich, sondern soll eine bestimmte Wirkung in der Rechtswirklichkeit entfalten. Wird diese nun durch eine einschränkende, den Gesetzeszweck offensichtlich außer Acht lassende Auslegung vereitelt, so bleibt der Gesetzestext unbeschädigt, das Gesetz als Normprogramm wird allerdings „verbogen". Das ist etwa der Fall, wenn Gerichte eine gefestigte Rechtsprechungslinie auch gegen deren Korrektur durch den Gesetzgeber verteidigen.

Über die semantische Adäquanz des Begriffs „Reinheit des Gesetzes" mag man in diesen Fällen füglich streiten, da der Richter dem Gesetz eigentlich nichts hinzufügt, sondern es bei der Anwendung im Gegenteil verkürzt. Um eine Verfälschung handelt es sich aber allemal und ihre Wirkungen sind einer Kontamination des Gesetzgebungsverfahrens durchaus vergleichbar, auch wenn der Richter, der sich entschließt, ein Gesetz oder jedenfalls dessen Ratio zu ignorieren, sich dabei vielleicht gar in der Rolle als Verteidiger der Reinheit des Rechts wähnt. In Wirklichkeit verteidigt er aber allenfalls die Reinheit einer gefestigten Rechtsprechung, jedenfalls nicht die Reinheit des Gesetzes. Nur eine ironische

---

[22] Vgl. etwa *F. Thewes*, Focus-Online v. 3.4.2008, http://www.focus.de/politik/deutschland/rechnungshof-ministerien-liessen-lobbyisten-gesetze-schreiben_aid_268156.html.

Betrachtung kann hier zu einem anderen Ergebnis führen: Denn das nicht angewandte Gesetz, bleibt freilich insofern rein und sauber, als es mit der schmutzigen Realität des Rechtslebens erst gar nicht in Berührung gebracht wird.

5. Interessegeleitete Politik und Unreinheit

Im Zusammenhang mit den Verunreinigern der Gesetze ist schließlich noch die Grundsatzfrage zu erörtern, ob bereits jede interessegeleitete Politik im Gesetzgebungsverfahren den Tatbestand der Verunreinigung erfüllt. Die Zurückweisung des Generalverdachts gegen das Parlament und die Lobbyisten legen einen ablehnende Antwort hierauf bereits nahe.

Folgte man indessen einem Verständnis, welches in der Gesetzgebung die Umsetzung einer „Volonté générale" sieht, so müsste jede Verfolgung von Partikularinteressen den objektiv vorgegebenen Volkswillen zwangsläufig verunreinigen. Vorzugswürdig für den liberalen und demokratischen Rechtsstaat scheint indes ein eher angelsächsisch geprägtes Verständnis, welches das Gesetzgebungsverfahren als Diskurs zwischen widerstreitenden Auffassungen und Interessen begreift. Das richtige oder reine Gesetz muss daher nicht bloß entdeckt werden, sondern entsteht erst im Streit der Interessen.

Die Bindung des Abgeordneten an politische Interessen ist danach nicht nur zulässig, sondern ein Bauprinzip der parlamentarischen Demokratie, weil er die Freiheit seines Mandats durch ein Sich-Binden an politische Interessen ausübt. Der Politiker muss gerade deswegen rechtlich unabhängig bleiben, damit er sich politisch binden kann. Das Zusammenspiel von Unabhängigkeit und Bindung verhält sich bei ihm gerade umgekehrt zum Richter als dem wichtigsten Interpreten seiner Gesetze. Dieser soll politisch unabhängig bleiben, um seine Bindung an Recht und Gesetz nicht zu gefährden.

Die Grenzen einer zulässigen Interessenbindung des Abgeordneten sind dementsprechend weit und greifen deutlich hinein in Tatbestände, welche im Beamtenrecht als Befangenheit gelten. So verlangt Art. 48 III 3 GG von ihm im Hinblick auf die Festsetzung seiner Entschädigung geradezu eine „Entscheidung in eigener Sache".[23]

---

[23] BVerfGE 40, 296 (316 f.) schließt eine Ankoppelung der Diäten an das Beamtenrecht aus und hält das Parlament somit zur expliziten Selbst-Festsetzung der Entschädigungsansprüche an. Vgl. zu den Anwendungsfeldern der Entscheidung in eigener Sache *H. Lang*, Gesetzgebung in eigener Sache, 2007, S. 30 ff.

Begrenzt wird diese Leitung durch eigene Interessen mittels – allerdings wiederum vom Parlamentsgesetzgeber beschlossener – Straftatbestände sowie vor allem durch ethische Vorgaben: Die Grenzziehung zwischen unzulässiger und zulässiger Interessenvertretung fällt auch in der ethischen Maßstäblichkeit nicht immer leicht. Ein Engagement für den eigenen Wahlkreis oder die Interessen der eigenen Partei stehen zwar in einem Spannungsverhältnis zu Art. 38 I 2 GG, der den Abgeordneten zum „Vertreter des ganzen Volkes" erklärt und ihn somit diesem gesamten Volk gegenüber verantwortlich macht. Die Zulässigkeit der Vertretung solcher Partikularinteressen ist aber unbestritten, weil sie auch Bestandteil des parlamentarischen Diskurses ist, bei dem alle Wahlkreise vertreten sind und jede Partei am Wahltag die gleichen Wahlchancen hat. Eine Politik, die sich an den Interessen einer bestimmten Klientel, etwa einer Berufsgruppe orientiert, mag auch dann noch zulässig sein, wenn der Abgeordnete dieser Gruppe selbst angehört. Insoweit wird man allerdings von den Fraktionen erwarten können, dass sie bei der Zuweisung von individuellen Zuständigkeiten eines Abgeordneten für ein Thema versuchen, Interessenkonflikte zu minimieren. Eindeutig verwerflich nach ethischen Reinheitsmaßstäben wäre hingegen die Verbindung eigener finanzieller Vorteile mit einem Abstimmungsverhalten im Plenum oder einer Entscheidung im Rahmen der Ausschussarbeit.

V. Die Möglichkeit und Wünschbarkeit „reiner Gesetzgebung"

Nachdem es uns leidlich gelungen ist, mögliche Konturen eines Reinheitsbegriffes der Gesetzgebung zu beschreiben, wenden wir uns schließlich der Frage zu, ob reine Gesetzgebung überhaupt realisierbar ist und inwieweit sie erstrebenswert wäre.

Das Projekt einer Purifizierung des Normsetzungsprozesses von sach- oder fachfremden Elementen eines Gesetzes überfordert die Möglichkeiten des demokratischen Rechtsstaates, zumindest insofern wir eine solche Reinigung des Prozesses institutionalisieren und garantieren wollten. Das Zurückdrängen der „falschen" politischen Einflüsse, könnte im Zweifel nur durch verfassungsrechtliche Vorgaben garantiert werden. Die notwendigen Änderungen des Grundgesetzes unterlägen aber ihrerseits wiederum den Gesetzmäßigkeiten des politischen Prozesses. Exemplarisch verdeutlicht dieses Dilemma der gegenwärtige Prozess der Bundesstaatsreform: Bereits in der ersten Stufe der Föderalismusreform gelang eine Reinigung des Gesetzgebungsverfahrens von den mitunter als – gegenüber Inhalt und Zweck des Gesetzesbeschlusses im Bundestag – „sachfremd" erscheinenden Einflüssen des Bundesrates nur in geringem Maße. Die

Föderalismuskommission, die ein Beitrag zur Lösung des Verunreinigungsproblems sein sollte, war schon aufgrund ihrer dem Vermittlungsausschuss nach Art. 77 GG nachgebildeten Zusammensetzung zugleich Teil des Problems.[24] Dies setzte sich in den Ergebnissen ihrer Arbeit fort, wenn etwa die Abschaffung des weithin kritisierten Typus der Rahmengesetzgebung und die Reduktion der Zustimmungspflicht mit der Einführung des neuen, hochkomplizierten Typus der Abweichungsgesetzgebung erkauft wurden.

Eher zu realisieren sind Reinheitsvorstellungen, die sich auf das Produkt der Gesetzgebung, das Gesetz, beziehen und auf Fragen der Gesetzestechnik und der Gesetzeswirkung abstellen. Aber auch hier stößt die Herstellung von Reinheit auf Hindernisse. Der Regelungseifer einer ausdifferenzierten und hoch spezialisierten Ministerialbürokratie verhindert einfache Gesetze. Zwar versprechen der Normenkontrollrat und das Standardkostenverfahren zur Messung der Regulierungskosten insoweit Verbesserungen. Jedoch wird auch der Normenkontrollrat gegen den fehlenden Elan der Rechtspolitik nichts ausrichten können, wenn diese größer angelegte Gesetzgebungsprojekte zum Zwecke der Kodifikation zersplitterter Rechtsgebiete nicht inAngriff nimmt. Konjunktur haben demgegenüber punktuelle Gesetze, die auf tagespolitische Momentaufnahmen von Problemen reagieren und mitunter den Charakter symbolischer Gesetzgebung tragen.

Eine reine Gesetzgebung, die einer reinen Rechtslehre entspräche, wäre hingegen weder realistisch noch erstrebenswert. Die insoweit diskutierten überhöhten oder idealisierten Reinheitsinterpretationen müssen zwangsläufig an der Realität scheitern. Wie bereits festgehalten, stellt die Gesetzgebung einen Akt der Rechtspolitik und nicht der Rechtswissenschaft dar. In der Gesetzgebung werden gerade nicht-juristische Ziele, Positionen und Interessen in eine juristische – nämlich gesetzliche – Form gegossen. Eine Reinheit des Rechts in Sinne eines Schutzes vor dem Nicht-Rechtlichen kann es nicht geben. In der Demokratie soll sich der Wille des Volkes in der Gesetzgebung wiederfinden, nicht hingegen das Recht sich nur aus sich selbst heraus reproduzieren. Ganz im Sinne Hans Kelsens ist vor denjenigen zu warnen, die eine solche Selbstreferentialität ohne eine strukturelle Kopplung über die Grenzen des Rechtssystems hinaus behaupten, da sie hinter vorgeblich objektiven Rechtsargumenten in Wahrheit höchst subjektive politische Forderungen verschleiern.[25]

---

[24] Vgl. hierzu: *G. Krings*, in: W. Kluth (Hrsg.), Föderalismusreformgesetz, S. 61 (77 ff.).
[25] Vgl. wiederum *Kelsen*, aaO., Vorwort S. IV.

VI. Gute statt reiner Gesetzgebung

Der Vorgang der Gesetzgebung muss also „schmutzig" bleiben. Und auch für ihr Produkt, das Gesetz, ist die Reinheit als Qualitätskategorie nur von bedingtem Nutzen. Eine reine Rechtsauslegung behindert dies allerdings nicht, denn die Rollen von Rechtserzeugern und Rechtsanwendern, von Gesetzgeber und Richter unterscheiden sich ganz wesentlich. Eine reine Rechtsauslegung setzt aber gerade den Respekt vor der Unreinheit des Gesetzgebungsprozesses voraus.

Die Gesetzgebung steht sehr wohl in der Verantwortung, ihre Qualität zu sichern und – da, wo sie heute defizitär ist – zu verbessern. Gute bzw. bessere Rechtsetzung tut Not und wird in Rechtspolitik und Gesetzgebungswissenschaft auch seit einigen Jahren vornehmlich in der Europäischen Union, aber auch in Deutschland unter dem englischsprachigen Stichwort der „better regulation" diskutiert. Dahinter verbergen sich insbesondere die bereits oben skizzierten Forderungen an eine bessere Gesetzestechnik und eine berechenbarere Gesetzeswirkung.

Über diese Aspekte hinaus erscheinen mir aber mindesten zwei weitere Qualitätssteigerungen in Bezug auf die Gesetzgebungspraxis zielführend und erstrebenswert zu sein.

Zum einen muss sich der parlamentarische Gesetzgeber stärker auf die wesentlichen politischen Weichenstellungen in seiner Gesetzgebungsarbeit konzentrieren. Eine moderne Gesellschaft mit komplexen und ausdifferenzierten Regulierungsanforderungen droht das parlamentarische Gesetzgebungsverfahren zu überfordern. Es versucht sich mit seiner Verlagerung der inhaltlichen Gesetzesberatung auf Ausschüsse und der Übertragung faktischer Entscheidungskompetenzen an einzelne, thematisch spezialisierte Berichterstatter in diesen Ausschüssen zwar der Komplexität und den Differenzierungsnotwendigkeiten anzupassen. In zahlreichen Gesetzen bleiben die Parlamentarier aber dennoch einer ungleich tiefer gestaffelten Ministerialbürokratie ausgeliefert. Ein Beispiel der aktuellen 16. Wahlperiode des Deutschen Bundestages war die Gesundheitsreform, die auf 96 Seiten Gesetzestext alleine 43 bestehende Gesetze und Verordnungen änderte und den Abgeordneten in der Endphase der Ausschussberatung innerhalb eines Tages die Kenntnisnahme und Durchdringung von 80 neuerlichen Änderungsanträgen abverlangte. Wer hier den Gedanken des Parlamentsvorbehalts und der parlamentarischen Verantwortung für die Gesetze zu weit treibt, sorgt nur noch für eine formale Entscheidung des Parlaments auf Kosten ihrer inhaltlichen Gestaltung durch die Abgeordneten und Fraktionen. Die Gesamtentscheidung über alle Detailfragen eines Gesetzes droht in vielen Fällen gar den Blick für das (politisch) Wesentliche zu verstellen.

Im Rahmen der in Art. 80 GG gesteckten Grenzen ist deshalb das Instrument der Rechtsverordnung stärker zu nutzen, um die Ausgestaltung eines Gesetzes unterhalb der politischen Grundentscheidungen vorzunehmen. Die Fragen, die der Sache nach ohnehin alleine von der Gubernative determiniert werden, sollten auch formal von ihr im Wege der Rechtsverordnung verantwortet werden. Das Parlament sollte hingegen in seinem Gesetz nur so detailliert legiferieren, wie zumindest seine jeweiligen Fachausschüsse eine Thematik tatsächlich durchdringen können. Der verfassungsrechtlichen Direktive des Wesentlichkeitsgebots, wonach Wesentliches vom Parlament geregelt werden muss, ist zumindest als politisches Postulat ein Unwesentlichkeitsverbot an die Seite zu stellen, welches das Parlament von Detailfragen entlastet.

Schließlich leidet die Gesetzgebungspraxis unter einer Fokussierung auf die eingesetzten Instrumente eines Gesetzes. Über die Zielsetzung eines Gesetzes legt der Gesetzgeber – auch sich selbst gegenüber – mitunter nur unzureichend Rechenschaft ab. Die Folge können ineffizient genutzte Ressourcen und nichtintendierte oder überraschende Gesetzeswirkungen sein. Neben einer Offenlegung und Präzisierung von Zwecksetzungen im Gesetz selbst kann die Entwicklung von „Strategien" insoweit eine Verbesserung bedeuten. So wie gut geführte Unternehmen ihre Handlungen im einzelnen aus längerfristigen Strategien ableiten, können solche Strategien auch ein Mittel gegen Kurzatmigkeit und mangelnde Kohärenz eines Gesetzgebungsprogramms sein. Das Strategiewerkzeug wird in der Bundesrepublik heute etwa schon in Gestalt der Nachhaltigkeitsstrategie der Bundesregierung genutzt. Sie gibt für diverse Bereiche der Politik bestimmte, quantitative definierte Ziele vor, deren Erreichung in einem festgesetzten Zeitraum mit Hilfe von Indikatoren kontrolliert und gesteuert wird. Dieser strategische Ansatz ist allerdings darauf angewiesen, dass nicht nur der staatliche Haushalt, sondern Gesetzgebung insgesamt aus solchen einschlägigen Strategien heraus entwickelt wird.

Mit unreiner Gesetzgebung werden wir uns also abfinden müssen – mit schlechten Gesetzen sollten wir das aber nicht tun. Klare Strukturen und eine widerspruchsfreie Systematik, eine verständliche Sprache, eine transparente Arbeitsteilung zwischen Parlamentsgesetz und Rechtsverordnung sowie die strategische Ausrichtung der Gesetzgebung steigern ihre Qualität, ohne dass wir dazu auf den Reinheitsbegriff zurückgreifen müssen.

Reinheit als Ideal

Alexander Demandt, Lindheim

Reinheit ist ein Ideal von universaler Bedeutung. Die ursprünglich optische Aussage des Wortes „rein" wurde – ebenso wie lateinisch *purus*, griechisch *katharos* und die Äquivalente in anderen Sprachen – früh auf verschiedene Lebensgebiete angewandt. Ich beginne mit dem Begriff als solchem, gehe dann zweitens über zu den Funktionen der körperlichen Reinheit, wende mich drittens dem umfangreichen Thema der religiösen Reinheit zu, behandle kurz viertens die ethnische Reinheit, werfe fünftens einen Blick auf die Reinheit in der Sprache, sechstens auf Reinheit in der Politik, gebe danach einen kurzen Rückblick und schließe mit Überlegungen zur inneren Reinheit.

I. Reinheit als Begriff

Reinheit ist ein Begriff, dem im Denken und Leben der Menschheit eine Schlüsselfunktion zukommt. Er bezeichnet eine ontologische Qualität, nämlich die Übereinstimmung einer Sache mit sich selbst, oder genauer: Die Übereinstimmung zwischen der sprachlich gefaßten Wahrnehmung einer Sache und unserer Vorstellung von ihr, die sich in dem Wort für sie ausdrückt. Die Übereinstimmung kann durch Beimischungen, die nicht zur Sache gehören und sie daher verunreinigen, verfremden und verfälschen, gestört werden. Das führt möglicherweise dazu, daß der Name für die Sache nicht mehr angemessen ist und Mißverständnisse entstehen, wenn er dennoch für sie verwendet wird. Daraus können Konflikte erwachsen.

Ein Beispiel: Klares Wasser empfinden wir als rein. Führt es etwas Erde mit, wird es braun und schmutzig. Führt es viel Erde mit sich, wird es schlammig, und die Frage erhebt sich, ob es noch Wasser oder schon Schlamm ist. Der Übergang ist gleitend, die Bestimmung der Grenze bedarf einer terminologischen Vereinbarung. Eine solche Konvention ist für die Feststellung von Reinheit generell unabdingbar. Das Prädikat „rein" verlangt die Zusatzinformation „rein wovon?" Das glasklare Wasser eines Gebirgsbaches wird niemand für unrein erklären, wenn er Forellen darin erblickt. Ebensowenig stören die verschiedenen Mineralien, die auch sauberes Wasser enthält, aber dartun, daß gutes

Trinkwasser nicht chemisch reines H_2O ist. Ein möglicher Streitfall betrifft den Zusatz von Chlor, der zur Desinfektion dient, aber den Geschmack beeinträchtigt. Hier muß die Priorität der Zwecke und Toleranzgrenze festgestellt werden.

All dies zeigt, daß Reinheit auf Definition beruht, Definitionen aber können interessengebunden sein. Sie beruhen auf Gewohnheit oder Setzung. Beides muß sich nicht ausschließen, denn Setzungen können im Lauf der Zeit zu Gewohnheiten werden. Die Setzung wiederum kann der Machtakt eines Einzelnen oder Beschluß einer Gemeinschaft sein, in jedem Falle muß sie verbindlich sein, wenn die Verständigung gelingen soll.

Die Definition von Reinheit in beliebigem Kontext setzt mithin, wenn sie gültig sein soll, eine nach Regeln lebende Sprachgemeinschaft voraus. Ohne eine Rechtsordnung im weiteren Sinne wird der Sprachgebrauch beliebig und disfunktional. Wenn wir eine Sache zu Recht als „rein" bezeichnen, muß mithin durch eine Konvention im Rahmen einer bestehenden Kommunikationsgemeinschaft festgelegt sein, was wir als „rein" bezeichnen dürfen oder müssen. Der Begriff der Reinheit kennzeichnet somit keine objektive Gegebenheit, sondern die subjektive Interpretation einer solchen, die intersubjektiv ausgehandelt wurde. Er ist daher grundsätzlich problematisch und setzt für seine sinnvolle Verwendung die Existenz einer Instanz voraus, die den Gebrauch des Wortes regelt. Eine solche Regelung ist unentbehrlich, da ohne die Kategorie der Reinheit die Ordnung der Phänomene durch Sprache mißlingt. Das hat Konsequenzen.

Musterfall ist das Reinheitsgebot für das deutsche Bier. Im Jahre 1516 wurde unter Herzog Wilhelm IV von Bayern festgelegt, daß zum Bierbrauen ausschließlich Malz, Wasser, Hopfen und Hefe verwendet werden dürfe. Alle anderen, teilweise wohlschmeckenden Ingredienzien galten als Verunreinigung und waren verboten. Nicht bestimmt wurde, wie denn wiederum die Reinheit von Malz, Wasser, Hopfen und Hefe zu verstehen oder zu ermitteln sei. Eigentlich hätte man damals zuerst ein Reinheitsgebot für Malz erlassen müssen, sodann ein solches für die einzelnen Bestandteile des Malzes und so weiter für die Bestandteile der Bestandteile bis zur Festlegung der zulässigen Kohlenwasserstoff-Verbindungen, d. h. der das Bier bildenden chemischen Elemente. Dieser Prozeß wurde zuvor abgebrochen, man verließ sich aus praktischen Gründen darauf, daß die Reinheit der vier statthaften Stoffe umgangssprachlich und gewohnheitsmäßig gewährleistet sei. Das war praktikabel, aber riskant.

Würde die Reinheitskontrolle des Bieres in dem skizzierten analytischen Verfahren fortgeführt, wäre absolute Reinheit dennoch nicht erreichbar. Denn selbst das, was wir als „chemisch rein" bezeichnen, ist natürlich kein absoluter Wert. Die jeweilige Anwendung der Formel beruht auf einer historischen Übereinkunft hinsichtlich der erforderlichen Versuchsergebnisse unter momentan möglichen Laborbedingungen, die ihrerseits einer unabsehbaren Verfeinerung fähig sind. Die Bezeichnung „chemisch rein" für einen Stoff resultiert aus dem gegenwärtigen wissenschaftlichen Forschungsstand, der überholbar ist und so wie alles empirische Wissen nur vorläufige Gültigkeit beanspruchen kann.

Reine Reinheit ist eine reine Illusion. Es handelt sich vielmehr um eine quantifizierbare Qualität, eine steigerbare Eigenschaft. Wir können stets fragen „wie rein" die betroffene Sache sei. Wir assoziieren das Wort „rein" mit der Farbe Weiß, doch reden wir auch von Blütenweiß und Schneeweiß, von glänzendem und von strahlendem Weiß, so wie wir von Schwarz und tiefem Schwarz sprechen. Die unterschiedlichen Grade von Reinheit beruhen meist auf der Meßbarkeit der Verunreinigung, auf der Menge und der Art der Beimischung, die in der Realität überall vorkommt. Anaxagoras[1] weist Reinheit allein dem Geist zu, dem Nous; alles Gegenständliche sei gemischt, zusammengesetzt, analysierbar.

Reinheit ist ein negativer Begriff. Wir verstehen ihn nicht, wenn unklar ist, wovon eine Sache rein sein soll, worin die sie möglicherweise trübenden Zutaten bestehen. Man muß uns sagen, daß Kants ›Kritik der reinen Vernunft‹ die von aller Erfahrung, aller Empfindung absehende Vernunft meint, die nur mit sich selbst beschäftigt ist, daß Kelsens ›Reine Rechtslehre‹ frei von Interessen und Ideologien sein will, daß reine Mathematik nicht die Verwendung von Zahlen, sondern praktische Anwendung ausschließt. Demgemäß ist Reinheit nicht nur ein konventioneller und funktionaler, sondern ebenso ein relativer Begriff, der von individuell variablen Vorentscheidungen und Ansprüchen abhängt und seine jeweilige praktische Bedeutung einer historisch und gesellschaftlich geprägten Gesamtsituation verdankt. Diese Bedeutung zeigt sich auf zahlreichen Gebieten des menschlichen Lebens.

II. Körperliche Reinheit

Beginnen wir mit der alltäglichen Verwendung des Begriffs und seiner gesellschaftlichen Relevanz. Reinheit ist logisch negativ, aber ethisch positiv gepolt. Wir assoziieren Reinheit mit Klarheit, Licht und Sauberkeit. Im Alltag beginnt das Bemühen um Reinheit mit der Reinlichkeit. Schon die Kleinkinder setzten

---

[1] *Hermann Diels/Walther Kranz*, Die Fragmente der Vorsokratiker, 1934, Nr. 59 B 11 f; *Aristoteles*, De anima 405 a 15.

wir auf den Topf. Sauberkeit ist ein Gebot der Hygiene und der Ästhetik. Unseren Körper, unsere Kleider, unsere Wohnung reinigen wir regelmäßig. Jeder kehre vor seiner Türe, heißt es, doch sollte es auch dahinter sauber sein. Sauberkeit gilt als Tugend. Man kennt es aus dem deutschen Märchen. Das Elternhaus des Helden ist „arm aber reinlich". Unrat, Schmutz und Dreck beeinträchtigen das Bedürfnis nach Ordnung, die Anlaß zum Stolz ist.

Wenn Justus von Liebig 1844 zu Recht erklärt hat, die Seife sei ein Maßstab für den Wohlstand und die Kultur von Staaten, dann hatten Griechen und Römer keine Kultur, genauer: keine Zivilisation, denn sie kannten noch keine Seife. Das in lateinischen Texten überlieferte keltische oder germanische Wort *sapo* bezeichnet vermutlich keine Seife, sondern ein Haarfärbemittel. Immerhin besaß das klassische Athen eine staatliche Müllabfuhr[2], und unter der Stadt Rom lag das zur *Cloaca Maxima* führende Kanalsystem wie ein Spinnennetz; daneben gab es 16 Großthermen, 926 kleinere öffentliche Bäder und 24 Aquädukte, die mehr Wasser pro Kopf in die Stadt brachten als es heute der Fall ist. Man salbte sich mit Öl und erfüllte damit Liebigs Postulat an ein Kulturvolk. Der Hinweis auf Reinlichkeit konnte in Rom zuweilen kuriose Formen annehmen, so wenn Kaiser Augustus den von ihm hochgeschätzten Dichter Horaz im Scherz *purissimus penis* zu nennen pflegte[3].

Der Stolz auf körperliche Sauberkeit hat bei den Griechen zu einer sozialen Bedeutung geführt. Ähnlich der Abgrenzung gegen Barbaren gab es die Verachtung des Banausen, des Handwerkers, der am Ofen (*baunos*), am Feuer arbeitet und sich schmutzig machen muß. Von den Schmieden und Töpfern ist das Wort auf Handwerker insgesamt übergegangen. Männer, die sich nur der Arbeit, nur dem Geldverdienen, nur dem Sport widmen, also Fachmenschen jeder Art verfehlen das Ideal des freien, allseits gebildeten Bürgers, der von der Arbeit seiner Sklaven lebt und sich den edlen Künsten widmet. Banausen sind bei Platon[4] und Aristoteles[5] weder würdig noch fähig, politische Rechte wahrzunehmen. Demokratie ist idealiter die Sache unabhängiger Bürger. Realiter freilich war sie das nie. Im klassischen Athen hatten auch die Schuster und Schreiner Wahlrecht.

Dennoch besaß in den Augen der Bessergestellten die wörtliche Unterscheidung von „rein" und „unrein" einen sozialen Sinn. Das hat sich in der Adelsethik erhalten. Mahatma Gandhi spricht von der „unerbittlichen Strenge der Vaishnava -

---

[2] *Aristoteles*, Athenaion Politeia 50,2.
[3] *Suëton*, Vita Horatii.
[4] *Platon*, Gesetze 644 A.
[5] *Aristoteles*, Politik 1330 A.

Vorschriften über körperliche Reinheit", die seinem todkranken Vater verboten, seine Bedürfnisse im Krankenbett zu verrichten. Gandhi riskierte einen Ehezwist, als er sich 1898 in seiner Kommune, seinem *ashram* in Natal an der Toilettenreinigung beteiligte und auch seine Frau dazu nötigte. Die aber meinte, diese Arbeit sei unter der Würde eines Angehörigen der Brahmanenkaste[6]. Als Ernst Reuter, damals Oberbürgermeister von Magdeburg, 1933 ins Konzentrationslager Lichtenburg kam, nötigten ihn die Wachmannschaften, die Jauchegrube zu säubern[7]. Das war Schikane. Die Amerikaner, die 1945 meinen Schulort Büdingen besetzten, glaubten, den Schloßherrn, den Fürsten Ysenburg dadurch demütigen zu können, daß sie ihn zwangen, die Straße zu kehren. Man sieht: die Deklassierung durch materielle Unreinheit ist eine weit verbreitete Vorstellung.

Die Erfahrung lehrt, daß Menschen mit unterschiedlichen Reinlichkeitsvorstellungen auf die Dauer nicht zusammenleben können und daß umgekehrt Menschen, die zusammenleben, gleichartige Bedürfnisse nach Sauberkeit haben. So lesen wir, daß sich im alten Rußland die Dörfer der Deutschen und die der Juden schon äußerlich, nach dem Grad der Reinlichkeit unterschieden, ähnlich bei den Dörfern der Christen und Moslems auf dem Balkan und im Libanon. Als ich 1953 mit dem Fahrrad über den Lukmanierpaß aus Graubünden ins Tessin kam, war am Zustand der Dörfer zu erkennen, welche Sprache dort gesprochen wurde. Auch unsere Zeit kennt noch solche Differenzen. 1999 meldete die Presse, daß die Tschechen in der Stadt Aussig eine Mauer gebaut hätten, um sich vor der Unordnung, dem Dreck und dem Lärm zu schützen, der in einer benachbarten Mietskaserne mit Zigeunern herrschte. Diese Menschen hatten andere Standards der Empfindlichkeit, eine andere optische, akustische und olfaktorische Schmerzgrenze. Es gab damals einen europaweiten Skandal wegen Rassismus. Die Mauer wurde abgebaut und den Tschechen wurde Geld geboten, wenn sie wegziehen wollten.

III. Religiöse Reinheit

Die Forderung nach Reinheit ist früh von der materiellen und sozialen Sphäre auf die geistige Sphäre übergegangen und findet sich in den verschiedensten Formen bei allen großen Religionen und philosophischen Systemen seit der Antike. Eine Reinigung, griechisch *katharmos* oder *katharsis*, lateinisch *lavatio, purgatio* oder *purificatio* ging kultischen Handlungen der Griechen und Römer

---

[6] *Mahatma Gandhi*, Mein Leben, hg. von C. F. Andrews, übertragen von H. Reisiger, 1930, 44, 203 f.
[7] *Hans Jürgen Reichhardt*, Ernst Reuter, 1965, 109.

voraus. Man legte reine Kleider an, wusch sich die Hände, bisweilen auch den Kopf und mußte nach dem Genuß gewisser Speisen eine Frist verstreichen lassen, bevor man sich der Gottheit nahte. In manche Tempelbezirke durfte kein Eisen, nichts Tierisches und kein Schuh gebracht werden. Der athenische Tyrann Peisistratos sicherte sich die Gunst Apollons, indem er dessen heilige Insel Delos reinigte. Denn als man dort prähistorische Gräber entdeckte, ließ Peisistratos die Toten exhumieren und auf die Nachbarinsel Rheneia verbringen[8].

Befleckung durch unreine Speise gab es bei den Griechen nur bei den Pythagoräern, sie aßen keine Bohnen. Ein verfolgter Pythagoräer ließ sich lieber totschlagen als durch ein Bohnenfeld zu entfliehen. Pythagoreer trugen weiße Kleidung und erklärten, die reinste Menschenart sei jene, die sich der absichtslosen Betrachtung der Natur widme[9]. Weitergehende Speisetabus, insbesondere Fleischverbot, finden sich in der antiken Magie, deren Reinheitsvorschriften überhaupt so komplex waren, daß Mißerfolge beim Zaubern nicht ausbleiben konnten.

Alt ist die Reinheitsmetapher für Unschuld. Platon kennt den Begriff des reinen Gewissens (*heilikrinēs dianoia*)[10], Horaz rühmt sich *integer vitae, scelerisque purus*[11]. Reinigung war sodann erforderlich nach Befleckung durch Blutschuld, d. h. nach einem Mord. Zuständig waren die Götter Zeus und Apollon, die beide den Beinamen *Katharsios*, der Reiniger, führten. Daneben boten die Mysterien von Eleusis Lösung von Schuld (*lysis*) an. Bei den dafür vorgesehenen Reinigungsriten spielten die vier Elemente eine Rolle: Erde, Feuer, Luft und Wasser. Zentral aber war ein blutiges Opfer, denn Blut muß durch Blut gesühnt werden. Das Opfertier stirbt anstelle des Mörders.

Den damit verbundenen Aberglauben bekämpfte Plutarch mit Spott und Schärfe[12]. Er war Platoniker, und Platon hatte den Reinheitsgedanken aus der Religion in die Ethik, von der Handlung auf die Gesinnung übertragen. Platon fordert die Reinhaltung der Seele von allem, was die Erkenntnis trüben kann: will sagen, die Vordergründigkeit der Sinneseindrücke, die Wirkung der Leidenschaften und die Voreiligkeit der Urteilsbildung. Nur durch die Reinigung von diesen Elementen sei die Seele imstande, die Wahrheit zu erkennen, die der göttlichen

---

[8] *Herodot* I 64.
[9] *Jamblich* Vita des Pythagoras 58; 100; 191.
[10] *Platon*, Phaidon 66 A.
[11] *Horaz*, Carmina I 22.
[12] *Plutarch*, Moralia 171 B.

Sphäre zugerechnet wird. Das ist zugleich der Grundgedanke der späteren Mystik. Er begegnet schon bei Platon: der Aufstieg zur Gottheit über die Reinigung von Begierden zur Erleuchtung und zur Vollendung[13]. Die Reinigung der Seele ist ein Akt der Befreiung. Aristoteles[14] hat dann diese befreiende Funktion der Tragödie zugeordnet, die beim Zuschauer zuerst Schauder und Furcht vor dem Schicksal (*phobos*), dann Jammer und Mitleid mit den Betroffenen (*eleos*) und zuletzt *katharsis* erzeuge, Reinigung der Seele von Schauder und Jammer, d. h. von schmerzhaften Affekten (*pathēmata*).

Der religiöse Reinheitsgedanke der Römer fand Ausdruck in der *lustratio*. Das Wort ist von *lavare* – „waschen" abgeleitet und ist verwandt mit unserem Wort „lauter". *Lavatio* ist die Reinigung durch Wasser, während *purificatio* ursprünglich die Reinigung durch Feuer bezeichnet, denn *purus* ist mit „Feuer" verwandt. *Lustratio* ist die zeremonielle Reinigung und Entsühnung, die einerseits der Hausherr für das Gedeihen seines Anwesens durchführte, andererseits vom Censor nach jeder Musterung der Wehrpflichtigen auf dem Marsfeld vollzogen wurde. Dabei wurden ein Schwein, ein Schaf und ein Rind geopfert, daher der Name *Suovetaurilia*. Später bezeichnete das Wort *lustrum* einen Fünfjahresabstand. Wie bei den Griechen gab es auch bei den Römern den Ritus einer periodischen Waschung von Götterbildern, so die der Mater Deorum Cybele im Almo, einem Nebenfluß des Tibers, wie Ovid[15] zum 12. April berichtet und Augustinus[16] spottet.

Reinheit ist sodann ein Schlüsselbegriff im alten Israel und hat dort identitätsstiftende Funktion. Auch religiöse Reinheitsvorstellungen sind nämlich gruppenbildende Motive und damit Kriterien für Ausgrenzung von Unreinen. Das Judentum ist dafür geradezu das Muster. Nirgends in der Weltgeschichte hat das Reinheitsgebot eine solch ausgefeilte Bestimmung erfahren, solch weitreichende Wirkungen erzielt. Schon die angeblich durch Moses im 12. Jahrhundert, tatsächlich aber erst im 6. Jahrhundert unter Josia kanonisierte Thora formuliert eine Fülle von Reinheitsvorschriften, die Gott der Herr erlassen habe. Die Zahl der später von den Rabbinen daraus abgeleiteten rituellen Gebote und Verbote geht in die Aberhunderte; sie legen fest, was religionsgesetzlich gefordert, was „koscher" ist. Juden müssen beschnitten sein, sie werden temporär unrein durch Sexualität, Krankheit und Tod, Frauen durch Menstruation und Niederkunft. Die religionsgesetzlich vorgeschriebene rituelle Waschung nach jeder Menstruation

---

[13] *Platon*, Phaidros 244 E; ders., Staat 364 E; *Plutarch*, Moralia 1000 CD.
[14] *Aristoteles*, De arte poetica 49 b 25.
[15] *Ovid*, Fasten IV 327; 339.
[16] *Augustinus*, De Civitate Dei II 4.

und nach jedem Sperma-Austritt im Grundwasser eines Judenbades hat mit Hygiene wenig zu tun.

Unabhängig von praktischen Motiven sind ebenso die jüdischen Speisetabus. Unreine Tiere, die nicht verzehrt und nicht berührt werden dürfen, sind vor allem Schweine, Hasen und Wasserbewohner ohne Schuppen und Flossen; Aale, Hummer und Krabben sind ein „Greuel". Unrein sind alle Raubvögel, aber auch Störche, Schwäne und Schwalben. Rein sind hingegen Heuschrecken, die dürfen gegessen werden. Wer mit demselben Löffel Milch und Fleischbrühe umrührt, der befleckt sich. Kultische Unreinheit steckt an, sie wird durch Berührung von Mensch zu Mensch übertragen.

Unreine Orte sind fremde Heiligtümer. Sie dürfen nicht betreten werden. Als Alexander der Große den babylonischen Turm wieder aufbauen ließ, haben sich die Juden in seinem Heer geweigert mitzuarbeiten und lieber harte Strafen hingenommen[17]. Unreine Menschen sind alle Nichtjuden, mit denen es darum keine Tisch- oder Ehegemeinschaft geben dürfe. Diese Vorschriften sind natürlich immer wieder übertreten worden. Dann aber kann es zu einer religiösen Rückbesinnung kommen, wie die Propheten sie gefordert und das Buch Esra sie beschrieben haben. Die Ehefrauen aus fremden Völkern nebst ihren Kindern werden „hinausgetan", des Landes verwiesen, damit in einer umfassenden Säuberungsaktion die völkische Reinheit der Israeliten wiederhergestellt und der Zorn Gottes besänftigt werde.

Die Idee von unreinen Völkern wurde aus dem Judentum ins Christentum übernommen. Doch beschränkt sich das auf die Mythologie. Die in byzantinischer Zeit dem Bischof Methodios von Patara zugeschriebene Alexanderlegende besagt, daß der König im Norden der Welt die unreinen Völker Gog und Magog durch eine Paßsperre eingeschlossen habe. Die Unreinheit jener Völker bestand darin, so heißt es, daß sie Fliegen, Katzen und Schlangen aßen, ja sogar besonderen Geschmack am Fleisch von Toten und von Fehlgeburten fanden. Hier verbinden sich jüdische Tabus mit wahrhaft bestialischen Unsitten.

Für die Erneuerung der durch Befleckung verlorenen Reinheit beschreibt die Bibel das Sündenbock-Ritual. Um das Volk zu reinigen, legt der Hohe Priester seine Hände auf das Haupt eines Widders, bekennt alle Verfehlungen und Übertretungen der Israeliten und lädt damit die Sünden dem Tier auf. Er jagt es in die Wüste, „daß also der Bock alle Missetaten auf sich nehme und in die Wildnis

---

[17] *Josephus*, Contra Apionem I 192 f.

trage".[18] In der paulinischen Theologie ist Jesus das Lamm Gottes, das die Sünden der Welt auf sich nimmt und dafür geopfert wird. Ohne Blutvergießen keine Erlösung[19], denn das Blut Christi reinigt das Gewissen der Menschheit, es wäscht ihre Sünden ab, so lehrt die Bibel[20].

Konkret vorgeführt wird der Gedanke der moralischen „Reinigung" durch eine physische Waschung. Pontius Pilatus wäscht seine Hände in Unschuld, bevor er Jesus zur Kreuzigung verurteilt[21]. Die Szene ist fraglos unhistorisch, denn ein römischer Offizier hatte einen derartigen Bußakt nicht nötig. Es handelt sich vielmehr um die Übertragung eines altjüdischen Brauchs auf den kaiserlichen Präfekten durch die Evangelisten. Im Deuteronomium[22] heißt es, nach einem Mord sollen die Ältesten ihre Hände über einer geopferten Kuh waschen und sagen: „Unsere Hände haben dies Blut nicht vergossen". David symbolisiert die Reinheit seines Gewissens durch die Reinheit seiner Hände, in dem er singt: „Der Herr vergilt mir nach der Reinheit meiner Hände". In seinen Psalmen[23] verwendet er die Metapher: „Ich wasche meine Hände in Unschuld". Der Sinn der Waschung ist die nachträgliche Reinigung der Hände von einer wirklichen oder möglicherweise begangenen Verfehlung vor dem Gebet. Pilatus aber konnte kein Hebräisch, kannte keine Psalmen und hatte weder eine Sünde zu sühnen noch die Absicht zu beten. Die Handwaschung ist legendär.

Jesus hat die jüdischen Reinigungsrituale verworfen und dafür gemäß dem Talmud die gräßlichsten Höllenstrafen verdient und erlitten[24]. Die spektakuläre „Reinigung" des Jerusalemer Tempels durch Jesus wird von keinem Evangelisten als solche bezeichnet. Das Wort findet sich nur in den später der Lutherbibel zugefügten Zwischenüberschriften, indes nicht ohne Grund. Denn indem Jesus die Geldwechsler vertrieb, wollte er das durch Geschäftemacherei entweihte Gotteshaus seiner ursprünglichen Bedeutung als Ort des Gebets zurückgeben. Es geht um eine ideelle Reinigung, die bei Jesus die Gesinnung betrifft, mithin wie bei Platon verinnerlicht ist. In der Bergpredigt heißt es, „Selig sind, die reines Herzens sind, denn sie werden Gott schauen".[25] Mehrfach betont Jesus, daß es auf die innere, nicht auf die äußere Reinheit ankomme, er kennt keine Speisetabus. Unrein ist nicht, was der Mensch zu sich nimmt, sondern was er von sich

---

[18] AT. 3. Mose 16
[19] AT. Hebräer 9,22
[20] NT. Römer 5,9.
[21] NT. Matthäus 27,24.
[22] AT. 5. Mose 21,6.
[23] AT. 2. Samuel 22,21; AT. Ps. 26,6; 73,13.
[24] *Peter Schäfer*, Jesus in the Talmud, 2007, 82 ff.
[25] NT. Matthäus 5,8.

gibt[26]. Bei Paulus heißt es: „Den Reinen ist alles rein",[27] und Nietzsche ergänzt: „Den Schweinen ist alles schwein". Die von den Juden verpönte Tischgemeinschaft mit Andersgläubigen haben Urchristen im Geiste Jesu gepflegt und mit Heiden, d. h. Griechen an einem Tisch gesessen. Nur den Götzendienst, nicht die fremden Völker hat man als unrein abgelehnt[28].

Johannes der Täufer hatte die rituelle Waschung als Sinnbild innerer Reinigung eingeführt. Jesus wurde getauft, hat aber nicht getauft. Das taten die Apostel und damit wurde das Reinigungsritual christianisiert und rehabilitiert. Der Täufling erhielt ein reinweißes Taufhemd. In vielerlei Hinsicht blieb das Reinheitspostulat trotz Paulus im Christentum lebendig. Die „reine Magd" Maria soll vor, während und nach der Geburt des Heilands unberührte Jungfrau geblieben sein, da sie Jesus bekanntlich durch die Ohren empfangen hat, so Lukas[29]. Marias Jungfräulichkeit war den Autoren der Herkunft Jesu von David noch nicht bekannt, denn sie läuft über Joseph[30].

Der christliche Mädchenname „Katharina", die Reine, spielt auf die jungfräuliche Reinheit an – in heidnischer Zeit kannte man den Namen nicht. Keuschheit als spezifisch weibliche Tugend erweist sich darin, daß es für den Mädchennamen Katharina kein männliches Gegenstück gibt. Die deutschen Namen Rainer, Reinhold, Reinhard, Reineke usw. haben mit den Wort „rein" im Sinne von „sauber" nichts zu tun. Reineke ist die Koseform von Reinhard, dies geht auf althochdeutsch Reginhart zurück und bedeutet: „Der im Rat fest ist", bei dem Fuchs mithin der „Listenreiche".

Griechisch *katharos* findet sich bei der Sekte der Katharer, die den Namen der Ketzer evoziert haben. Sie vertraten die ihrer Ansicht nach reine Lehre Jesu. Dasselbe beanspruchte mit größerem Erfolg die orthodoxe katholische Kirche, da nur sie allein die „reine Lehre" der Dogmen verkündete und, inspiriert durch den Heiligen Geist dekretierte, wie die „reine Lehre" laute. Verlangt wird Linientreue. Reinheit muß eben definiert werden, und Definitionen sind zuweilen willkürlich, oft ein Machtakt.

Ganz in jüdischer Tradition steht die frühchristliche Aversion gegen alles, was mit dem zeitgleichen Polytheismus zusammenhängt. Jede Berührung mit ihm

---

[26] NT. Markus 7,15.
[27] NT. Titus 1,15.
[28] NT. Galater 2,11 ff.
[29] NT. Lukas 1,24 ff.
[30] NT. Matthäus 1,16; Lukas 3,23.

befleckt, lieber nimmt man das Martyrium auf sich. Insbesondere das Verzehren von Opferfleisch wurde verabscheut. Durch die Absonderung von allen heidnischen Festlichkeiten versicherten sich die Christen ihrer Zusammengehörigkeit. Nachdem in der diocletianischen Christenverfolgung 303 n. Chr. auf kaiserlichen Befehl hin manche Priester die heiligen Schriften ausgeliefert hatten, galten sie bei den Frommen als unreine Traditoren. Die Strenggläubigen sonderten sich von ihnen ab, und so entstanden die Kirche der Meletianer in Ägypten und die der Donatisten in Nordafrika. Insofern ist auch hier das Reinheitsideal gemeinschaftstiftend.

In der Spätantike erhielt die Einstellung der Christen zum Reinheitsideal eine neue Nuance. Im Zuge der asketischen Bewegung, der Weltentsagung kam es zu einer mitunter radikalen Körperfeindlichkeit. Die von der antiken Magie und den Mysterienkulten geforderte sexuelle Enthaltsamkeit wurde von der Kirche übernommen. Fleischeslust gefährdete das Seelenheil. Man glaubte die innere Reinheit zu steigern, indem man die äußere demonstrativ vernachlässigte. In scharfer Frontstellung gegen die römische Lebenslust erblickte man im Baden ein verwerfliches Laster, einen Kult des Körpers. Die Kaiserthermen waren Teufelswerk, Kathedralen des Fleisches, das vielmehr abgetötet werden mußte, um die Seele zu Gott zu erheben. Der Verzicht auf Hygiene war ein Zeichen von Frömmigkeit. Schon der Herrenbruder Jakobus vermied laut Euseb das Baden und das Salben, denn im Warmbad wohnten Dämonen. Der Kirchenvater Hieronymus sah im schmutzigen Mantel eines Asketen den Beweis für eine saubere Seele und erklärte das Baden von Frauen so wie jede Entkleidung für unsittlich und gottvergessen. Gewiß hat der heilige Simeon auf seiner Säule diese im Lauf der Jahrzehnte braun gefärbt. Ein heidnischer Dichter der Spätantike nannte die christlichen Mönche „stinkende Schweine", und noch der mitreißende Kreuzzugsprediger Peter von Amiens starrte vor Dreck, was allerdings mehr bewundert als nachgeahmt wurde[31].

Reinheitsrituale praktizierte das mittelalterliche Christentum auf vielfältige Weise. Hierher zählen alle Formen der Sündenvergebung. Im Beichtwesen führte nach der *contritio cordis* und der *confessio oris* die *satisfactio operis,* etwa durch Pilgerfahrt, zur *absolutio*. Um Schuld abzuwaschen, verwendete man Weihwasser, so wie durch das Fegefeuer die Erlösungsfähigen geläutert werden, bevor die Posaune zum Jüngsten Gericht ertönt. Verwandte magische Techniken stehen hinter allen Beschwörungen, so beim Ritual der Teufelsaustreibung, der Exorzist ist Begleiter des Bischofs, und schließlich hinter den verschiedenen

---

[31] *Alexander Demandt*, Die Spätantike, 2007, 548 ff.

Formen des Gottesurteils, mit dem sich ein Beklagter von einem Verdacht reinigen konnte. So wurde die Echtheit von Reliquien, unter anderem der Knochen der heiligen Helena dadurch bewiesen, daß sich der Mönch Almannus von Hautevilliers im Jahre 846 in Gegenwart Kaiser Karls des Kahlen erfolgreich dem Kesselfang unterzog. Dabei mußte der Beklagte aus einem Kessel mit kochendem Wasser einen Ring herausfischen.

Die religiöse Unterscheidung zwischen rein und unrein gibt es nicht nur bei den Griechen, Juden und Christen, sondern ebenso im Islam. Proselyten mußten sich in einer Art Taufe den Körper und die Kleider waschen. Die Moschee muß ohne Schuhe betreten werden, vor dem Gebet ist eine Waschung erforderlich, die in der Wüste auch mit Sand vorgenommen werden kann. In Persien genossen die Moscheefeger ein hohes Ansehen. Neben Allah wurden die „vierzehn Reinen" verehrt. Gemeint sind Mohammed, seine Tochter Fatima und die ersten zwölf Imame. Sie wurden mit privaten Stiftungen bedacht, die man zur Unterstützung bedürftiger Studenten verwendete. Engelbert Kaempfer erlebte das 1685 in Isfahan[32]. Mit der Bezeichnung „die Reinen" ist natürlich nicht gemeint, daß die übrigen Gläubigen unrein seien, vielmehr nur gesagt, daß die genannten Vierzehn Heiligen „besonders" rein seien.

IV. Ethnische Reinheit

Wie in der Religion und der Philosophie, so spielt auch in der Politik der Reinheitsgedanke eine Rolle. Viele Völker verstehen sich als Abstammungsgemeinschaft, als überdimensionierte Familie. Das fand Ausdruck in mythischen Stammbäumen, wie wir sie für die Juden aus der Genesis kennen, für die Griechen aus Hesiod, für die Germanen aus Tacitus. Wer andere Ahnen hatte, gehörte nicht wirklich dazu. So war Herodes der Große kein reiner Jude, weil er von den Idumäern abstammte, die erst drei Generationen vor ihm zwangsjudaïsiert worden waren und sich nicht wie echte Juden auf Abraham zurückführten. Bei den Juden war fehlender Abstammungsnachweis ein Makel. Bei den Griechen verbirgt sich das in Doppelnamen, denken wir an die Keltiberer in Spanien, die Keltoskythen an der Donaumündung und die Gallograeci in Zentralanatolien. Sie alle waren keine reinen Kelten mehr, sondern Halbblut.

Stolz auf die eigene reine Rasse wie bei den Juden gab es ebenso bei den Griechen. Wo solche sich mit Orientalen vermischt hatten, galten sie als

---

[32] *Engelbert Kaempfer*, Am Hofe des persischen Großkönigs 1684-1685, 1977, 148.

mixobarbaroi (Euripides) oder *mixhellenes* (Polybios), als Halbbarbaren und Halbgriechen zugleich, ob es sich um barbarisierte Griechen oder hellenisierte Barbaren handelt. Auf sie sah man herab[33]. Die Einwohner der Stadt Soloi im südlichen Kleinasien waren als dorische Kolonisten reine Griechen, vermischten sich dann mit den Einheimischen und sprachen zu Alexanders Zeit kein reines Griechisch mehr. Das Wort Soloikismos heißt so viel wie Kauderwelsch.

Die Abstammung verlor bei den Griechen an Bedeutung für die Zugehörigkeit, denn sie wurde mehr und mehr durch die Sprache bestimmt, und diese konnte man lernen. Die dafür erforderliche Kanonisierung der Sprache erfolgte durch die Erhebung einiger weniger Autoren zu Klassikern im Hellenismus. Für die Bestimmung der Klassiker sorgten Philologen, die über das Kopierwesen der Bibliotheken und den Grammatikunterricht für die Reinheit der Sprache bürgten. Daß ein Fremder, der das Griechische beherrschte, deswegen trotzdem noch nicht sofort als Vollgrieche galt, bezeugt die Bezeichnung *semigraecus* – „Halbgrieche" für solche Männer.

Reinheit als Zugehörigkeitsbeweis kennen wir ebenso von den Germanen. Der ostgermanische Stamm der Bastarnen trägt einen Schimpfnamen, er bedeutet die „Bastarde", vermutlich wegen der Vermischung mit Vorbewohnern im heutigen Polen. Namengebend waren die östlichen Nachbarn, der Germanenstamm der Skiren, deren Name „die Reinen" bedeutet. Der Germanen-Name selbst wurde in der Antike von *germanus* im Sinn von „ursprünglich, echt, vollbürtig" abgeleitet[34], sicher zu Unrecht, aber signifikant für die Denkweise nicht nur der Autoren. Tacitus betrachtete die Germanen als Ureinwohner, *minime aliarum gentium adventibus et hospitiis mixtos* – „keineswegs vermischt durch das Eindringen oder die Aufnahme anderer Völker". Das war ein Kompliment. Die Germanen seien nur sich selbst gleich, seien anders als alle übrigen durch Eheschließung mit anderen Nationen nicht „infiziert" Das Wort *infectus* kann „gefärbt" oder auch „vergiftet" bedeuten – jedenfalls „unrein".[35] Die Bezeichnung *semigermani* – Halbgermanen bei Livius[36] für Bewohner des oberen Rhonedeltas war sicher kein Kompliment für die damit gemeinten Kelten. Im Prolog zur ›Lex Salica‹ werden die Franken *incolumna candore* genannt, ein Volk von „unversehrter" Reinheit[37].

---

[33] *Platon*, Menexenos 245 D.
[34] *Strabon* VII 290.
[35] *Tacitus*, Germania 2,1; 4,1.
[36] *Livius* XXI 38.
[37] K. A. *Eckhardt*, Hg., Die Gesetze des Karolingerreiches I 1953, 12 f.

Einen Sonderfall in der antiken Ethnologie bilden die Römer. Bei ihnen gab es zwar „reines Latein", nämlich das von Cicero, aber man kannte streng genommen keine „reinen Römer". Wenn die von Caesar in den Senat aufgenommenen lateinkundigen und romtreuen Gallier als *semibarbari* diskriminiert wurden[38], so war das die Sicht seiner Gegner und nicht die Meinung der Römer schlechthin, denn diese definierten sich seit Romulus und seinem Asyl als Rechtsgemeinschaft. Hier war jeder Tüchtige willkommen. Eines der ältesten Adelsgeschlechter, die Claudier, war aus dem Sabinerland eingewandert, und das wurde weder vertuscht noch bemäkelt. Die Nachfolger des Augustus waren Claudier, also Eingebürgerte, und haben eben darum die Einbürgerung von Nichtrömern gefördert.

Die Abstammung als Reinheitskriterium besaß in den turbulenten Zeiten der Spätantike und des Frühmittelalters kaum Gewicht, wie an den zahlreichen Aufsteigern abzulesen ist, aber sie gewann wieder Bedeutung seit dem hohen Mittelalter, als der Adel sich formierte. So war die Aufnahme in den höchsten Orden, den Orden vom Goldenen Vlies, gebunden an den Nachweis von 32 adligen Vorfahren in beiden Linien. Reinblütiger Adel behauptete von sich, seit unvordenklicher Zeit der Nobilität anzugehören. Das beruhte entweder auf einem schlechten Gedächtnis oder einer erfolgreichen Erfindung adliger Ahnen.

V. Sprachliche Reinheit

In der Neuzeit steht der Reinheitsgedanke weiterhin im Dienste nationaler Selbstvergewisserung. Daher lesen wir von Säuberungsaktionen sehr verschiedener Art. Seit dem 17. Jahrhundert gibt es in Deutschland bürgerliche Sprachgesellschaften, die sich zur Aufgabe gesetzt haben, den deutschen Wortschatz von der Überfremdung durch das Ausland, namentlich durch Frankreich zu befreien und „reines Deutsch" wiederherzustellen. Natürlich war bekannt, daß es im Deutschen zahlreiche aus Nachbarsprachen übernommene, unentbehrliche Wörter gibt, allein aus dem Lateinischen an die 600. Da dies jedoch vor langer Zeit erfolgte, wurden die sogenannten Lehnwörter als eingedeutscht empfunden. Die Hauptstoßrichtung der Sprachreiniger richtete sich gegen die seit dem Dreißigjährigen Krieg und verstärkt mit Ludwig XIV, dem Sonnenkönig, modisch gewordenen Gallizismen. Schon das Druckbild jeder fürstlichen Verordnung machte das deutlich, weil der deutsche Text in Fraktur geschrieben, aber übersät war mit französischen Fremdwörtern in Antiqua.

---

[38] *Suëton*, Caesar 76.

Die Sprachreiniger organisierten sich. Im Jahre 1617 entstand die Fruchtbringende Gesellschaft zu Weimar, es folgten in Hamburg die Deutschgesinnte Gesellschaft, der Gekrönte Blumenorden zu Nürnberg, der Schwanenorden an der Elbe und ähnliche Vereine. Zu den führenden Köpfen der Bewegung gehörten der Dichter Martin Opitz, der Gelehrte Gottfried Wilhelm Leibniz und der Pädagoge Joachim Heinrich Campe. Der Purismus mancher Sprachreiniger, den schon Jacob Grimm in seiner Deutschen Grammatik anprangerte, ging bisweilen sehr weit und führte zu kuriosen Verdeutschungsvorschlägen. Grimm karikiert die teutonisierten Grammatikbegriffe der Casus: Nominativ zu Nennfall, Genitiv zu Zeugefall, Dativ zu Gibfall und Akkusativ zu Klagfall. Auch Späteres erheitert: Da wurde aus Motor „Treibling", aus Explosion „Zerknall" und aus Explosionsmotor „Zerknalltreibling" (Schlerath). Seriöse Arbeit leistete der 1885 begründete Allgemeine Deutsche Sprachverein, beispielshalber in der Terminologie des Eisenbahnwesens. Er ersetzte Billet durch Fahrkarte, Kondukteur durch Schaffner, Coupé durch Abteil, Perron durch Bahnsteig usw. Aber Dampfroß für Lokomotive hat sich nicht behauptet.

Die führenden Sprachreiniger waren Vorläufer der völkischen Bewegung. Sie entsprang der Romantik, als Fichte erklärte, es gebe nur drei unvermischte Urvölker: die Juden, die Griechen und die Deutschen, denen er die Skandinavier offenbar stillschweigend zuzählt. Sie allein hätten ihre Sprache rein bewahrt, während das Latein durch das Griechische, das Französische durch das Latein, das Englische durch das Französische überfremdet und verunreinigt worden sei. Es ist die Biedermeierzeit, als darüber gestritten wurde, ob die Rezeption des Römischen Rechts als Fortschritt zu begrüßen oder als nicht artgemäße Überfremdung zu bekämpfen sei. Noch weiter gingen die Neuheiden, die im Christentum eine Verfälschung rein germanischen Wesens erblickten. Dies vertrat man ungeniert, gewissermaßen homöopathisch, mit lateinischen Buchstaben und arabischen Zahlen. Kulturen aber sind keine Monaden, sondern Konglomerate. Selbst der lupenreinste Stil enthält, genau betrachtet, heterogene Elemente. Doch zeigt er, wie es der Stilbegriff verlangt, eigenes Gepräge. Welches, das ist auszumitteln. Stilreinheit beruht wiederum auf Übereinkunft.

VI. Politische Reinheit

Weniger harmlos als die Sprachreinigung ist die Idee der Säuberung in der Politik, das *ethnic cleansing*. Schon im Idealstaatsentwurf der ›Politeia‹ Platons heißt es, indem der Tyrann seine Gegner verbanne, führe er eine „Säuberung" (*katharmos*) durch. Die Metapher machte Geschichte. Bei Seneca rühmt sich

Kaiser Claudius, in einer Herkules-Tat den Augias-Stall des römischen Rechtswesens gereinigt zu haben. Das reine Recht wurde durch Ausmistung, durch Entrümpelung hergestellt.

In der Neuzeit bereichert das Sprachbild die Terminologie totalitärer Systeme. Gemäß Trotzki gehört die Säuberung zur Hausordnung des Sozialismus. Er ist dann vollendet, wenn der letzte Kapitalist beseitigt ist, vertrieben oder erschossen. Es war eine groteske Ironie der Politik, daß Trotzki schließlich selber Opfer der von ihm einst geforderten Gewaltpolitik wurde, als Stalin ihn 1940 in Mexiko ermorden ließ. Die von Stalin selbst so genannte Große Säuberung (*tschistka*) richtete sich dann nicht gegen Kapitalisten und Feudalherren, die waren ja längst erledigt, sondern gegen seine eigenen Anhänger, deren Treue er nicht traute. Es begann mit der Ermordung des Leningrader Parteisekretärs Kirow 1935, gefolgt von einer Serie von Schauprozessen, die sich bis 1939 hinzogen. Es traf Spitzenfunktionäre der Partei, der Verwaltung und des Heeres. Allein 185 der 295 höchsten Offiziere wurden erschossen, das waren zwei Drittel der militärischen Führung. 1949 gab es noch ein Nachspiel, als Stalin über hundert leitende Männer in Leningrad beseitigte, vom Bürgermeister, dem Parteisekretär und dem Rektor der Universität abwärts[39]. Stalins Metapher der Säuberung wurde durch Mao Tse-tung abgewandelt. Er forderte zwar „laßt hundert Blumen blühen", doch gelte das nicht für „Giftkräuter". Die Partei habe die „richtigen Methoden zur Vertilgung des Unkrauts" anzuwenden. Schon Lenin äußerte sich ähnlich.

Die Reinheitsideologie des Rassismus geht zurück auf den Gedanken der genealogischen Reinheit in der Adelsethik und auf die Vorstellung vom Erbgang der Würdigkeit. Der Begründer der neuzeitlichen Rassenlehre Joseph Arthur Graf Gobineau stammte aus normannischem, d. h. germanischem Adel und leitete seine Familie vom nordischen Göttervater Odin her. 1855 erschien sein Werk über die Ungleichheit der Menschenrassen, in dem er die Geschichte naturwissenschaftlich, d. h. als Fortsetzung der Biologie behandeln wollte. Alle zehn von ihm beschriebenen Hochkulturen, heißt es, seien von Weißen geschaffen worden, die meisten von Ariern, doch zählte Gobineau mit den Semiten auch die Juden zu den Kulturvölkern. Sein Begriff Rasse, französisch *race* führt über spanisch *raza* auf arabisch *ras* –Kopf zurück. Kulturen entstanden nach Gobineau durch Überlagerung einer niederen durch eine höhere Rasse. Diese aber vermischt sich im Laufe der Zeit mit jener, es kommt zur *mésalliance* und zum Verlust der Rasseneinheit, zur *dégeneration*. Alle zehn Kulturen seien da-

---

[39] *Klaus Meyer*, Die große Säuberung. Stalins Schauprozesse 1936-1938. In: Alexander Demandt, Hg., Macht und Recht. Große Prozesse in der Geschichte, 1990, 235 ff.

ran zerbrochen und auch der europäischen stehe dies unweigerlich bevor. Der prominenteste Bewunderer des Rassenbuches in Deutschland war Richard Wagner. Im „Ring des Nibelungen" hat er, wie er bekannte, entsprechend der Theorie Gobineaus, Germanentum, Heldenmut und Untergang auf die Bühne gebracht.

Richard Wagners späterer Schwiegersohn, der germanophile Brite Houston Steward Chamberlain hat 1899 Gobineaus Rassenlehre mit Darwins Selektionstheorie verknüpft. Er demonstrierte die angeblich verheerenden Wirkungen der Rassenmischung am Untergang Roms. Die Zukunft Europas sah er durch die Juden bedroht. Er bewunderte den Rassestolz der jüdischen Männer, fürchtete aber die Verbindung von Germanen mit Jüdinnen. Am Ende würde daraus eine „Herde pseudohebräischer Mestizen".[40] Der Biologismus war dann bis in die zwanziger Jahre europaweit verbreitet, Eugenik als angewandte Biologie in sozialpolitischer Absicht eine seriöse Disziplin. Führend war die ›Eugenics Review‹ in England, 1925 gab es einen Aufruf zur Gründung einer *new party of eugenical reform*.

Hitler bewunderte die Engländer. Von ihnen übernahm er das eugenische Programm und die Idee der *concentration camps*, aber radikalisierte diese Ansätze. Seine bildreiche Sprache läßt an Klarheit nichts zu wünschen übrig. So schon in seinem Kampfbuch. Gegenüber dem „staatsfeindlichen Verbrechertum" seien „brutal und rücksichtslos die wilden Schößlinge herauszuschneiden, das Unkraut auszujäten". Der Staatmann als Gärtner ist ein altes Bild, ebenso seine Arbeit als Herkules im Augias-Stall. Hitler forderte 1942, das deutsche Volk müsse um seiner Rasseeinheit willen „wieder gründlich von allem ausländischen Gesocks ausgemistet" werden. Das hat er dann ja groß in Angriff genommen.

Das Wort „Saustall" kennen wir allerdings auch für die Bundesrepublik, nämlich aus dem Munde von Franz Josef Strauß, die Säue sind die Bürger. Linksintellektuelle heißen dann auch mal „Ratten" oder „Schmeißfliegen" – jedenfalls Ungeziefer. Und jüngst forderte der französische Präsident angesichts der Ausschreitungen im Migrantenmilieu der Pariser Banlieus, man müsse die Pariser Vorstädte mit dem Hochdruckreiniger säubern. Die Politik der ethnischen Säuberung blieb keine Affäre der Vergangenheit. Die Vertreibung und Vernichtung von Fremden und Minderheiten zugunsten einer erträumten ethnischen Reinheit kulminierte im Zweiten Weltkrieg und der Zeit danach. Sie ist weiterhin auf der Tagesordnung: in Afrika, auf dem Balkan und im Nahen Osten.

---

[40] *Houston Stewart. Chamberlain*, Die Grundlagen des 19. Jahrhunderts, 1899/1907.

Reinheit ist ein Schlüsselbegriff der historischen Anthropologie, ein Ideal, das auf verschiedenen Lebensgebieten angestrebt wird und als Kriterium für Zivilisation und Kultur gilt. Reinheit ist nirgends objektiv gegeben, vielmehr müssen Art und Grad der Reinheit jeweils festgestellt werden nach Maßgabe der Vorstellung, die wir mit dem Wort für eine Sache verbinden. Anzugeben ist jeweils, wovon eine Sache rein sein soll, damit sie das Prädikat verdient.

Elementar ist die körperliche Reinheit. Wer auf sich hält, der hält sich sauber. In frühen Gesellschaften hat das zu einer sozialen Differenzierung geführt. Der Adel macht keine Drecksarbeit, eine bis in unsere Tage nachweisbare Ideologie. Höher entwickelte Zivilisation zeigt sich nicht zuletzt im Standard der Reinlichkeit.

Im übertragenen, kultischen Sinn finden sich Reinheitsgebote in vielen Religionen. Am ausgeprägtesten ist dies neben dem Hinduismus im Judentum der Fall. Es handelt sich hier um ein Element der Gruppenbildung. Dazu dient die Befolgung der reinen Lehre, deren Dogmatik durch eine autoritäre Instanz festgelegt wird. So wie Verstöße gegen kultische Reinheit als moralische Verfehlungen aufgefaßt werden, so müssen auch letztere, zumal Blutschuld, durch kultische Reinigung gesühnt werden. Das Reinheitsideal gelangt somit in die Ethik, wo Denker wie Platon und Jesus es ausschließlich gelten lassen. Wahre Reinheit ist innere Reinheit.

Gruppenbildende Reinheitsforderungen gibt es sodann im Selbstverständnis des Adels und bei ganzen Völkern, die ihre Identität durch Abgrenzung gegen Fremde sichern wollen. Kriterium ist die Abstammung, bei Völkern zudem die Sprache, deren Reinheit meist auf Normierung durch hohe Literatur beruht. In der Politik hat das Postulat der Konformität immer wieder zu ethnischen Säuberungen geführt, bei denen auch religiöses Bekenntnis, biologische Artgemäßheit oder politische Linientreue den Ausschlag gaben. Die damit verbundenen Pervertierung des Reinheitsideals zählt zu den finstersten Seiten der Geschichte.

VII. Innere Reinheit

Um nun aber mit diesem trüben Aspekt nicht abzuschließen, blicke ich noch einmal zurück auf eine positive Verwendung des Reinheitsgedankens, auf die Idee der inneren Reinheit, wie sie uns bei Platon und Jesus begegnet ist. Sie findet sich wieder bei Goethe. Zuerst taucht sie auf im 8. Brief an Auguste zu Stolberg aus dem Herbst 1775. Es ist die Zeit der leidenschaftlichen, unglücklichen

Liebe zu Lili, unmittelbar vor dem Aufbruch an den Weimarer Hof mit seinen unbekannten Anforderungen der Adelswelt an den bürgerlichen Dichter. Inmitten seiner „convulsiven Spannungen" fühlt er sich als „armer, verirrter, verlorener" Sohn, und dennoch spürt er, wie langsam sein Verhältnis zur Welt und den Menschen sicherer und heiterer wird durch den „Geist der Reinheit", der in „heiliger Liebe" sein Innerstes beruhigt.

Ähnliche Formulierungen lesen wir später in seinen Tagebüchern und den Briefen an Charlotte von Stein. Es handelt sich um den schwierigen Versuch, die zwei Seelen, ach in seiner Brust zu versöhnen, mit sich selbst ins Reine zu kommen. Dazu ist alles Fremde, ihm nicht Gemäße in einem Akt der Entschlackung abzustoßen, um, wie es heißt, die „reine Selbstigkeit" zu erringen. Dieser Prozeß der Selbsterziehung, der Arbeit an sich selbst, strebt aus dem Sturm und Drang in die stille Klarheit von Harmonie und Humanität, nach einem Ausgleich zwischen Innen und Außen, zwischen Denken und Handeln. Am 7. August 1779 veranstaltete der Dichter ein Autodafé und verbrannte seine alten Papiere. Dazu heißt es in seinem Tagebuch: „Möge die Idee des Reinen, die sich bis auf den Bissen erstreckt, den ich in den Mund nehme, immer lichter in mir werden." Und 1802 schrieb er zur Eröffnung des neuen Theaters von Lauchstädt: „Vom Reinen läßt das Schicksal sich versöhnen, / und alles löst sich auf im Guten und im Schönen."[41]

Hilfreich bei der inneren Reinigung war für Goethe die Lektüre der griechischen Klassiker, namentlich der pythagoreischen und stoischen Philosophen mit ihrer Mahnung zu Besonnenheit und Gelassenheit, zur Befreiung von unbegründeter Furcht und unerfüllbarer Hoffnung, wie es die von Goethe geschätzten Selbstbetrachtungen Marc Aurels zum Ausdruck bringen. Bei diesem heißt es: Abfälle aller Art werfen wir Menschen weg. Die Natur aber kennt keinen Abfall. Da es außer der Welt keinen Raum gibt, läßt sich nichts beseitigen und entsorgen. Alles in der Welt hat eine Funktion: aus Altem wird Neues (VIII 50). Das Problem der Reinheit ist nicht naturgegeben, sondern menschengemacht und daher für den Weisen zweitrangig.

Im Jahre 1889 hat Nietzsche in seinem ›Ecce Homo‹ bekannt, daß sein Umgang mit Menschen bei diesen den gleichen Grad an innerer Reinlichkeit erfordere, den er bei sich selbst beachte und sehr hoch ansetzt: „Eine extreme Lauterkeit gegen mich selbst ist meine Daseins-Voraussetzung, ich komme um unter unreinen Bedingungen. ... Mein ganzer Zarathustra ist ein Dithyrambus auf die

---

[41] *Johann Wolfgang von Goethe*, Ausgabe letzter Hand 11, 1828,320.

Einsamkeit, oder wenn man mich verstanden hat, auf die Reinheit".[42] Wie aber verträgt sich das Lob der Reinheit mit der Klage über die Einsamkeit? Dieser Konflikt scheint eine *conditio humana.* Hier ist die Kehrseite angesprochen, die dem Streben nach Reinheit anhaftet oder besser: der Preis, den sie kostet, denn alles im Leben hat seinen Preis. Es ist die Absonderung von der Umwelt, die nun einmal ein Gemisch und Gemenge darstellt, die uns bereichert, aber auch infiziert. Absonderung, sogar entschiedene Absonderung freilich ist, wie Friedrich Schlegel 1798 bemerkte, die Vorbedingung dafür, daß eine menschliche Kraft zu echter Bildung gedeihe. In diesem weit gefaßten Sinn von Zuträglich und Unzuträglich ist die Unterscheidung von Rein und Unrein eine Bedingung biologischen wie kulturellen Daseins.

Literaturverzeichnis

Beck, Adolf., Der Geist der Reinheit und die Idee des Reinen. Deutsches und Frühgriechisches in Goethes Humanitätsideal. In: Goethe 7, 1942, 160 ff.
Demandt, Alexander, Metaphern für Geschichte, 1978
Gaupp, Otto, Zur Geschichte des Wortes „rein", 1920
Hamburg, Lisa, Katharmos. In: RE. X 1919, 2513 ff.
Moulinier, Louis., Le pur et l'impur dans la pensée des Grecs, 1952
Pfister, Friedrich, Katharsis. In: RE. Suppl. VI 1935, 146 ff

---

[42] *Friedrich Nietzsche*, Werke, ed. K. Schlechta, 1960, II 1080.

Verzeichnis der Autoren

Alexander Demandt, Dr., em. Professor. Bis 2005 Ordentlicher Professor für Alte Geschichte am Friedrich-Meinecke-Institut der Freien Universität Berlin. Veröffentlichungen (u.a.): Geschichte der Spätantike (1998); Hände in Unschuld. Pontius Pilatus in der Geschichte (1999); Antike Staatsformen (1995).

Otto Depenheuer, Dr. jur., Professor. Ab 1993 Lehrstuhl für Öffentliches Recht und Rechtsphilosophie an der Universität Mannheim. Seit 1999 Inhaber des Lehrstuhls für Allgemeine Staatslehre, Öffentliches Recht und Rechtsphilosophie sowie Direktor des Seminars für Staatsphilosophie und Rechtspolitik der Universität zu Köln. Veröffentlichungen (u.a.): Der Wortlaut als Grenze (1988); Solidarität im Verfassungsstaat. Grundlegung einer normativen Theorie der Verteilung (1991) [2009]; Öffentlichkeit und Vertraulichkeit, 2000; Recht und Tabu, 2003; Selbstbehauptung des Rechtsstaates, 2. Aufl., 2007.

Christian Fischer, Dr. jur., Professor. Seit 2007 Professor an der Friedrich-Schiller-Universität Jena und dort Inhaber des Lehrstuhls für Lehrstuhlinhaber für Bürgerliches Recht, Arbeitsrecht, Zivilprozessrecht und Rechtstheorie. Veröffentlichung (u.a.): Topoi verdeckter Rechtsfortbildungen im Zivilrecht (2006).

Andreas Funke, Dr. jur., Wissenschaftlicher Mitarbeiter am Institut für Völkerrecht und ausländisches öffentliches Recht der Universität zu Köln. 2008 Berufung in das Junge Kolleg der Nordrhein-westfälischen Akademie der Wissenschaften; Veröffentlichungen (u.a.): Allgemeine Rechtslehre als juristische Strukturtheorie (2004).

Hans-Peter Haferkamp, Dr. jur., Professor. Seit 2003 ordentlicher Professor an der Universität zu Köln und dort Direktor des Instituts für Neuere Privatrechtsgeschichte, Deutsche und Rheinische Rechtsgeschichte. Mitherausgeber u.a. der Schriftenreihen: Beiträge zur Rechtsgeschichte des 20. Jahrhunderts. Veröffentlichungen (u.a.): Psychologismus bei Ernst Zitelmann (2009); Die Bedeutung der Willensfreiheit für die Historische Rechtsschule (2008).

Günter Krings, Dr. jur., LL.M. (Philadelphia), Rechtsanwalt in der Kanzlei Kapellmann und Partner, Mönchengladbach, Mitglied des Deutschen Bundestags; 2008 – 2009 Justitiar , seit 2009 stellv. Fraktionsvorsitzender der CDU/CSU-Bundestagsfraktion; Vorsitzender der Deutschen Gesellschaft für Gesetzgebung (DGG); seit 2004 Lehrbeauftragter für Staatsrecht an der Universität zu Köln.

Ulrich Vosgerau, Dr. jur., Akademischer Rat. 2003-2006 Rechtsanwalt in Berlin. Seit Juni 2006 Wissenschaftlicher Mitarbeiter am Seminar für Staatsphilosophie und Rechtspolitik an der Universität zu Köln (Prof. Dr. Depenheuer), seit Oktober 2007 Akademischer Rat. Veröffentlichungen (u.a.): Freiheit des Glaubens und Systematik des Grundgesetzes (2006).

The manufacturer's authorised representative in the EU is Springer Nature Customer Service Centre GmbH, Europaplatz 3, 69115 Heidelberg, Germany. If you have any concerns regarding our products, please contact ProductSafety@springernature.com

Printed and bound by CPI Group (UK) Ltd, Croydon, CR0 4YY

25/03/2026

02078192-0011